뿌리샘의 수업 이해 탐구 4

"짬뽕이죠, 뭐.": 수업의 문화기술적 이해와 실천탐구

서근원 저

교육과학사

표지 그림

의사와 환자들, 297Cm × 210Cm(A4), 2022

김리원(2018~, 일러스트레이터)

생후 2년에 코로나로 인해 집안에 갇혀 살면서 그림과 만남

주변의 일상을 자신의 스타일로 자유롭게 그리다가 점차 자신의 생각과 상상을 표현해 감

요즘은 노래 부르기에 관심을 가지고 작곡도 하면서 지냄

머리말

이해에서 실천으로

이 책은 내가 1997년에 제출한 석사 학위 청구 논문 "초등학교 토의식 수업의 문화기술적 연구"를 대폭 수정하고 보완한 것이다. 내가 석사 학위 청구 논문을 작성할 때 나이는 서른셋이었다. 지금 나이는 예순하나다. 그 점에서 보면 지금의 내가 과거의 내 논문을 수정하여 출간하는 것은 60대의 지도교수가 30대의 석사 과정 학생이 서툴게 작성한 논문을 지도하는 것과 다름없다. 한편 이 책에서 다루는 문제 의식이나 구성을 고려하면 당시의 자료를 이용하여 새로운 논문을 작성했다고 말하는 것이 정확할 것이다. 당시 석사 학위 논문의 차례는 이 책의 부록에 수록되어 있다.

나는 대학원에 입학한 첫 학기에 "교육인류학 연구" 강좌를 수강하면서 '문화를 이해한다는 것은 무엇인가?'라는 의문을 가졌다. 그리고 다음 학기의 "교육문화기술법 연습" 강좌를 수강하면서는 '어떻게 하는 것이 문화를 이해하는 것인가?'라는 의문을 가졌다. 나는 그 의문에 대한 구체적인 해답을 석사 학위 청구 논문을 작성하면서 찾으려고 시도했다. 수업을 사례로 삼아서 문화를 이해한다는 것이 무엇이고, 문화를 이해하려면 무엇을 어떻게 해야 하는지를 밝혀보려고 한 것이다.

나는 그 논문에서 문화를 이해한다는 것은 한 집단 사람들의 행동을 맥락 속에서 파악하는 것이라고 보고, 당시 초등학교 고학년 교실에서 일반적으로 이루어지던 사회과 토의식 수업을 사례로 하여 문화를 이해하는 구체적인 방법을 모색하고자 했다. 이와 관련하여 토의식 수업을 변형된 암기식 수업이라거나 교원의 생존 전략이라고 해석하는 것은 수업의 맥락을 부적절하게 파악한 것임을 지적하고, 그 대안으로서 토의식 수업을 교과의 맥락 속에서 논리적으로 추론하는 방법으로 이해하고자 했다. 그 결과 나는 초등학교 고학년 교실에서 일반적으로 이루어지던 사회과 토의식 수업이 교원이 학생에게 교과관을 전수하고 교과로 입문하도록 하는 교수 전략으로서 의미가 있다고 해석했다.

이 논문을 작성함으로써 나는 문화를 이해한다는 것은 그 집단 사람들의 행동을 그 행동과 관련되어 있는 제도적 차원의 맥락에서 논리적으로 엄격하게 추론하여 파악하는 것임을 정리할 수 있게 되었다. 문화를 이렇게 이해함으로써 타인의 행동을 내가 구성한 맥락에서 주관적으로 해석하거나 판단하지 않을 수 있게 되었다. 또한 같은 집단 사람들의 동일한 행동을 동기나 의도에 따라서 각각 다르게 해석함으로써 발생하는 주관주의와 상대주의의 문제도 해결할 수 있게 되었다. 연구자인 나의 관점과 맥락도 아니고, 행동 당사자의 관점과 맥락도 아닌, 행동의 제도적인 관점과 맥락에서 그 행동을 바라봄으로써 문화를 객관적이고 엄밀하게 이해할 수 있게 되었다. 즉 문화를 과학적으로 이해할 수 있게 되었다.

그런데 문화를 이렇게 이해하는 것은 교육의 관점에서는 중요한 한계를 가지고 있었다. 그것은 문화를 과학적으로 이해하고 설명하는 데만 관심을 둠으로써 행동 당사자의 성장과 그것을 통한 문화의 변화를 위해서 무엇을 어떻게 하는 것이 적절한지에 대한 방안은 전혀 제시하지 못한다는 점이었다. 특히 이러한 문화 이해의 방식은 행동의 당사자가 악한 의도나 동기를 가지고 수행한 행동이라고 해도 그것이 제도의 맥락에서 볼 때 선한 행동이면 선한 것으로 해석한다. 예를 들면 원수를 죽이기 위해서 활을 쏘았는데 빗나가서 원수의 뒤를 쫓던 강도를 쓰러뜨려도 은인으로 인정되는 것이다. 당사자의 동기나 의도를 고려하면 주관주의에 흐르고 문화에 대한 객관적인 이해가 불가능하기 때문이다. 그러므로 문화를 이처럼 이해하기 위해서는 사람을 배제하고 행동에만 주목하지 않을 수 없고, 그에 따라서 행동 당사자인 사람의 변화나 성장에도 관심을 둘 필요가 없다. 이러한 접근은 문화를 과학적으로 이해하는 데 관심이 있는 문화인류학자에게는 적합할 수 있지만 사람의 성장을 모색하고 실천하는 데 관심이 있는 교육학자에게는 적합하지 않았다.

나는 석사 학위 논문을 작성하고 난 후에 "수업을 왜 하지?"(우리교육, 2003), "수업 이해하기: 교육과정과 교사의 딜레마"(교육과학사, 2018), "수업, 어떻게 볼까?: 아이의 눈을 찾아서"(교육과학사, 2013), "아이의 눈으로 회인탐구: 그랭이 수업과 맞춤형 교육"(교육과학사, 2022) 등을 통해서 수업을 당사자의 관점에서 이해하고, 그 이해를 바탕으로 당사자의 변화와 성장을 통해서 수업의 개선 방안을 모색하고 실천할 수 있는 방법을 모색하고 정리했다. 그것이 “아이의 눈으로 세상 보기”, “아이의 눈으로 수업 보기”, “아이의 눈으로 수업 하기”, “아이의 수업으로 대화하기” 등이다. 이 방법은 교원이 수업을 학생의 관점에서 이해하고, 그것을 바탕으로 학생의 성장을 지원하거나 조력하는 방안을 모색하여 실천하려면 어떻게 해야 하는지를 정리한 것이다.

그런데 이 방법은 수업을 교원의 관점에서 이해하고, 그것을 바탕으로 교원의 성장을 지원하거나 조력하는 방안을 모색하여 실천하고자 할 때도 동일하게 적용될 수 있다. 다만 대상이 학생에서 교원으로 바뀔 뿐이다. 또한 같은 이유에서 행정, 경영, 복지, 정치, 산업 등의 분야에서 이루어지는 다양한 활동에 대해서도 동일한 방법으로 이해하고 실천할 수 있다. 이 책은 그와 관련된 구체적인 사례를 예시하는 셈이다.

본 책의 차례를 보면 알 수 있듯이 이 책은 크게 세 부분으로 구성되어 있다. 제1부는 탐구 방법에 관한 내용이고, 제2부는 수업을 당사자의 관점에서 문화기술적으로 이해하는 부분이고, 제3부는 수업을 당사자의 관점에서 이해한 것을 토대로 수업의 변화를 위해서 무엇을 어떻게 해야 하는지를 제시한 부분이다. 이러한 구성을 통해서 나는 기존에 우리에게 알려진 여러 질적 연구 방법들을 우리의 필요나 목적에 따라서 어떻게 재해석하여 실천하는 것이 적절한지 예시하고자 했다. 또한 문화기술지가 모든 질적 연구의 기초이자 출발점이 됨에도 불구하고 충실한 문화기술지를 찾아보기 어려운 현실에서 문화기술지의 한 사례를 예시하고자 했다. 끝으로 현실의 변화에 앞서 왜 현실의 이해가 필요하며 그것이 현실의 변화에 어떻게 반영되는지를 예시하고자 했다.

본 책이 학교의 수업을 이해하고 수업의 개선을 시도하고자 하는 사람들에게 뿐만 아니라, 질적 연구나 질적 탐구 그리고 문화기술지나 실천 탐구 방법에 관심을 가진 사람들에게 유용한 참고 자료가 되기 바란다.

2025년 6월 3일

서근원 씀

차례

제3부 문화기술적 실천탐구

부록 목차

표 목차

그림 목차

제1부

문화기술지의 재해석

제1장 수업의 이해와 실천

세2상 탐구 방법의 모색

제3장 탐구 문제와 절차

제1장

수업의 이해와 실천

1. 이해 없는 실천

수업은 학교 교육의 핵심이 되는 활동이다. 학교가 수행해야 하는 가장 중요한 기능은 학생들이 미래 사회의 구성원으로서 건강하게 살아가는 데 필요한 능력을 기르도록 하는 것이다. 그 목적을 위해서 학교에서는 교원이 학생에게 교과를 가르치고, 학생은 그 교과를 배운다. 학생은 교과를 배움으로써 자신의 꿈을 실현하기도 하고, 미래 사회의 구성원으로서 성장해 가기도 한다. 그러한 일이 이루어지는 주요한 장면이 바로 학교의 수업이다. 수업은 학생들의 학교 생활에서 가장 많은 비중을 차지하며, 학교에서는 수업을 통해서 학생들의 지적인 성장뿐만 아니라 인성의 성장도 이루고자 한다.

이런 이유에서 학교의 수업은 교육과 관련된 많은 사람들의 주요한 관심사이다. 지금까지 교육부나 교육청은 학교의 교육을 개혁하기 위해서 여러 정책들을 시도해 왔으며, 그 정책들의 끝에는 항상 학교 수업의 변화가 자리 잡고 있었다. 이에 따라서 교육 전문가와 교육 행정가, 그리고 각 학교의 교장은 새로운 정책이 추구하는 바대로 학교의 수업이 변화하도록 하기 위해서 나름대로 노력을 기울여왔다. 무엇보다도 학교 현장의 교원들은 정책이 추구하는 수업을 좀 더 효과적이고 효율적으로 할 수 있는 방안을 모색하고 실행해 왔다.

그 점을 보여주는 대표적인 사례가 1995년에 중앙 정부가 5 · 31 교육 개혁 정책의 일환으로 추진한 열린교육이다. 중앙 정부는 교육 개혁을 위한 정책을 제시하고, 교육청에서는 그 정책을 실현하기 위한 수업의 방법으로서 열린교육을 학교 현장의 교원들에게 보급하고, 교원들은 연수 등을 통해서 새로운 수업의 방법을 익혀서 자신의 교실에 적용하기 위해서 애써왔다. 그 뒤로 2009년부터 경기도교육청을 필두로 하여 각 시 · 도교육청에서 추진된 배움중심 수업, 2018년부터 대구광역시교육청 등이 중심이 되어서 추진하고 있는 IB교육[1] 등도 같은 경우다.

그런데 지금까지 이러한 시도들이 학교의 수업을 개혁하고 기존의 학교 교육의 문제를 해결하거나 개선했다고 장담하기는 어렵다. 그 점은 최근에 이를수록 학교 현장에는 기존의 문제가 더욱 악화되거나 이전에는 없던 문제가 발생하는 데서도 알 수 있다.

그것을 알 수 있는 한 사례가 학습 부진 학생의 문제다. 그동안 학교는 일상적인 수업을 개선하기 위해서 노력함과 동시에 학습 부진 학생의 문제를 해결하기 위해서 다양한 노력을 기울여왔다. 그럼에도 불구하고 기초 학력 미달 학생의 비율은 증가하고 있다(교육부, 2022). 또한 지난해에 서울의 어느 카페에서 고객들에게 "심심한 사과 말씀을 드린다."라고 게시하자 일부 사람들이 "심심한 사과 때문에 더 화난다."라고 비난한 것은 바로 이런 현실을 상징적으로 보여준다. 이러한 기초 학력 미달의 비율은 도시 지역보다 읍면 지역이 현저히 높다(문보은, 2022). 지역 간 학력의 차이가 점점 더 심화되고 있는 것이다. 이 밖에도 학생들이 학교에서 벌이는 폭력 사건의 정도와 빈도가 점점 더 심화됨에 따라서 가해 학

1) 프랑스의 논술형 대학 입학 자격 시험인 바깔로레아(Baccalaureate)를 모델로 삼아서 만든 교육 프로그램. 국제 바깔로레아(International Baccalaureate)의 약어.

생을 처벌하기 위한 법령을 제정하기에 이르렀다. 최근에는 학부모들이 교원의 학생 지도에 지나치게 개입함으로써 교원의 교육 활동이 위축되고 마침내 초등학교 교원이 자살하는 사건이 발생하기도 했다.

우리가 학교의 수업을 개선하기 위해서 애쓰는 것은 그 수업을 통해서 학생들이 미래 사회의 구성원으로서 건강하게 살아가는 데 필요한 능력을 기르도록 하기 위해서다. 그럼에도 불구하고 이런 사태가 발생하고 있다는 것은 학교의 교육을 개혁하기 위한 지금까지의 시도들에 심각한 결함이 있다는 것을 뜻하기도 한다. 특히 학교의 수업을 개선하고자 추진해 왔던 여러 정책들이 학생들로 하여금 학력 면에서뿐만 아니라 인성 면에서도 미래 사회의 건강한 구성원으로서 성장해 가도록 하는 데에 긍정적으로 기여하지 못했다는 것을 간접적으로 보여준다. 그리고 그것은 학교의 교육, 특히 학교의 수업을 개선하고자 하는 기존의 시도들을 근본적으로 재검토하고 새로운 대안을 모색할 필요가 있다는 것을 일깨워 준다.

지금까지 한국의 학교 교육은 처방 우선적인 방식으로 이루어져 왔다. 국가 교육과정은 교육을 통해서 실현하고자 하는 인간상을 미리 설정하고, 그것을 실현하기 위해서 학생들이 학습해야 하는 교과의 내용과 학습의 방법과 시간을 제시한다. 학교의 교원들은 국가 교육과정이 제시하는 바에 따라서 수업을 통해서 학생들이 도달해야 하는 목표를 미리 제시하고, 그 목표를 도달하기 위한 수업의 방법과 계획을 미리 설정하고, 그 계획대로 수업을 이행한다. 그것은 마치 의사가 환자를 진단하지도 않은 채 미리 처방을 준비하고 치료하는 것과 다르지 않다.

이러한 처방 우선적인 접근은 학교의 수업을 변화하기 위한 그동안의 시도들에도 동일하게 적용되어 왔다. 학교 외부의 사회 환경이나 정치 환경 또는 경제 환경이 변화하게 되면 소수의 교육 행정가와 교육 전문가들이 그 변화에 따라서 실현하고자 하는 인간상을 변경하여 설정하고, 그 상을 실현하는 데 필요한 수업의 방법을 새로 선정하고, 교육부나 교육청은 새로운 수업의 방법을 학교 현장의 교원들에게 보급함으로써 교육을 변화시키고자 애써왔다. 그리고 학교 현장의 교원들은 새로운 수업의 방법을 배워서 자신의 교실에 적용하느라고 애써왔다. 모두가 미리 정해진 처방을 실현하는 데만 관심을 기울여왔다.

이러한 과정에서 교육 행정가나 교육 전문가들은 물론이고 교원 자신들조차도 기존의 수업 속에서 학생의 학습이 구체적으로 어떻게 이루어지고 있는지, 그것이 안고 있는 근본적인 문제가 무엇인지, 교원들이 왜 그렇게 수업을 할 수밖에 없는지 등에 대한 관심은 소홀히 하게 된다. 특히 교원들로 하여금 각자가 놓여있는 학교와 교실과 학생들이 안고 있는 서로 다른 문제 현실은 외면한 채 새로운 수업의 방법을 정답 삼아서 자신의 교실에 일방적으로 적용하는 데 급급하게 한다. 그 결과 학생들은 자신의 몸에 맞지 않는 옷을 억지로 입듯이 교원이 일방적으로 적용하는 새로운 수업의 방법에 적응하느라고 애써야 하고, 그것에 적응하지 못하는 학생들은 낙오되거나 배제되거나 때로는 저항한다. 그러는 동안 새로운 교육 정책을 실현하기 위한 새로운 수업의 방법은 또 다른 탱자가 되고 만다.

그러므로 오늘날 학교가 겪고 있는 학력 저하, 학습 부진, 교육 격차,

학교 폭력, 교권 침해 등의 문제들은 학교의 교원들이 새로운 수업의 방법을 적절히 수용하지 못했기 때문이라기보다는, 오히려 기존의 학교 수업이 안고 있는 근본적인 문제를 해결하지 못한 채 새로운 교육 정책에 따라서 새로운 수업의 방법을 수용하기 위해서 애썼기 때문이라고 볼 수 있다. 제한된 시간 속에서 살아가는 교원들이 새로운 수업의 방법을 수용하기 위해서 애쓸수록 기존의 수업이 안고 있는 문제를 파악하고 그에 대한 방안을 모색하는 일은 소홀히 할 수밖에 없다. 그런 일이 반복됨으로써 기존의 문제는 누적되고 악화될 수밖에 없다. 이런 상황에서 학교에서 학생들이 미래 사회의 건강한 구성원으로서 성장해 가기를 바라는 것은 무리다.

그렇다면 이제라도 현재 학교가 안고 있는 문제들이 적어도 더 이상 악화되지 않도록 하고자 한다면 현재의 문제를 피상적으로 파악한 가운데 성급하게 새로운 수업의 방법을 들여오지 않아야 한다. 그에 앞서 무엇보다도 먼저 기존의 학교 수업을 충실하게 이해해야 한다. 기존의 학교 수업이 구체적으로 어떻게 이루어지고 있는지, 거기에 어떤 한계나 문제가 있는지, 왜 그런 한계나 문제가 발생할 수밖에 없는지를 면밀하게 살펴보아야 한다. 그것을 바탕으로 현재의 학교 교육이 안고 있는 근본적인 문제가 무엇이고, 그 문제의 해결과 관련해서 수업이 어떤 방향으로 어떻게 변화되어야 하는지를 모색하고 실행해야 한다. 즉 이해 우선적인 방식으로 접근해야 한다.

이런 이유에서 나는 이해 우선적인 방식으로 수업 변화의 방향과 방안을 모색하고자 한다. 즉 현재 학교 현장에서 이루어지고 있는 기존의 수업이 왜 그렇게 이루어질 수밖에 없는지를 이해함으로써 학교의 수업을 근본적으로 변화하기 위해서 무엇을 어떻게 해야 하는지 찾아보고자 한다. 그 목적을 위해서 나는 우리나라의 어느 초등학교 6학년 교실에서 이루어졌던 사회과 "토의식 수업"을 사례로 삼아서 수업을 이해하고, 그에 대한 이해를 바탕으로 수업을 어떤 방향으로 어떻게 변화하는 것이 적절한지를 제시하고자 한다. 이와 동시에 그 이면에서 학교 수업의 문제들을 이해 우선적인 방식으로 해결하는 데 필요한 탐구의 방법과 절차를 사례로서 예시하고자 한다. 이러한 탐구의 방법과 절차는 학교의 수업뿐만 아니라 다양한 사회적 장면에서 발생하는 문제를 이해하고 해결해 가는 데 유용하게 응용될 수 있을 것이다.

2. 실천 없는 이해

1) 맥락적 이해

수업을 개선하기 위해서 성급하게 처방을 제시하기 전에 수업이 그렇게 이루어질 수밖에 없는 까닭을 이해해야 한다는 주장은 오래전부터 제기되어 왔다. 국내에서 그 첫 시작은 김영찬(1980)부터이다. 김영찬은 1970년대에 전국의 각 학교에서 새마을 운동의 일환으로서 1교 1부락 지도, 1가구 1통장 갖추기, 가훈 짓기, 성인 교실 운영, 새마을 교실 운영 등의 과제를 이행하느라고 학교의 고유한 역할을 충실하게 수행하지 못 하는 문제를 지적했다. 그리고 학교에서 일상적으로 이루어지는 수업이 어떤 의미를 지니는지를 이해함으로써 학교가 본래의 역할을 충실하게 수행하도록 할 필요가 있음을 주장했다. 그 뒤로 여러 연구자들에 의해서 수업의 의미를 이해하고자 하는 연구가 이루어져 왔다.

어떤 대상을 이해(under-stand)한다는 것은 그것을 자신의 관점으로 바라보지 않는다는 것을 뜻한다. 그 대상을 자신이 익숙한 맥락에 위치시키고, 자신이 옳다고 생각하는 기준에 의해서 해석하거나 평가하지 않는 것이다. 그 대신 그것이 본래 위치한 맥락 속에서 어떤 의미를 지니는지를 파악하는 것이다. 마찬가지로 수업을 이해한다는 것은 수업이 이루어지는 맥락 속에서 수업을 파악한다는 것을 뜻한다.

지금까지 이런 의미로 수업을 이해하기 위해서 이루어진 연구들은 대부분 문화기술법(ethnography)을 적용하여 수행되었다. 문화기술법은 전통적으로 타문화권 사람들의 행위를 연구자의 주관에 의해서 판단하는 대신, 참여관찰과 심층면담에 의해 사회적 현상의 맥락을 파악하고, 그 맥락 속에서 현상의 의미를 이해하는 것을 목표로 삼아왔다(김영찬, 1980: 203; 이종각, 1995: 169).

그런데 학교 수업의 의미를 이해하기 위해서 학교 수업이 이루어지는 맥락을 파악하고 그 맥락에 비추어서 학교 수업의 의미를 이해하고자 할 때 수업의 맥락은 연구자에 따라서 서로 다르게 파악될 수 있다. 그에 따라서 수업의 의미 역시 서로 다르게 해석된다. 지금까지 학교 수업의 의미를 이해하고자 하는 연구는 크게 두 가지 맥락에서 이루어져 왔다.

첫째는 학교 수업의 의미를 개인적 차원의 맥락에서 이해하려고 하는 연구이다. 이들은 수업이 교원과 학생 사이의 상호작용 과정이라는 점을 중시하여 주로 교원 또는 학생을 중심에 두고 수업의 의미를 이해한다. 이들의 연구 결과에 따르면 교원들은 자신이 처한 사회적 조건에 적응하여 살아남기 위한 전략으로서 특정한 방식으로 수업을 하며, 학생들은 수업 중에 교원과의 상호작용 과정에서 사회문화적 지식을 잠재적으로 학습한다고 본다. 즉 이들은 수업이 교원의 생존 전략 또는 학생의 잠재적 학습 과정으로서의 의미가 있다고 본다.

이종각(1988)은 춘천의 한 중학교 수업을 참여관찰하고 다수의 초 · 중등학교 교원과의 심층면담 결과를 근거로 우리나라의 학교에서는 “암주식 수업”이 주로 이루어지고 있으며, 그것은 교원의 생존 전략으로서의 의미가 있다고 보고 있다. 그에 따르면, 암주식 수업은 교원이 학생에게 암기할 내용과 암기 방법을 설명하고, 암기 여부를 확인하는 절차들로 구성된 수업이다.

교원들이 주로 암주식 수업을 하는 근본적인 원인은 한국 사회의 경쟁 구조 때문이다. 한국 사회는 전통적으로 교육을 많이 받은 사람이 높은 지위를 획득해 왔으며, 사람들은 높은 지위를 획득하기 위한 수단으로서 일류 대학에 입학하기 위해 치열하게 경쟁한다. 그리고 사회의 이러한 경쟁 구조는 학교에도 반영된다. 학교에는 대중 매체와 상급 교육 행정기관 등의 압력과 교육 행정가, 교원, 학생, 학부모들 사이의 연합적 경쟁에 의해서 교육 경쟁 구조가 형성된다. 교원들은 이러한 경쟁 구조 속에서 생존하기 위해서 “교육은 진도를 나가는 것”, “교육 성과를 올린다는 것은 학생의 성적을 올리는 것”, “주지 과목과 주변 과목” 또는 “암기 과목과 이해 과목"의 분류 등과 같은 문화적 지식 체계를 형성하고, 이러한 문화적 지식 체계에 따라서 암주식 수업을 한다.

학교 수업이 교원의 생존 전략으로서의 의미가 있다는 주장은 이 외에도 여러 사람의 연구에서 찾을 수 있다. 이인효(1990)는 서울의 한 인문계 고등학교를 참여관찰한 결과를 토대로, 우리나라의 인문계 고등학교에서는 "암죽식 수업"이 주로 이루어지고 있으며, 그것은 학생의 학업 능력의 차이라는 상황과 대학 입학 시험 제도라는 우리나라 특유의 상황에 교원이 적응한 결과라고 본다. 그리고 김정원(1997)은 지방 도시에 소재한 초등학교를 참여관찰한 결과를 근거로 우리나라의 초등학교에서는 "교과서 해설식 수업"과 "과제 부과식 수업"이 주로 이루어지고 있다고 주장한다. 김정원은 이러한 수업이 교원의 자원(시간과 노력)을 적게 들이면서 진도를 나가고, 학생이 시험에서 좋은 성적을 거두게 하며, 동시에 주어진 업무를 정해진 시간 내에 처리하기 위한 수업이라는 점에서 "최소 비용의 수업"이라고 부르고, 그것은 교원에게 업무 처리 전략으로서의 의미가 있다고 본다.

한편, 신혜숙(1987)은 서울에 소재한 초등학교의 수업을 참여관찰한 결과를 근거로 교원과 학생 사이의 언어적 상호작용을 6가지로 유형화하고, 학생들은 수업 중에 교원과 언어적으로 상호작용하는 동안에 교과 내용을 학습하는 것 외에 경우에 따라서는 침묵하거나 격식을 갖추어서 발표하는 등 상황에 적합한 사회문화적 지식을 학습한다고 보았다. 메한(H. Mehan, 1979)은 수업 중에 교원과 학생 사이의 언어적 상호작용은 "교원의 발화(initiative) → 학생의 응답(reply) → 교원의 평가

(evaluation)"로 이어지는 구조로 이루어지며, 이러한 과정에서 학생은 교과 지식을 학습하는 것 외에 "학생은 교원에게 종속되는 것"이며, "올바른 지식은 학교에서만 배울 수 있다"는 것을 잠재적으로 학습한다고 보았다. 이들 두 사람의 연구 결과에 따르면 학교 수업은 사회문화적 지식을 잠재적으로 가르치는 과정으로서의 의미가 있으며, 학생이 그것을 학습하는 것은 교실 상황에서 생존하기 위한 적응 전략임을 시사하고 있다.

둘째는 학교 수업의 의미를 사회구조적 차원의 맥락에서 이해하려고 하는 연구이다. 이들은 학교 수업은 사회의 계층 구조나 지배 계층의 문화를 반영하고 있으며, 사회의 계층 구조나 지배적인 문화가 수업의 과정을 통하여 재생산된다고 본다. 즉 이들은 수업에는 불평등한 사회구조를 재생산하는 기제로서의 의미가 있다고 보는 것이다.

엄기형(1983)은 우리나라의 한 남자 중학교의 수업을 참여관찰했다. 그에 따르면, 수업 시간에 교원은 학생의 사회경제적 배경에 따라 기대를 달리하고, 그 기대에 따라서 학생과의 교섭을 달리하며, 그 결과 학생의 학업 성취 결과가 악순환된다고 주장한다. 그리고 조문현(1987)은 우리나라의 한 국민학교의 수업을 참여관찰한 결과를 근거로, 교원이 수업 시간에 학생의 언어적 표현에 따라 차별적 기대를 하고, 그 기대에 따라 발표의 기회를 배분하거나 통제하는 과정에서 차별적 대우를 함으로써 아동의 지위가 고착된다고 주장한다. 결국 이 두 연구는 교원이 수업 시간에 학생을 차별적으로 기대하고 학생과의 교섭을 달리함으로써, 수업이 사회 계층을 재생산하는 기제로서의 의미가 있음을 시사하고 있다.

그리고 김용호(1992)는 우리나라 공업계 고등학교의 수업은 기존 계층 구조의 문화적 토대인 "숭문문화(崇文文化)"를 재생산하는 기능을 수행한다고 보았다.

한편 맥닐(McNeil, 1983)은 미국의 고등학교 수업을 참여관찰한 결과 학교에서는 방어적 수업이 이루어지고 있다고 보았다. 그의 연구 결과에 따르면, 학교의 위계 구조 하에서 교원은 교과를 가르쳐야 할 뿐만 아니라 학생을 통제해야 하는 의무를 지며, 교원은 그 의무들을 이행함으로써 봉급을 받는다. 그런데 교육 행정가들은 수업의 질보다 학교의 질서 유지나 학점 이수를 더 중요시하므로 교원들은 학생의 통제에 적합한 방식으로 수업을 한다. 교원들은 학생들에게 어떤 주제에 관하여 가르칠 때 서로 연관되지 않은 단편적인 목록의 형태로 제시하거나(단편화), 매우 중요하지만 알기 힘든 것처럼 보이게 하거나(신비화), 특정한 주제나 단원을 생략하거나(생략), 학생에게 내용이 어렵지 않고 또 깊이 들어가지 않을 것이라고 약속하고 간단히 다루고 넘어간다(방어적 단순화). 맥닐은 이런 방식의 수업을 "방어적 수업"이라고 부르고, 이런 수업에 의해서 교원은 질서와 효율성을 중시하는 기술공학적 지배 문화를 재생산한다고 보았다.

또한 애니언(J. Anyon, 1981)은 서로 다른 계층의 자녀들이 다니는 미국의 5개 초등학교 수업을 참여관찰했다. 그는 연구 결과 다음과 같은 사실을 발견했다. 노동 계층의 자녀가 다니는 학교의 수업은 지시적이고 기계적이며, 단조롭게 이루어진다. 중간 계층의 자녀가 다니는 학교의 수업은 창의성보다 교과서 내에서 바른 답을 찾아내는 방식으로 이루어진다. 이에 비해 부유한 전문직 종사자의 자녀가 다니는 학교에서는 학생의 표현 능력과 아이디어를 창조적으로 구체화할 수 있는 능력을 계발하기 위한 방식으로 수업이 이루어진다. 그리고 고급 엘리트의 자녀가 다니는 학교에서는 상황을 통제하고 사회를 분석하는 능력을 기르는 방식으로 수업이 이루어진다. 애니언은 이런 사실을 토대로 수업이 기존의 사회적 계층 구조를 재생산하는 기제로서의 의미가 있다고 보았다(이미나, 1987; 김정원, 1997). 그리고 윌콕스(F. Wilcox, 1982)는 미국의 중하계층의 자녀가 다니는 초등학교의 수업과 중상 계층의 자녀가 다니는 초등학교의 수업을 참여관찰한 결과를 근거로 애니언과 동일한 결론을 내리고 있다.

2) 과학적 이해

지금까지 살펴본 이상의 연구들은 성급하게 학교 수업의 문제점을 지적하고 그에 대한 처방을 제시하기보다는 먼저 기존의 수업이 어떤 의미가 있는지를 이해하려고 했다는 점에 의의가 있다. 이들은 문화기술법에 의해서 한편으로는 학교 수업이 이루어지는 과정을 관찰하여 기술하고, 다른 한편으로 학교 수업의 맥락을 파악하여 그 맥락 속에서 학교 수업의 의미를 이해하려고 했다. 그들의 연구 결과에 따르면 학교 수업은 우리가 상식적으로 알고 있는 것처럼 '교과를 가르치고 배우는 활동'으로서의 의미만 있는 것이 아니라, 교원 또는 학생의 생존 전략으로서, 그리고 사회의 계급 구조나 지배적인 문화를 재생산하는 기제로서의 의미가 있다. 그러한 연구에 의해서 우리는 학교 수업을 다양한 측면에서 바라볼 수 있게 되었으며, 그만큼 학교 수업에 대한 우리의 이해가 넓어졌다고 볼 수도 있다.

그런데 학교의 수업을 이와 같이 이해하는 것은 기존의 학교 수업이 안고 있는 문제를 해결하거나 개선하고자 하는 데는 실질적인 도움을 주지 못한다.

수업에 관한 이상의 연구에 따르면 학교에서 교원은 자신의 생존이라는 본능적 욕구를 실현하기 위해서 특정한 형태로 수업을 한다. 그렇다면 기존의 수업 형태를 변화하고자 한다면 먼저 교원의 본능적 욕구를 변화시켜야 한다. 그러나 생존의 욕구를 변화시킨다는 것은 거의 불가능하다. 가능한 길이 있다면 그 생존의 욕구를 다른 방식으로 실현하도록 하는 것이다. 그런데 그렇게 하려면 교원이 생존의 욕구를 왜 그러한 방식으로 실현하는지를 알아야 한다. 그것을 알아야 생존의 욕구를 다른 방향이나 다른 방식으로 실현하도록 하려면 어떻게 해야 하는지 알 수 있기 때문이다. 그러나 기존의 연구들은 그 점을 설명하지 못한다. 결국 그러한 이해만으로는 기존의 수업이 변화하도록 하기 위한 적절한 방안을 찾기 어렵다.

그 점은 수업이 사회의 계급 구조나 지배 문화를 재생산하는 기제라고 볼 때도 마찬가지다. 이러한 이해에 따르면 교원들은 기존 사회의 계급 구조나 지배 문화에 따라서 특정한 형태로 수업을 할 수밖에 없다. 그러므로 그러한 수업을 변화시키려면 기존의 계급 구조나 지배 문화를 먼저 변화시켜야 한다. 그러나 그 일 역시 쉬운 일이 아니다. 설령 가능하다고 해도 단기간에 이루어질 수 없으며, 계급 구조나 지배 문화가 변화하기 전까지는 기존 형태의 수업이 지속될 수밖에 없다. 한편 계급 구조나 지배 문화가 교원의 수업 형태에 영향을 미치지 않도록 하는 방안을 모색할 수도 있지만 그렇게 하려면 계급 구조나 지배 문화가 어떻게 해서 교원들의 수업 형태에 영향을 미치거나 결정하는지를 밝혀야 한다. 그것을 파악해야 기존의 계급 구조나 지배 문화가 교원들의 수업 형태에 영향을 미치지 못하도록 하려면 어떻게 해야 하는지 알 수 있기 때문이다. 그러나 기존의 연구들은 그 점을 구체적으로 밝히지 못한다. 결국 이러한 이해만으로는 기존의 수업이 변화하도록 하는 적절한 방안을 제시하기 어렵다.

학교에서 이루어지는 수업을 이해하고자 기존의 연구들에 이러한 한계가 따르는 이유는 그들이 학교 수업의 의미를 '과학적'으로 파악하기 때문이다.

어떤 현상을 과학적으로 이해하는 방식 중의 하나는 그 현상이 발생하는 데에 영향을 미치는 원인을 파악하는 일이다. 즉 인과적 맥락 속에서 수업을 파악하는 것이다. 과학에서 파악하는 원인은 내적 기제와 외적 조건으로 구분할 수 있다. 예를 들면 과학자는 개구리가 겨울잠을 자는 현상을 이해하기 위하여 개구리와 개구리가 서식하는 환경을 관찰하고 조사한 결과, 개구리에게는 양분을 섭취하지 않아도 생존할 수 있는 '특수한 신진대사 기제'가 있으며, 그 기제는 개구리가 낮아진 외부 기온에 적응한 결과 형성된 것이라는 사실을 밝혀낸다. 여기서 개구리의 '특수한 신진대사 기제'는 겨울잠의 내적 기제에 해당하고, 기온의 저하는 겨울잠의 외적 조건에 해당한다. 그러한 사실을 바탕으로 과학자들은, 개구리의 겨울잠은 개구리 내부의 특수한 신진대사 기제와 개구리 외부의 기온 저하가 원인이 되어서 발생하는 현상이라고 말함으로써 개구리가 겨울잠을 자는 현상을 이해했다고 믿는다.

과학이 현상을 이해하는 또 하나의 방식은 그 현상이 수행하는 기능을 파악하는 것이다. 즉 기능적 맥락에서 수업을 파악하는 것이다. 과학에서는 그 기능을 크게 나누어 내적 기능과 외적 기능으로 구분하여 파악한다. 예를 들면 개구리의 겨울잠은 개구리의 생존을 가능하게 하는 기능을 하는 한편으로, 추위에 살아남은 개구리가 이듬해에 벌레의 수를 조절함으로써 생태계를 유지하는 기능을 한다. 여기서 전자는 내적 기능에 후자는 외적 기능에 해당한다.[2)]

요컨대, 어떤 현상을 과학적으로 이해한다는 것은 그것을 발생하도록 하는 원인 또는 기능을 각각 개체적 수준과 체제적 수준에서 파악하는 것을 뜻한다. 즉 어떤 현상의 내적 기제와 기능을 파악하거나, 외적 조건과 기능을 파악하는 것이다. 그리고 그 원인과 기능은 각각의 수준에서 다시 다양하게 구분될 수 있으며, 그것들을 다양하게 파악하고 많이 종합하면 할수록 그 현상에 대한 우리의 이해도 더 넓어진다고 말할 수 있다. 따라서 연구자가 어떤 현상을 과학적으로 충실히 이해하고자 한다면 그 현상을 발생하게 하는 원인과 그 현상이 수행하는 기능을 다양하게 파악해야 한다.

이런 점에 비추어보면 앞서 검토한 연구들은 학교 수업의 의미를 과학

2) 전자는 심리적 기능주의의 관점이고, 후자는 구조기능주의의 관점이다.

적으로 이해하고 있다고 볼 수 있다. 수업을 교원이 학생의 생존 전략이라고 보는 것은, 특정한 형태의 수업은 교원의 생존이라는 본능적 욕구가 내적인 요인이 되어서 발생하는 결과이고, 생존이라는 본능적 욕구를 실현하도록 하는 기능을 하는 것이라고 보는 것이다. 또한 수업이 기존의 계급 구조나 지배 문화를 재생산하는 일이라고 보는 것은, 특정한 형태의 수업은 외부의 계급 구조나 지배 문화가 외적인 요인이 되어서 발생하는 결과이고, 기존의 계급 구조나 지배 문화를 재생산하도록 하는 기능을 수행한다고 보는 것이다. 즉 수업을 이해하고자 하는 앞의 연구들은 수업을 인과적 맥락과 기능적 맥락 속에서 파악하고 있는 것이다.

그런데 수업을 이와 같이 과학적으로 이해하는 것은 수업에 참여하는 교원을 대행자(agent)로서 간주한다는 것을 뜻한다. 즉 이러한 과학적 이해 속에서 교원은 생존 욕구가 특정한 형태의 수업으로 실현되도록 하는 대행자이거나, 계급 구조나 지배 문화가 수업에 특정한 형태로서 반영되고 재생산되도록 하는 대행자인 것이다. 달리 말하면 이러한 과학적 이해 속에서 교원은 생존이라는 본능적 욕구나 사회의 계급 구조, 지배 문화 등에 수동적으로 따르는 존재일 수밖에 없다.

이와 같이 수업을 인과적인 맥락이나 기능적인 맥락에서 과학적으로 이해하고자 하면 그 맥락 안에서 수업을 하는 교원은 수동적인 대행자가 될 수밖에 없다. 그리고 교원은 대행자인 까닭에 교원의 변화를 통해서 수업의 변화를 모색하는 일은 불가능하다. 이러한 이해를 바탕으로 수업의 변화를 모색하고자 한다면 교원의 본능적 욕구나 사회의 계급 구조 또는 지배 문화를 먼저 변화시켜야 한다고 볼 수밖에 없다. 그러나 앞서 언급한 것처럼 이러한 방식으로 수업의 변화를 도모하는 것은 사실상 불가능하다. 따라서 수업을 과학적으로 이해하는 것은 실천 없는 이해가 될 수밖에 없다. 그것은 오히려 기존의 수업을 불가피한 것으로 정당화하거나, 수업 변화의 불가능성만을 확인하는 일이 된다.

제2장

탐구 방법의 모색

1. 실천적 이해

학교의 수업을 개선하고자 한다면 먼저 현재 학교에서 이루어지고 있는 수업을 이해하는 것이 반드시 필요하다. 그것은 의사가 환자를 치료하기 위해서는 먼저 진단이 필수적인 것과 마찬가지다. 그런데 수업의 이해가 수업을 개선하는 데에 도움이 될 수 있으려면 수업을 과학적으로만 이해해서는 안 된다. 수업을 과학적으로 이해한다는 것은 수업을 하는 교원을 내면의 본능적 욕구나 외부의 환경에 수동적으로 따르는 대행자(agent)로서 간주한다는 것을 뜻한다. 교원은 학교에서 자신의 생존 욕구만을 따라서 수업을 하거나, 외부 환경의 자극에 대하여 수동적으로 반응하는 방식으로만 수업한다고 보는 것이다. 그러나 교원의 인체는 생존을 위해서 외부의 환경에 대하여 생리적인 기제에 따라서 반응하지만, 수업을 하는 교원은 그렇지 않다.

그 점은 1990년대 이후로 일부 교원들이 전국교직원노동조합을 중심으로 참교육실천운동을 한 것이나, 2000년대 이후로 경기도 광주의 남한산초등학교를 필두로 하여 여러 학교의 교원들이 새로운 학교를 만들고 새로운 수업을 모색하여 실행한 사례 등을 통해서도 알 수 있다. 그들이 새로운 학교와 새로운 수업을 꿈꾸고 실현하고자 애쓴 것은 생존을 위한 본능적 욕구 때문도 아니었고, 사회의 계급 구조 때문도 아니었다. 그들은 학교가 안고 있는 부조리를 해결하고 자신이 추구하는 교육적 이상을 실현하기 위해서 그러한 시도들을 한 것이다.

이와 같이 학교의 교원들에게는 수동적인 대행자가 아니라 문제를 적극적으로 해결하고자 하는 능동적인 주체로서의 면모도 함께 있다. 그리고 그 면모는 일부 소수 교원들에게만 있는 것도 아니고, 교원들에게만 있는 것도 아니다. 그것은 사람이라면 누구나 가지는 공통적인 속성이다.

사람은 짐승과 달리 본능적인 욕구만을 따라서 살지 않는다. 욕구를 억제하거나 유보하면서 살아가기도 하고, 이상을 추구하고 실현하기 위해서 애쓰며 살아가기도 한다. 욕구에 따른다고 해도 짐승과는 다르게 그것을 노골적으로 표출하지 않고 절제하거나 승화하여 실현한다. 또한 사물과 달리 외부의 환경에 따라서 기계적으로만 반응하면서 살아가지도 않는다. 외부의 환경을 이용하기도 하고, 거스르거나 변화시키면서 살아가기도 한다. 외부의 환경에 영향을 받는다고 해도 사물과는 다르게 기계적으로 반응하지 않고 그것의 타당성을 판단하여 선별적으로 대응한다. 비가 내리면 서둘러 피하기도 하지만, 맞으며 뛰어놀기도 하는 것이 인간이다.

이와 같이 인간은 짐승이나 사물과 다르게 능동적 주체로서 살아간다. 인간은 저마다 각자 추구하는 이상을 마음에 담아두고 그것을 실현하고자 애쓰면서 살아간다. 그 점에서 인간의 삶은 각자의 이상을 실현해 가는 과정이라고 말할 수 있다. 사람마다 장면마다 그 이상의 종류와 크기와 범위가 서로 다를 뿐이다.

그런데 사람이 각자 자신이 현재 살아가는 환경 속에서 그 이상을 실현하고자 하지만 그 환경은 저마다의 이상을 손쉽게 해결할 수 있도록 준비되어 있지 않다. 거기에는 다양한 사물과 사람과 사건과 제도 등이 복잡하게 얽혀있는 까닭에 그 이상을 실현하는 일은 아이가 백지 위에 그림을 그리듯이 일방적으로 이루어지지 않는다. 그 이상을 실현하기 위해서 환경을 알맞게 변화시키거나 마련해야 하기도 하고, 환경을 고려하여 자신을 수정하거나 변경해야 하기도 한다. 즉 인간이 이상을 실현하면서 살아가는 과정에는 항상 해결해야 하는 문제가 놓여있으며, 그 문제를 해결해야 이상을 실현할 수 있다. 그 점에서 인간의 삶은 문제 해결의 과정이기도 하다.

인간이 살아가는 동안 수행하는 많은 행위나 활동은 이러한 문제의 해결과 관련되어 있다. 인간은 자기 주변의 환경이나 자신을 자신의 이상을 실현하는 데 적합하도록 만들기 위해서 무슨 일인가를 한다. 자신이 놓여있는 환경을 파악하고, 그 환경이 자신의 이상을 실현하기에 적합한지 판단하고, 그 환경 속에서 자신의 이상을 실현할 수 있는 적절한 방안을 모색해서 실행한다. 이때 환경을 파악하고 판단하고 모색하는 데는 인식의 과정이 함께 따른다. 외부의 여러 환경적 요소들에 대하여 물리적으로 반응하지 않고 그것을 인식하고, 그 인식에 대하여 대응한다. 그리고 환경에 대한 인식은 사람마다 서로 다르고, 그 인식이 다르므로 환경에 대한 대응 역시 서로 다르다. 동일한 비에 대해서 어떤 사람은 피하고 어떤 사람은 맞고 즐기는 것도 이 때문이다.

그러므로 인간의 행위나 활동을 이해한다는 것은 그가 그 행위나 활동을 통해서 어떤 문제를 어떻게 해결해 가는지, 왜 그렇게 해결하는지를 파악하는 것이다. 그가 그 행위나 활동을 통해서 실현하고자 하는 이상이 무엇인지, 그것을 자신이 놓여있는 환경 속에서 실현하는 과정에서 어떤 문제를 겪는지, 그 문제를 해결하기 위해서 환경을 어떤 것으로 인식하는지, 인식한 그 환경에 대해서 어떻게 대응하는지를 파악하는 것이다. 즉 그가 어떤 인식과 실행의 과정을 통해서 문제를 해결하고 그의 이상을 실현하는지를 파악하는 것이다.

이러한 점은 교원의 수업을 이해하고자 할 때도 역시 마찬가지다. 학교에서 교원들에게는 각자 교육과 관련해서 또는 수업과 관련해서 추구하거나 실현하고자 하는 이상이 있다. 그리고 그 이상의 실현은 각자의 교원들이 근무하고 있는 학교와 학급의 환경 속에서 이루어진다. 구체적인 시간과 장소에서, 구체적인 사물과 사람과 함께, 시간과 장소와 사물과 사람을 규제하는 제도의 그물 속에서 이루어진다. 그런데 그 환경은 교원의 이상을 실현하는 데 알맞도록 갖추어져 있지 않다. 교원에게 이것은 문제 상황이고, 교원이 수업을 하려면 어떤 방향으로건 이 문제를 해결해야 한다. 그 문제를 해결하기 위해서 교원은 자신이 놓여있는 환경의 여러 요소들을 인식하지 않을 수 없다. 그리고 그 인식에 기초하여 구체적인 수업의 방향과 방안을 모색하여 실행함으로써 그 문제를 해결하고 자신이 추구하는 수업의 이상을 실현한다. 교원의 수업을 이해한다는 것은 이러한 문제를 해결하는 과정을 이해하는 것이다.

그러므로 교원의 수업을 이해한다는 것은 교원의 실천을 이해하는 일이기도 하다. 수업은 교원의 실천이다. 교원은 수업에 관한 자신의 이상을 실현하고자 하는 과정에서 문제를 겪고, 그 문제를 해결하기 위해서 환경을 나름대로 인식하고, 그 인식의 결과를 고려하는 가운데 자신의 이상을 실현할 수 있는 적절한 방안을 모색하여 실행한다. 이러한 과정을 통해서 교원은 자신의 수업을 실천한다. 교원의 수업을 이해한다는 것은 바로 이러한 교원의 수업 실천을 이해하는 일이다. 그 점에서 수업에 대한 이러한 이해는 '실천적 이해'라고 말할 수 있다.

한편, 수업을 이와 같이 이해하는 일은 수업의 변화를 실천하는 일이기도 하다. 학교 교육의 맥락에서 교원의 수업 실천을 이해하는 일은 수업의 변화를 목적으로 한다. 단순히 지적인 호기심을 충족하기 위한 것이 아니다. 그것은 의사가 환자를 진단하는 것은 치료를 목적으로 하고, 의사의 치료 실천을 이해하는 것은 치료의 변화를 목적으로 하는 것과 마찬가지다. 진단이 치료의 일부인 것처럼 수업을 실천적으로 이해하는 일은 수업의 변화를 실천하는 일의 일부이다. 수업을 실천적으로 이해함으로써 교원이 수업을 통하여 실현하고자 하는 이상이 무엇인지, 그 이상을 실현하기 위해선 주변의 환경을 어떻게 인식하고 대처하는지 알 수 있게 된다. 그것을 알게 됨으로써 그 수업의 변화를 위해서 교원이 수업을 통하여 실현하고자 하는 이상이나, 교원이 놓여있는 환경에 대한 인식, 또는 환경 등이 어떻게 변화하는 것이 적절한지 모색하고 실행할 수 있다.

그것은 교원의 생존 욕구를 변화시키거나 사회의 계급 구조를 변화하지 않아도 가능한 일이다. 그리고 그것은 교원이나 수업의 변화에만 그치지 않고 더 나아가서 학교와 사회의 변화를 실현하는 길이 될 수도 있다. 교원은 학교의 구성원이기도 하고 사회의 구성원이기도 하며, 학교와 사회의 변화는 모두 구성원의 변화가 전제되지 않으면 안 되기 때문이다. 그 점에서 수업에 대한 이러한 이해는 또 다른 차원의 '실천적 이해'라고 말할 수 있다.

2. 연구와 탐구

수업을 이해하는 일이 기존 수업의 불가피성을 설명하는 데 머무르지 않고, 수업의 변화를 모색하는 데 기여할 수 있으려면 이와 같은 실천적 이해가 필요하다. 그리고 수업을 실천적으로 이해하고자 한다면 수업을 연구(research)하지 않고 탐구(inquiry)해야 한다.

수업을 연구(research)한다는 것은 특정한 이론의 관점에서 수업을 조망함으로써 수업에서 기존에는 볼 수 없던 것을 새롭게 보고자 한다는 것을 뜻한다. 예를 들면, 경제재생산론의 관점에서 수업을 바라봄으로써 수업을 통해서 학생들이 자본주의가 필요로 하는 노동자성을 형성하도록 하여 불평등한 자본주의 사회 구조를 유지한다는 사실을 들춰내거나, 문화재생산론의 관점에서 수업을 바라봄으로써 수업을 통해서 학생들이 지배 계층의 문화를 우월한 것으로 인식하고 기존의 지배 질서를 정당한 것으로 받아들이도록 함으로써 불평등한 계급 구조를 유지한다는 사실을 들춰내는 것이다. 이러한 연구(research)는 공통적으로 특정한 이론의 관점에 의해서 수업을 조망함으로써 수업의 이면에 암묵적으로 놓여있던 점들을 밝혀냄으로써 수업을 새롭게 이해할 수 있도록 한다는 점에서 의의가 있다.

그런데 이론에 비추어서 수업을 연구할 경우에 이론으로 볼 수 있는 것만을 보게 된다는 점에서 한계가 있다. 연구의 결과는 이론에 이미 내포되어 있으며, 연구는 이론의 외연을 구체적으로 밝히는 과정이 된다. 예를 들면 어떤 수업이건 문화재생산론의 관점으로 연구하면 수업이 지배 계층의 문화를 재생산한다는 동일한 결과를 도출하게 된다. 다만 수업에 따라서 문화재생산의 과정이 다른 양상으로 드러나 보일 뿐이다. 이처럼 이론의 관점으로 수업을 연구할 경우 그 결과는 예측 가능하며 이론의 범위를 벗어나지 못한다.

그리고 이러한 한계는 수업의 개선이나 발전을 위한 실천의 방향이나 방안을 모색하고자 할 때에도 동일하게 반영된다. 즉 이론이 허용하는 범위 내에서 개선이나 발전의 방향과 방안을 제시할 수밖에 없다. 각 수업의 장면마다 놓여있는 특수한 상황이나 문제 상황 등은 고려하지 않고 이론에 근거하여 획일적인 대안을 제시하게 된다. 예를 들면 수업을 문화재생산 이론에 의해서 연구할 경우 수업 변화의 방향이나 방안 역시 문화재생산 이론에 근거해서 제시할 수밖에 없다. 어느 수업이건 수업에서 지배 계층의 문화와 피지배 계층의 문화를 균형 있게 가르쳐야 한다거나, 문화상대주의적 시각을 가르쳐야 한다고 제시하는 것이다.

그런데 그것만으로는 수업의 개선이나 발전을 도모하기 어렵다. 문화를 균형 있게 가르치거나 문화상대주의적 시각을 가르치기 위해서는 교원과 학생이 구체적으로 무엇을 어떻게 해야 하는지를 제시할 수 있어야 한다. 또한 각 수업에서 교원이나 학생이 처한 상황이 서로 다르므로 그것의 구체적인 실천 방안 역시 상황에 따라서 다르게 모색되어야 한다.

그렇지 않다면 대안을 실행하는 과정에서 또 다른 문제와 어려움이 발생할 수밖에 없다. 결국 이 문제를 해결하기 위해서는 수업을 탐구하지 않을 수 없다.

수업을 탐구(inquiry)한다는 것은 수업과 관련되어 있는 맥락을 찾아내어 통합적으로 파악하고, 그 맥락 안에서 수업의 과정과 의미를 이해하는 것이다. 수업을 이론의 관점으로 연구할 경우에는 이론과 관련되어 있는 맥락만을 파악하고, 그 맥락 속에서 수업을 이해하고 설명한다. 즉 수업의 한 측면만을 바라보게 된다. 이와 달리 수업을 탐구할 경우에는 우선 수업과 관련되어 있는 다양한 맥락들을 있는 그대로 찾아낸다. 그리고 그 맥락들이 서로 어떻게 연관되어 있는지를 파악하고, 그러한 맥락들 사이의 관련 속에서 수업이 어떻게 이루어지는지, 어떤 의미가 있는지를 이해한다. 그 일은 개념의 차원에서 이루어질 수도 있고 실제의 차원에서 이루어질 수도 있다.

수업을 개념의 차원에서 탐구할 경우에는 개념으로서의 수업을 탐구대상으로 삼는다. 탐구자는 수업을 구성하는 개념적 요소와 관련된 개념적 요소들이 무엇인지, 그 각각의 의미가 무엇인지 명확히 하고, 그 개념적 요소들의 맥락 속에서 수업의 의미가 무엇인지를 언어적으로 밝힌다. 그리고 그 탐구의 결과는 같은 언어 세계 속에서 살아가는 사람들에게 보편적인 타당성을 지닌다. 이러한 접근은 수업의 개념적 의미를 밝힘으로써 현실 수업의 변화 방향을 제시하는 데 도움이 된다. 즉 수업의 개념적 의미를 기준 삼아서 현실 수업을 평가하고, 그 의미에 부합하도록 현실 수업이 변화해야 한다고 주장할 수 있다. 그런데 실제로 그런 수업을 하려면, 또는 현실 수업을 그 방향으로 변화하도록 하려면 구체적으로 무엇을 어떻게 해야 하는지에 대해서는 아무것도 제시해 주지 못한다. 이런 점에서 개념적 차원의 탐구는 수업을 실천적으로 이해하는 데 한계가 있다. 수업의 변화를 위한 구체적인 방안은 실제로 이루어지는 수업을 탐구해야만 얻을 수 있다.

수업을 실제의 차원에서 탐구할 경우에는 현실 속에서 이루어지는 구체적인 수업을 탐구 대상으로 삼는다. 구체적인 수업에서는 특정한 교원과 학생이 특정한 시간과 공간 속에서 특정한 교과의 내용을 가르치고 배우기 위해서 모종의 활동을 한다. 구체적인 수업을 탐구한다는 것은 그 수업의 과정에서 교원과 학생이 무엇을 어떻게 하는지, 왜 그렇게 하는지, 그것이 어떤 결과를 낳는지 등을 구체적으로 밝히는 것이다. 특히 학교에서 이루어지는 대부분의 수업은 주로 교원에 의해서 형태가 결정되기 때문에 그 수업을 이해하기 위해서는 교원이 왜 그렇게 하는지 파악하는 것이 필요하다. 교원이 수업을 통해서 실현하고자 하는 이상이 무엇이며, 그 이상을 실현하는 과정에서 어떤 문제를 겪고, 그 문제를 해결하기 위해서 주변의 환경을 어떻게 인식하고 대처하는지를 파악하는 것이다. 그리고 그것이 어떤 결과를 낳는지를 파악하는 것이다. 즉 수업의 과정에서 교원이 겪는 문제와 문제의 해결 과정과 결과를 파악하는 것이다.

이와 같이 수업을 실제의 차원에서 탐구하면 수업의 변화 방향과 변화 방안을 탐구의 결과로부터 얻을 수 있다. 수업의 과정에서 교원이 겪는 문제와 해결 과정과 결과 사이의 내적인 일관성을 파악함으로써 수업이 어느 방향으로 변화하는 것이 적절한지 모색할 수 있다. 수업의 과정에서 교원이 해결하고자 하는 문제에 비추어서 그 문제의 해결 과정과 해결의 결과가 적절한지 파악하고, 문제에 적합한 수업의 변화 방향과 방안을 구체적으로 모색할 수 있다. 또는 문제 해결의 결과에 비추어 볼 때 교원이 실현하고자 하는 이상과 문제 해결의 과정이 적절한지 등을 파악하고, 대안적인 수업의 변화 방향과 방안을 모색할 수 있다. 그렇게 함으로써 수업을 개선하거나 발전하도록 할 수 있다. 이런 이유에서 수업을 실천적으로 이해하는 데는 수업을 실제의 차원에서 탐구하는 일이 적합하다.

그런데 교원의 문제와 문제의 해결 과정은 교원의 이상에 따라서 또는 교원이 처한 환경에 따라서 서로 다르다. 따라서 실제적 차원의 탐구의 결과는 탐구의 대상이 되는 특정한 수업과 그 수업에 관련된 사람들에게만 타당하다. 그러므로 수업을 실제의 차원에서 탐구하는 일은 각각의 수업을 개별적인 대상으로 삼지 않을 수 없다. 각각의 교원이 각각의 수업에서 어떤 문제를 어떻게 해결해 가는지를 파악하지 않을 수 없다. 그 일을 위해서는 수업에서 다음과 같은 점들을 파악해야 한다.

첫째, 이해하고자 하는 대상이 되는 수업이 무엇인지 명확히 해야 한다. 수업을 이해한다는 것은 관념으로서의 수업이 아니라 현실 속에서 이루어지는 구체적인 수업을 이해하는 일이다. 수업을 관념으로서만 이해하게 될 경우 그 관념으로 현실의 수업을 판단하고, 현실의 수업을 관념에 일치시키고자 애쓰게 된다. 그 과정에서 앞서 살펴본 것과 같은 처방 우선적인 접근의 오류를 범하게 된다. 그런 오류를 범하지 않기 위해서는 먼저 현실 속의 수업이 어떻게 이루어지는지를 파악해야 한다. 일반적인 수업이 아니라 특정한 시간과 장소에서 누군가에 의해서 이루어지는 구체적인 수업이 어떻게 이루어지는지를 파악해야 한다. 그리고 그 수업을 이해의 대상으로 삼아야 한다.

그렇게 할 때 그 수업을 초점 삼아서 그 수업과 관련된 다양한 맥락을 구체적으로 파악하여 할 수 있다. 그렇게 함으로써 바로 그 구체적인 수업을 이해하고, 그 구체적인 수업의 변화 방향이나 방안을 모색할 수 있다.

둘째, 수업이 어떤 환경 속에서 이루어지는지 확인해야 한다. 즉 수업의 환경적 맥락을 파악해야 한다. 모든 구체적인 수업은 특정한 환경 속에서 이루어진다. 수업은 적어도 둘 이상의 사람 사이에 이루어지는 일이다. 수업은 언제나 특정한 시간과 장소에서 이루어지며, 수업을 하는 사람은 그가 속한 집단이나 조직의 문화나 관습 또는 제도 등의 규제나 지원을 받는다. 또한 수업의 주변에서 또는 수업의 과정에서 발생하는 사건에 영향을 받는다. 이런 것들이 수업의 환경을 이루면서 수업과 연관되어 있다. 즉 수업의 환경적 맥락을 구성한다.

그러므로 수업을 이해하기 위해서는 그 수업과 주요하게 관련되어 있는 환경을 함께 파악해야 한다. 그것을 파악해야 수업의 변화를 모색하고 실행할 때 구체적으로 무엇을 어떻게 해야 하는지 알 수 있으며, 실행의 과정에서 오류를 적게 범할 수 있다. 수업이라고 불리는 활동만을 제한적으로 파악해서는 수업을 실천적으로 이해했다고 말할 수 없다.

셋째, 수업이라고 불리는 활동을 하는 사람이 수업과 관련하여 어떤 이상을 추구하는지 확인해야 한다. 즉 당사자의 관점을 이해해야 한다. 수업은 그 자체로 스스로 이루어지지 않는다. 수업은 문장의 주어는 될 수 있지만 실제의 주체는 될 수 없다. 수업이라는 실제의 주체는 사람이다. 수업은 사람이 하는 일이다. 수업은 교원과 학생이라고 불리는 사람들이 함께 수행하는 특정한 형태의 활동이다. 그 활동을 수업이라고 부르는 것이다.

사람이 수행하는 다른 모든 활동과 마찬가지로 수업을 하는 사람은 그 수업과 관련하여 모종의 이상을 가지고 있으며, 수업을 통해서 그 이상을 실현하고자 한다. 그 이상의 종류는 다양하다. 개인적인 것일 수도 있고, 집단적인 것일 수도 있다. 욕망에 기반한 것일 수도 있고 이성에 기반한 것일 수도 있다. 통념적인 수준의 것일 수도 있고, 이념적인 수준의 것일 수도 있다. 그것이 무엇이건 수업을 하는 사람은 직접적으로건 간접적으로건, 적극적으로건 소극적으로건, 공격적으로건 방어적으로건 그 이상을 수업에 반영하고자 한다. 그에 따라서 구체적인 수업의 모습이 달라진다. 특히 수업의 과정에서 중요한 영향력을 행사하는 사람은 교원이다. 교원이 수업에 관하여 어떤 이상을 가지고 있는지에 따라서 수업의 형태가 크게 달라진다. 그러므로 수업을 실천적으로 이해하고자 한다면 특히 교원이 수업과 관련하여 어떤 이상을 지니고 추구하는지 파악해야 한다.

넷째 교원은 수업을 할 때 어떤 문제 상황에 놓이게 되며, 그 문제 상황을 어떻게 해결하는지 파악해야 한다. 교원은 나름의 이상을 실현하는 방향으로 수업을 하고자 하지만 교원이 놓여있는 학교나 학급의 현실은 교원의 이상을 실현하는 데 적합하지 못한 경우가 대부분이다. 그러므로 수업을 하는 교원은 수업과 관련된 자신의 이상과 자신이 놓여있는 학교나 학급의 환경 사이의 불일치라는 문제 상황에 놓이게 된다. 교원이 수업을 하려면 이러한 문제 상황을 해결해야 한다. 달리 말하면 교원의 수업은 이러한 문제 상황의 해결이라고 말할 수 있다.

교원에게 그 문제의 해결은 주로 수업의 방법과 관련되어 있다. 교원이 수업에서 가르쳐야 하는 내용은 교육과정이나 교과서 등에 의해서 명시적으로 주어지지만 그것을 가르치는 방법은 상대적으로 자유롭게 교원에게 열려있다. 그에 따라서 교원은 자신이 처한 구체적인 환경 속에서 거기에 적절한 수업의 방법을 모색하여 실행한다. 그러므로 수업을 실천적으로 이해하기 위해서는 교원이 어떤 문제 상황에 놓여 있으며, 교원은 그 문제 상황을 어떻게 해결하며, 특히 어떤 수업 방법에 의해서 그 문제 상황에 대처하는지를 파악해야 한다.

다섯째 이상에서 파악한 사항을 바탕으로 그 수업이 어떤 의미가 있으며, 그 수업이 개선되거나 발전되는 방향으로 변화하도록 하기 위해서는 무엇을 어떻게 해야 하는지 제시할 수 있어야 한다. 수업은 실천적인 활동이다. 우리가 수업을 이해하고자 애쓰는 까닭은 실천적인 활동을 더 잘 하기 위해서다. 단순히 수업이 왜 그렇게 이루어지는지, 또는 왜 그렇게 이루어질 수밖에 없는지를 설명하는 데 머무르기 위한 것이 아니다. 교원의 수업 실천 과정을 이해하고, 그것을 근거나 자료로 삼아서 그 수업이 어떤 방향으로 어떻게 변화하는 것이 적절한지 모색하고 실행하기 위해서다. 그러므로 수업을 실천적으로 이해하는 일은 교원이 실천하는 그 수업이 어떤 의미가 있는지 파악하고, 그 수업이 개선되거나 발전되어 가려면 교원이 무엇을 어떻게 해야 하는지를 제시하고 안내할 수 있어야 한다.

그 일을 하기 위해서는 교원이 수업의 과정에서 당면하는 문제가 무엇인지, 교원은 그 문제를 어떻게 해결하는지, 문제 해결의 결과는 무엇인지 등을 파악해야 한다. 그리고 그 문제에 비추어 볼 때 그 해결의 방향과 방안과 결과가 적절한지, 또는 문제 해결의 결과에 비추어 볼 때 교원이 실현하고자 하는 이상과 문제 해결의 과정이 적절한지 등을 교원의 수업 활동과 관련되어 있는 환경적 맥락 속에서 파악해야 한다. 그리고 이러한 점들을 파악한 결과를 토대로 수업이 어느 방향으로 변화해야 하는지, 그렇게 하기 위해서는 구체적으로 무엇을 어떻게 해야 하는지 등을 모색해야 한다.

3. 문화기술지와 실천탐구

수업을 실천적으로 이해하려면 수업을 실제적인 차원에서 탐구해야 하고, 그 탐구를 위해서 구체적인 수업을 대상으로 삼아서 위와 같은 점들을 파악해야 한다. 그런데 그런 점들을 파악하기 위해서는 그것을 파악하는 데 적합한 구체적인 탐구 방법이 필요하다. 이와 관련하여 지금까지 알려진 탐구 방법 가운데 주요하게 참고할 수 있는 방법은 문화인류학의 분야에서 주로 사용되는 문화기술법(ethnography)이다.

문화기술법은 한 집단의 문화를 이해하기 위한 목적으로 고안되었다. 일반적으로 문화는 "한 인간집단의 생활양식"이라고 일컬어진다(한상복 · 이문웅 · 김광억, 1995: 64). 그런데 인간의 생활이란 문제 해결의 과정이라는 점을 고려하면, 문화는 한 집단의 사람들이 살아가는 동안 당면하는 문제를 해결하는 그 집단만의 고유한 해결 방식이라고 말할 수 있다.

이 세상의 모든 인간은 살아가는 동안 다양한 문제에 직면하고, 그 문제를 해결하면서 살아간다. 그 문제는 의식주와 같이 어느 집단에서나 공통적으로 당면하는 것일 수도 있고, 제사와 같이 특정 집단의 사람들만 당면하는 것일 수도 있다. 어느 경우건 그 문제를 해결하는 방식은 집단에 따라서 서로 다르다. 예를 들면, 밥을 먹을 때 어떤 도구를 사용할 것인가라는 문제에 대해서 아랍인은 오른손을, 서양인은 칼과 창을, 한국인은 숟가락과 젓가락을 해답으로 사용한다. 집단에 따라서 문제가 다르거나, 문제를 해결하는 방식이 다른 까닭은 환경이 다르거나 사람들의 삶의 이상이 다르기 때문이다. 알래스카의 이뉴잇에게는 보온이 중요한 삶의 문제인 까닭에 털옷을 짓고, 칼라하리 사막의 부시맨에게는 식수의 확보가 중요한 삶의 문제인 까닭에 다양한 방법으로 물을 찾는다. 또한 동일한 타인을 상대한다고 해도 상인이나 자본가에게는 이윤이 주요한 삶의 이상인 까닭에 상술로 대하고, 정치인에게는 권력이 주요한 삶의 이상인 까닭에 선동술로 대한다.

문화인류학자는 이처럼 집단마다 서로 다른 문화를 이해하고자 한다. 그 집단의 고유한 문제 해결 방식이 무엇인지, 그들은 왜 그러한 문제 해결 방식을 가지게 되었는지, 그러한 문제 해결 방식이 무엇을 의미하는지 등의 질문에 대답하고자 한다. 이러한 질문에 대해서 자신의 주관이나 기존의 이론의 관점이 아니라 그 집단 사람들의 환경적 맥락과 관점에서 대답하고자 한다. 그러자면 그 집단 사람들의 관점이 무엇인지 찾아야 한다. 그것을 찾기 위해서 연구하지 않고 탐구한다.

문화인류학자는 그 탐구를 위해서 그 집단의 사람들이 어떤 환경에서 살아가는지, 그들이 추구하는 삶의 이상이 무엇인지, 주요하게 당면하고 있는 문제가 무엇인지, 그 문제를 해결하는 그 집단 고유의 방식이 무엇인지 등을 파악한다. 그리고 그러한 문제 해결의 방식이 그 집단의 사람들이 놓여있는 환경과 그 집단의 사람들이 추구하는 삶의 이상과 서로 어떻게 연관되어 있는지를 파악한다. 그리고 그러한 연관 속에서 볼 때 그들의 문제 해결 방식이 어떤 의미가 있는지를 파악한다.

이런 점들을 파악하기 위해서 문화인류학자들이 기본적으로 하는 일은 이해하고자 하는 집단의 사람들이 살아가는 곳에 가서 살면서 그들이 살아가는 모습을 참여관찰하는 것이다. 그들이 어떤 환경 속에서 살아가는지, 그 안에서 어떤 행위나 활동을 하면서 일상을 살아가는지 참여관찰하여 기록한다. 그리고 그들에게 과거에 어떻게 살아왔는지, 왜 그렇게 살아오고 살아가고 있는지, 무엇을 중요하게 생각하는지 등에 관하여 묻고 듣고 기록한다.

문화인류학자는 이런 자료를 분석하여 그들만의 고유한 문제 해결 방식이 무엇인지 파악하여 정리한다. 그리고 그들 고유의 문제 해결 방식과 관련되어 있는 환경적 요소들이 무엇인지, 그들이 추구하는 삶의 이상이 무엇인지, 그들은 주변의 환경을 어떻게 인식하고 대처하는지 등을 파악한다. 그런데 이 가운데 그들이 추구하는 삶의 이상, 환경에 대한 인식, 문제 해결 방식, 그들의 이상과 환경과 문제 해결 방식 사이의 관련 등은 그들에게 당연한 것으로 주어진 까닭에 자료를 분석하는 것만으로 알아낼 수 없기도 하다. 그 점을 파악하기 위해서 추론을 병행한다. 그리고 이렇게 파악한 사항을 토대로 그들의 관점에서 그들만의 고유한 문제 해결 방식이 어떤 의미가 있는지를 해석한다.

문화인류학자가 이상의 탐구 과정을 통해서 이해한 한 집단의 문화는 그들이 당면하는 문제를 해결하는 고유의 방식이라는 점에서 그 집단 사람들의 고유한 실전 방식이라고도 말할 수 있다. 결국 문화인류학자는 이상의 탐구 과정을 통해서 한 집단 사람들의 고유한 실천 방식을 이해한다고 말할 수 있다. 그리고 문화인류학자의 타문화에 대한 이러한 이해는 타문화와 관련된 새로운 실천을 모색하는 데 쓰이기도 한다. 그 한 사례가 미국의 문화인류학자 베네딕트(R. Benedict, 1887-1948)의 "국화와 칼"이다.

베네딕트는 태평양전쟁의 전세가 미국에게 유리하게 기울어가던 1944년 6월에 미국 국무부로부터 일본의 문화에 대한 탐구를 의뢰받았다. 미국 정부는 일본군들이 전투 중에는 목숨을 내걸고 최후의 한 사람까지 극렬하게 저항하다가도 포로가 되면 순한 양이 되어서 중요한 정보들마저 순순히 털어놓는 모습을 보면서 종전 후 일본을 어떻게 관리하면 좋을지 종잡을 수 없었다. 이에 미국 국무부는 일본의 문화에 대한 이해를 토대로 하여 일본에 대한 정책 방안을 모색하고자 했다.

베네딕트는 전시 상황이라서 일본을 방문할 수 없는 까닭에 미국에 이주한 일본인, 일본인 2세, 일본군 포로, 일본 전문가 등을 대상으로 광범위하고 심층적인 면담을 진행하고, 일본에 관한 다양한 자료를 수집했다. 그리고 그 자료를 바탕으로 일본인들이 어떻게 이중적으로 행동하는지, 왜 이중적으로 행동하는지, 서구인들에게는 이중적으로 보이는 행동이 일본인에게는 어떤 의미가 있는지 등을 탐구했다.

베네딕트가 탐구한 바에 따르면 일본인은 와(和)를 추구한다. 일본인들이 추구하는 와는 위계적인 질서에 따르는 안정을 뜻한다. 가정에서는 아버지가, 조직에서는 수장이, 국가에서는 덴노(天皇)가 위계 질서의 정점이다. 일본인은 이런 질서 속에서 각자의 자리에 알맞게 행동해야 한다. 특히 윗사람은 아랫사람에게 온(恩)을 베풀고, 아랫사람은 윗사람의 온에 보답해야 한다. 그래서 아랫사람은 윗사람의 온에 보답하기 위해서 기꺼이 자신의 목숨까지도 내놓는다. 그것이 기무(義務) 또는 기리(義理)이다. 이러한 온(恩)과 기무(義務)와 기리(義理)는 일본인이 추구하는 와(和)를 실현하는 원리이다. 일본인들은 이러한 원리에 따라서 일상을 살아가며, 그것을 제대로 이행하지 못하면 세켄(世間)으로부터 비난받고 따돌림당하기도 한다. 그래서 늘 타인의 시선을 의식하는 가운데 기무나 기리를 이행하기 위해서 애쓴다. 일본군이 죽는 것이 뻔한 상황인데도 목숨을 걸고 적진으로 돌격하는 것도 이 때문이다.

일본인의 이러한 삶의 방식은 도쿠가와 이에야스(德川家康, 1543-1616)가 일본을 통일하고 1603년에 쇼군의 자리에 오른 이후로 일본 사회를 안정적으로 통치하기 위해서 구축한 정치적, 경제적, 사회적 환경 속에서 정착되고 유지되었다. 도쿠가와 이에야스는 일본인들이 이러한 삶의 방식으로 살아가도록 함으로써 일본 사회 내에 위계적인 와의 질서를 유지할 수 있었다.

그런데 일본인의 이러한 삶의 방식은 와의 질서가 내재하고 있는 상황에서만 유효하다. 와의 질서가 내재하지 않은 상황에서 일본인은 어떻게 행동해야 할지 몰라서 무기력하거나 수동적으로 복종한다. 일본군이 포로가 되었다는 것은 이러한 와의 질서가 내재하지 않은 상황에 놓이게 되었다는 것을 뜻한다. 그래서 순한 양의 모습을 보이거나 적군을 돕기도 한다. 이것은 어떤 상황에서도 자신의 신념에 따라서 일관되게 행동하는 서양인과는 다른 모습이다.

또한 일본인은 패전도 와의 질서 내에서 받아들였다. 일본인들은 종전 후에 미군이 일본에 상륙했을 때 대대적으로 환영했다. 게릴라전을 벌일 것이라고 예상했던 미군들은 당황했다. 미군들은 전장에서 보았던 일본군의 모습에 비추어 볼 때 그런 모습을 도저히 이해하기 어려웠다. 그런데 일본인들은 패전한 것이 아니라 덴노의 명령에 따라서 전쟁을 중단한 것으로 인식했다. 일본인은 덴노에 대한 기무와 일본인으로서 일본인에 대한 기리를 다하기 위해서 성조기를 흔들었다. 일본인에 대한 기리를 다하고자 하는 일본인에게 미군은 손님이었다. 그것을 미국인은 일본인들이 자신을 환영한 것이라고 받아들였다.

미국 정부는 베네딕트의 일본의 문화에 대한 이러한 이해를 바탕으로 미국의 일본에 대한 정책 방향을 결정했다. 그 핵심은 일본인이 추구하는 와의 질서를 이용하는 것이었다. 일본인은 300여 년 동안 와의 위계적 질서 속에서 기무와 기리를 이행하면서 각자에게 주어진 자리에 알맞도록 살아왔다. 그렇다면 패전 후에도 그런 와의 위계적 질서를 유지하면 일본인들은 그 질서 안에서 살아갈 것이다. 그래서 미국은 덴노와 전범들을 살려두고, 그들로 하여금 미국을 대신해서 일본을 통치하게 했다. 대신 미국은 그들을 통제했다. 덴노는 상징적인 지위에 머무르게 하고, 미국이 일본의 실질적인 덴노 역할을 한 것이다. 그것은 메이지 유신을 주도한 사무라이들이 구사한 전략이기도 했다. 그렇게 함으로써 미국은 50만 명이나 되는 미군을 일본에 주둔시키지 않고서도 일본을 경제적이면서 효율적으로 관리할 수 있게 되었다. 그리고 그 성공은 지금까지도 유지되고 있다.

이처럼 베네딕트는 문화기술법에 의해서 일본의 문화를 탐구함으로써 서양인들의 눈에는 이중적인 것처럼 보이는 일본인들의 행동 양식을 일본인의 관점에서 이해했다. 일본인들의 특징적인 행동 양식을 파악하고, 그들이 그렇게 행동하는 이유를 일본인의 관점에서 찾아내고, 다시 그 관점에 의해서 그들의 행동을 설명했다. 그의 탐구 결과는 서구인들로 하여금 낯선 동양의 나라인 일본을 이해하도록 하는 데에 크게 기여했다. 무엇보다도 타문화권 사람들의 행동이나 활동을 이해하려면 어떻게 해야 하는지에 관한 탁월한 예시를 제시했다.

이러한 문화기술법은 수업을 실천적으로 이해하고자 할 때도 동일하게 이용될 수 있다. 수업을 실천적으로 이해하는 것은 한편으로는 교원의 수업 실천을 이해하는 것이고, 다른 한편으로는 교원의 수업 실천의 변화를 실천하는 것이기도 하다. 교원의 수업 변화를 실천하기 위해서는 교원의 수업 실천을 이해하는 일이 먼저 필요하다. 그 점에서 수업의 이해는 수업 실천의 일부다. 특히 수업은 교원이 주도하므로 수업의 변화는 교원에 의해서 이루어질 수 있다. 그러므로 수업의 실천을 위해서는 현재 수업이 어떻게 이루어지고 있으며, 왜 그렇게 이루어질 수밖에 없는지, 그것이 어떤 의미가 있는지를 교원의 관점에서 먼저 이해해야 한다. 그 일을 하는 데에 이러한 문화기술법이 적절하게 사용될 수 있다.

그렇지만 다른 한편으로 이러한 문화기술법을 수업을 실천적으로 이해하는 데에 적용하기 위해서는 보완할 점이 있기도 하다. 그것은 베네딕트가 일본의 문화를 이해하는 관점과 미국 정부가 일본에 대한 정책을 결정하는 관점이 일관되지 않다는 점과 관련이 있다. 미국 정부는 점령지 관리라는 자국의 문제를 해결하기 위해서 베네딕트에게 일본 문화에 대한 이해를 요구하고, 베네딕트가 일본의 문화를 일본인의 관점에서 이해한 것을 반영하여 미국인의 관점에서 일본에 대한 통치 전략을 결정했다. 전범들로 하여금 일본을 통치하도록 하는 것이었다. 그것은 일본을 위한 것이 아니라 미국의 이익을 위한 것이었다. 일본의 문화를 이해하는 일은 일본인의 관점에서 수행했지만, 실천하는 일은 미국인의 관점에서 이루어진 것이다.

그 결과 미국은 큰 비용을 들이지 않고서 일본을 자국에게 유리한 방향으로 안정적으로 관리할 수 있게 되었다. 일본도 패전의 아픔을 딛고 다시 부강한 나라가 될 수 있었다. 그렇지만 다른 한편으로는 전범의 후예들이 지금까지 일본의 정치계와 경제계를 장악하게 되었다. 그들은 자신의 과오를 인정하지 않은 채 주변국들과 갈등 관계를 유지하고 있다.

일본인들은 여전히 위계적인 와(和)를 유지하기 위해서 자신의 본 마음을 감춘 채 주변의 분위기를 살펴서 말하거나 행동하고, 자신의 진기(仁義)에 따라서 행동하는 사람은 집단적으로 배제하거나 괴롭히는 무라하치부(村八分)나 이지메(いじめ)를 행사한다. 이런 일이 가정에서는 아동학대로 나타나기도 한다. 그리고 이런 사회적인 분위기를 견디지 못 하는 청소년들이 자살하거나 세상으로 나가기를 거부하는 히키코모리(ひきこもり)가 되기도 한다. 이런 점들은 현대 일본 사회가 심각하게 겪고 있는 문제이다.

이러한 사실은 문화기술법이 문화를 이해하고 그 결과를 기술하는 데에 머무르는 것이 적절한지 의문을 가지게 한다. 타문화에 대한 이해의 결과는 또 다른 누군가에 의해서 이용되거나 악용될 가능성을 안고 있다. 문화기술지를 읽는 모든 독자가 선한 것은 아니기 때문이다. 그리고 그 가능성을 모두 막을 수도 없다. 그렇지만 문화 탐구자는 적어도 타문화에 대한 이해의 결과가 타문화권 사람들을 위해서 어떻게 이용되는 것이 좋은지는 적극적으로 제시할 필요가 있다. 타문화에 대한 이해의 결과를 바탕으로 타문화권 사람들이 안고 있는 문제를 그들의 관점에서 파악하여 대안을 제시할 수 있어야 한다. 그렇지 않으면 "국화와 칼"의 경우처럼 타문화에 대한 이해의 결과가 독자의 이익이나 목적을 위해서 무분별하게 이용되거나 악용되도록 방임하는 일이 된다. 그러자면 문화기술법이 문화를 이해하고 기술하는 방법에 머무르지 않고, 문화를 새롭게 실천하는 방법으로 확장되어야 한다. 그 일을 위해서는 기존의 문화기술법에 다음과 같은 변화가 필요하다.

첫째는 문화기술법의 이론적 토대인 문화상대주의를 문화 이해의 장면뿐만 아니라 문화 실천의 장면에도 적용해야 한다. 문화상대주의는 타문화권 사람들의 행동을 자문화를 중심으로 섣불리 판단하는 자민족 중심주의 또는 자문화 중심주의를 경계한다. 그 대신 타문화권 사람들의 관점에서 그들의 문화를 이해하고자 한다. 이런 문화상대주의를 소극적으로 적용하면 타문화에 대한 어떤 판단도 해서는 안 된다고 생각할 수도 있다. 그러나 타문화권 사람들이 자신의 문화에 대해서 판단하고 처방하는 일은 가능하고 실제로 이루어지고 있다.

그렇다면 외부인이 타문화권 사람들의 관점을 이해하고 그 관점에 의해서 그들 문화의 문제점을 파악하고 대안을 모색하는 일도 가능하다고 보아야 한다. 다만 타문화를 이해하지 못한 상태에서, 또는 설령 이해했다고 해도 자신의 목적이나 필요를 위해서 자신의 관점에서 판단하는 것이 문제일 뿐이다. 그러므로 타문화에 대한 실천을 위해서는 타문화권 사람들의 관점에서 문제를 설정하고, 문제 해결의 방향과 방안을 결정할 수 있어야 한다. 문화를 이해할 때와 마찬가지로 실천할 때도 문화상대주의의 관점에서 문화기술법을 구사할 수 있어야 한다. 이것을 실천적 문화상대주의라고 말할 수 있을 것이다.

둘째는 문화기술법을 구성하는 방법 가운데 하나인 추론을 원인을 파악하는 데뿐만 아니라 결과를 파악하는 데도 적용해야 한다. 타문화를 이해하는 일은 타문화권 사람들의 행동 특징을 파악하는 것으로부터 시작한다. 이를 위해서 참여관찰하거나 면담하고, 그 자료를 분석한다. 그리고 추론에 의해서 그러한 행동 특징의 원인을 파악한다. 예를 들면 베네딕트가 '일본인은 이중적으로 행동하며, 그들이 그렇게 행동하는 것은 기무와 기리를 이행하기 위해서이며, 그들이 기무와 기리를 중요하게 생각하는 것은 와를 추구하기 때문이다.'라고 이해하는 과정에는 원인을 파악하는 방향으로 추론의 방법이 적용되었다. 즉 후향적(後向的)으로 추론했다.

그런데 문화적 실천을 위해서는 타문화가 안고 있는 문제를 먼저 파악해야 한다. 그 일을 위해서는 타문화권 사람들의 행동 양식이 유발하는 결과가 무엇인지 파악하고, 그것을 타문화의 관점에서 판단해야 한다. 예를 들면 일본인에게는 무라하치부나 이지메, 그리고 아동 학대나 히키코모리 등이 그것이다. 그것들은 일본인이 와를 추구하는 과정에서 기무와 기리를 지나치게 중요하게 생각함으로써 유발되는 것이다. 그리고 그것이 오히려 와를 저해하는 결과를 낳는다. 일본 문화의 관점에서 볼 때 이것은 해결해야 하는 문제이다. 이러한 점은 면담에 의해서 파악할 수도 있지만 대부분의 한국인들이 왜 "설을 쉰다."고 말하는지 알지 못한 채 설을 쇠는 여러 행동과 활동을 하는 것처럼 타문화권 사람들도 자신들의 문화가 유발하는 것이 무엇인지 설명하지 못 하는 경우가 대부분이다. 따라서 그것은 문화 탐구자가 추론에 의해서 찾아낼 수밖에 없다. 그것을 파악하기 위해서는 결과를 파악하는 방향으로 추론의 방법을 적용해야 한다. 즉 전향적(前向的)으로 추론해야 한다.

전향적 추론은 타문화가 안고 있는 문제를 해결하기 위한 방안을 모색하는 데도 적용된다. 타문화가 안고 있는 문제를 해결하기 위해서는 문제 해결의 방향과 구체적인 해결 방안을 모색해야 한다. 이 과정에서 문제 해결의 방향과 방안이 적절한지 검토해야 하며, 그 일을 하는 데에 추론하는 작업이 필수적이다. 즉 그러한 방향과 방안으로 문제를 해결하고자 했을 때 어떤 결과가 유발되는지를 추론에 의해서 파악해야 한다. 예를 들면, 미국 정부는 일본 전범들로 하여금 일본을 통치하도록 하기 전에 그렇게 할 경우에 자국에 유리한 결과를 낳을지의 여부를 추론에 의해서 판단했다. 이 밖에도 참여관찰이나 면담에 의해서 파악할 수 없는 심층적인 원인, 행동과 행동 사이의 관련, 원인과 원인 사이의 관련, 이들 사이의 통합적인 관련을 파악하는 데도 추론이 적용된다.

셋째는 문화기술법의 탐구 절차 가운데 하나로서 문화 집단 구성원들의 문화적 성장을 위한 과제와 그 과제를 해결하기 위한 방안을 구안하는 과정을 포함해야 한다. 문화는 그 자체로서 독립적으로 존재하지 않는다. 실체로서 존재하는 것은 사람들뿐이다. 문화는 한 집단 사람들의 내면에 자리잡고 있으면서 사람들의 행동이나 활동을 통해서 간접적으로 그 모습을 드러낸다. 문화가 안고 있는 문제 역시 사람들이 문화적인 행동이나 활동을 함으로써 구체적으로 드러난다. 일본의 부모들이 아직 어린 자녀로 하여금 기무와 기리에 따라서 행동하도록 엄격하게 요구하는 과정에서 아동 학대가 이루어지기도 하는 것이 그 예다.

이러한 문화가 안고 있는 문제의 해결은 문화 자체의 변화에 의해서가 아니라 문화를 담지하고 있는 사람의 변화에 의해서 이루어진다. 집단의 구성원들이 당연하게 주어진 것으로 여겨왔던 문화를 객관화해서 인식하고, 그 문화 안에서 자신의 행동이나 활동이 어떤 의미를 지니는지, 어떤 문제를 유발하는지 등을 스스로 인식해야 한다. 그러한 관련 속에서 문제를 해결하려면 문화와 관련된 자신의 인식과 행동이 어떻게 변화해야 하는지를 자각해야 한다. 그리고 그러한 인식과 자각을 토대로 대안적인 행동이나 활동의 습관을 형성해야 한다. 즉 한 집단의 새로운 문화적 존재로서 성장해야 한다. 그렇게 함으로써 한 집단의 문화가 안고 있는 문제가 해결되고 문화가 변화한다.

그러므로 문화기술법은 그 집단의 문화가 안고 있는 문제와 관련하여 구성원들이 새로운 문화적 존재로서 성장하도록 하는 데 적합한 구체적인 방안들을 구안해서 제시할 수 있어야 한다. 집단 구성원들의 문화적 성장을 위한 과제가 무엇인지, 그 과제를 해결하기 위한 방안으로는 구체적으로 어떤 것들이 있는지를 구안해서 제시할 수 있어야 한다.

문화기술법이 적어도 이상과 같은 점들을 보완할 때 문화기술법은 문화를 탐구하고 이해하는 방법만이 아니라 문화를 새롭게 실천하는 방법으로서 사용될 수 있다. 한 집단의 문화를 그 집단 사람들의 관점에서 이해하고, 그 이해를 바탕으로 문화가 안고 있는 문제가 무엇인지, 그 문제를 해결하려면 어떤 대안적인 시도가 필요한지를 구체적으로 제시할 수 있다. 이러한 탐구 방법은 단순히 타문화를 이해하고 기술하는 데 머무르지 않고, 타문화에 대한 문화기술적 이해를 바탕으로 문화가 안고 있는 문제의 해결을 위한 실천 방안을 탐구할 수 있게 한다는 점에서 "문화기술적 실천탐구 방법"이라고 부를 수 있을 것이다.

이러한 문화기술적 실천탐구 방법은 수업을 실제적 차원에서 실천적으로 이해하는 데에도 적절하게 사용될 수 있다. 수업에 참여하는 당사자, 특히 교원의 관점에서 수업을 이해하고, 그 이해를 바탕으로 현재 교원이 당면한 수업의 문제가 무엇인지, 그 문제를 해결하려면 어떤 대안적인 시도가 필요한지를 구체적으로 제시할 수 있다. 그를 통해서 교원뿐만 아니라 학생도 함께 성장해 가도록 할 수 있다. 또한 이러한 탐구 방법은 수업 외에도 다양한 사회적인 장면에도 동일하게 적용될 수 있을 것이다.

제3장

탐구 문제와 절차

1. 탐구 문제
2. 탐구 절차
3. 탐구의 한계와 의의

1. 탐구 문제

이상에서 살펴본 바와 같이 학교 현장의 수업이 적절하면서 실질적으로 변화하도록 하려면 현재 학교 현장에서 이루어지는 실제의 수업을 먼저 이해해야 한다. 그리고 그러한 이해를 바탕으로 수업 변화의 방향과 방안을 모색해야 한다. 그 일을 위해서는 문화기술적 실천탐구 방법이 유용할 수 있다.

이런 이유에서 나는 문화기술적 실천탐구 방법에 의해서 태산초등학교 6학년 교실에서 이루어졌던 사회과 "토의식 수업"을 사례로 삼아서 이해하고, 그에 대한 이해를 바탕으로 그 수업이 어떤 방향으로 어떻게 변화하는 것이 적절한지를 제시하고자 한다. 이것은 수업을 이해하지 않고 성급하게 실천하거나, 이해하고 실천은 하지 않는 접근을 대신하여 수업에 대한 이해를 토대로 실천하는 대안적인 접근 방법을 예시하는 것이기도 하다. 그 일은 아래의 여섯 가지 질문들에 대해서 대답함으로써 이루어질 수 있다.

첫째, 태산초등학교에서는 토의식 수업이 어떤 절차에 따라서 이루어지며, 그 표면상의 특징은 무엇인가? 수업이 어떻게 이루어지는지, 거기에 어떤 특징이 있는지를 파악하는 일은 문화기술적 실천탐구의 첫걸음이다. 그 점을 먼저 파악해야 그 점과 관련하여 수업이 왜 그렇게 이루어지는지 추론하고, 그런 수업이 어떤 의미가 있는지를 해석할 수 있다. 또한 그 점과 관련하여 수업에 대한 대안이나 발전 방안을 모색할 수 있다.

이 질문에 대답하기 위해서 토의식 수업이 일상적으로 이루어지고 있는 태산초등학교 6학년의 사회과 수업 장면을 참여관찰하고, 토의식 수업의 일반적인 절차를 파악한다. 그리고 그 과정에서 이루어지는 교원과 학생의 활동을 중심으로 사회과 토의식 수업의 특징을 파악한다. 이와 함께 학생들은 그 수업을 통해서 무엇을 어떻게 학습하는지 파악한다.

둘째, 태산초등학교의 토의식 수업은 어떤 환경 속에서 이루어지는가? 실제의 수업을 이해하기 위해서 필요한 일 가운데 하나는 수업과 관련된 수업 외부의 요인들이 무엇인지 파악하는 일이다. 학교의 수업 형태는 주로 교원에 의해서 결정된다. 교원들은 수업 방식을 결정할 때 물리적 환경뿐만 아니라 제도적인 환경, 사회적인 환경 등 다양한 요소들을 고려한다. 특히 학교 수업에는 국가나 상급 기관의 요구, 학생의 요구 등이 다양하게 작용한다. 따라서 교원들은 수업 방식을 결정할 때 이런 점들을 고려할 가능성이 크다. 수업을 할 때 교원들이 고려하는 환경적 요소들이 무엇인지 파악함으로써 수업이 왜 그처럼 이루어지는지를 이해할 수 있다.

이 질문에 대답하기 위해서 태산초등학교가 놓인 지역사회, 태산초등학교의 시설, 인적 구성, 일상적인 활동 등을 조사한다. 아울러 태산초등학교가 처리하는 공문, 각종 문서나 기록 등을 수집한다. 또한 교원 및 학생과의 면담을 통하여 상급 기관과 학생의 요구가 무엇인지 확인한다. 이러한 자료를 분석하여 교원의 수업 형태와 관련된 환경적 요인들이 무엇인지 파악하고, 그러한 환경적 요인들이 교원의 수업 형태와 어떻게 연관되어 있는지 추론하여 파악한다.

셋째, 태산초등학교 교원들이 수업을 통해서 실현하고자 하는 나름의 이상은 무엇인가? 학교에서 이루어지는 수업의 형태는 외부 환경의 영향을 받아서 결정되기는 하지만, 그 결정은 물리적인 자극에 대해서 물리적으로 반응하듯이 결정되는 것은 아니다. 교원은 수업을 통해서 실현하고자 하는 나름의 이상을 지니고 있으며, 그 이상을 관점 삼아서 환경적 요인들을 파악하고, 그 파악의 결과로서 수업의 방식을 결정한다. 그러므로 실제의 수업을 이해하기 위해서는 교원이 수업을 통해서 실현하고자 하는 나름의 이상이 무엇인지를 파악해야 한다.

이 질문에 대답하기 위해서 태산초등학교 교원들과 면담을 통하여 교원들이 수업과 관련해서 어떤 생각을 가지고 있는지 확인한다. 그리고 면담 자료를 분석하여 그 생각들이 어떻게 구성되어 있는지 파악하고, 추론을 통하여 그 생각들은 외부의 환경적 요인과 어떻게 연관되어 있는지를 파악한다.

넷째, 태산초등학교 교원들이 수업을 할 때 해결해야 하는 문제 상황은 무엇이며, 그 문제를 어떻게 해결하는가? 태산초등학교 교원들은 태산초등학교의 물리적 환경, 사회적 환경, 제도적 환경 등의 여건 속에서 수업을 한다. 그런데 그 환경은 태산초등학교 교원들이 추구하는 수업의 이상을 실현하는 데에 충분히 적합하지 않다. 태산초등학교 교원들이 수업을 해결하기 위해서는 이러한 문제 상황을 해결해야 한다. 토의식 수업은 이러한 문제 상황을 해결하는 하나의 방안이라고 볼 수 있다. 그러므로 태산초등학교 교원들의 토의식 수업을 이해하기 위해서는 태산초등학교 교원들이 어떤 문제 상황에 놓여있고, 토의식 수업을 통해서 어떻게 그 문제를 해결하는지를 파악해야 한다.

이 질문에 대답하기 위해서 태산초등학교 교원들이 놓여있는 환경을 분석한 결과와 태산초등학교 교원들의 수업과 관련된 이상을 분석한 결과를 종합하여 양자 사이의 연관 관계를 살펴봄으로써 교원이 해결해야 하는 문제 상황이 무엇인지 파악한다. 또한 교원들과의 면담을 통해서 그들이 그 문제를 어떻게 해결하는지 확인한다. 특히 토의식 수업을 운영하는 과정에서 학생들로 하여금 토의식 수업에 적절히 참여하도록 하기 위해서 어떤 일들을 하는지 확인한다. 이와 함께 관찰 자료를 검토하여 그와 관련된 구체적인 장면을 확인한다.

다섯째, 태산초등학교 교원들의 관점에서 볼 때 태산초등학교의 토의식 수업은 어떤 의미가 있으며, 어떤 한계를 지니고 있는가? 태산초등학교 교원들이 토의식 수업을 하고 그것을 지속하는 까닭은 그들이 당면한 문제 상황을 해결할 수 있기 때문이다. 또한 토의식 수업을 통해서 그들이 추구하는 수업에 관한 나름의 이상을 실현할 수 있기 때문이다. 그렇지만 토의식 수업이 모든 문제를 다 해결하는 것은 아니며 또 다른 문제점을 유발하기도 한다. 토의식 수업을 충실하게 이해하기 위해서는 이런 점들을 함께 파악해야 한다.

이 질문에 대답하기 위해서 태산초등학교 교원들과 면담을 통하여 토의식 수업에 관한 교원들의 생각을 확인한다. 그리고 면담 자료를 분석하여 토의식 수업에 관한 교원들의 핵심적인 생각을 파악하고, 교원들이 그러한 생각을 하게 된 원인을 추론한다. 이와 관련하여 교원들이 토의식 수업과 관련하여 어떤 점을 문제로서 인식하는지, 토의식 수업이 유발하는 또 다른 문제가 무엇인지 등을 파악한다. 이러한 점들을 파악한 결과를 토대로 토의식 수업에 관한 교원들의 생각이 의미하는 바가 무엇인지 해석한다.

여섯째, 태산초등학교 토의식 수업이 지니는 문제를 해결하기 위해서는 어떤 점을 어떻게 개선해야 하는가? 실천탐구자가 실제의 수업을 탐구하고 이해하는 까닭은 이해의 결과가 실제의 수업이 개선되거나 발전되어 가도록 하는 데 기여하도록 하기 위해서다. 태산초등학교의 교원들이 자신의 수업을 외부의 탐구자에게 개방하여 보여주는 까닭 역시 마찬가지다. 교원들은 외부 탐구자의 눈에 기대서 자신의 수업을 개선하거나 발전해 갈 수 있는 방안을 얻기를 기대한다. 토의식 수업이 지니는 문제는 수업의 외적인 환경뿐만 아니라 수업에 참여하는 학생, 수업을 주도하는 교원의 인식이나 행동 습관 등과도 함께 관련되어 있다. 따라서 수업의 문제를 해결하기 위해서는 그러한 점들의 변화 방안을 모색해야 한다. 특히 수업의 방식을 주도적으로 결정하는 사람이 교원이므로 교원의 성장을 위한 방안을 모색하는 일이 중요하다.

이 질문에 대답하기 위해서 앞의 질문에 대한 대답을 통해서 파악한 토의식 수업의 특징, 토의식 수업과 관련된 환경, 수업에 관한 교원의 이상, 토의식 수업의 문제 등이 서로 어떻게 연관되어 있는지 통합하여 파악한다. 그리고 그것을 토대로 토의식 수업의 문제를 해결하기 위해서는 어떤 점들이 변화되어야 하는지, 그것의 변화를 위해서는 무엇을 어떻게 해야 하는지를 추론하여 모색한다. 특히 교원의 성장을 위해서 구체적으로 어떤 실천의 과정이 필요한지 모색하여 제시한다.

나는 이상의 질문들에 대하여 문화기술적 실천탐구의 방법으로 대답함으로써 수업을 실천적으로 이해하고자 한다. 수업을 교원의 관점에서 이해하고, 그 이해의 결과를 바탕으로 수업이 개선되거나 발전되는 방향으로 변화할 수 있는 방안을 모색하여 제시하고자 한다.

2. 탐구 절차

1) 자료의 수집과 정리

본 탐구의 주요 대상은 서울에 소재한 태산초등학교 6학년 및 한솔반의 사회과 토의식 수업이다.[1] 태산초등학교는 서울에 소재한 40학급 규모의 학교이다. 이 학교는 중하류층 가정의 자녀가 많이 취학하고 있다. 교원들은 태산초등학교 학생들이 심각한 말썽을 피우지 않는다는 점을 들어서 타지역의 학생들에 비해서 비교적 순진하기는 하지만 학습 능력은 떨어지는 편이라고 말한다.

태산초등학교를 탐구 현장으로 선정한 이유는 접근하기 용이하기 때문이다. 나는 1988년부터 초등학교 교원으로 근무했으며, 태산초등학교 인근의 거산초등학교에 근무하다가 1994년 4월부터 1995년 11월까

1) 제보자의 신분을 보호하기 위하여 학교명, 학급명, 인명 등은 모두 가명을 사용한다. 그리고 인용문에서는 교원과 학생의 구분을 쉽게 하기 위해서 교원은 성과 이름을 함께 제시하고, 학생은 이름만 제시했다. 예를 들면 '하미선'은 교원을 가리키고, '미진'은 학생을 가리킨다.

지 대학원 수학을 위해 휴직하고, 1995년 12월부터 태산초등학교에 복직하여 근무하고 있다. 태산초등학교에서 나는 1995년 12월 1일부터 이듬해 2월 20일까지 담임 교원이 출근하지 않은 학급에 보결 교원으로 근무했다. 특히 그 기간 중에서 12월 10일부터 2월 20일까지는 6학년 한샘반 학생들을 주로 지도했다. 당시 그 반의 담임 교원은 교통 사고를 당하여 병원에 입원 중이었다. 이런 점들은 별도로 탐구 장소를 선정하지 않아도 되도록 만들었으며, 늘 탐구 장소에서 생활할 수 있음으로 인해서 탐구 현장의 전반적인 상황을 짧은 시간 내에 파악하는 데도 도움이 되었다.

초등학교 6학년 사회과 수업을 탐구 대상으로 선정한 이유는 중고등학교는 상급 학교 진학을 위한 입학 시험의 부담 때문에 수업 방식이 단조로운 데 비해서 근래에 들어서 초등학교에서는 다양한 방식으로 수업이 이루어지고 있으며, 특히 고학년 사회과 수업 시간에는 토의식 수업이 주로 이루어지기 때문이다.

한솔반을 탐구 대상으로 선정하게 된 것은 탐구 목적에 적합하기 때문이었다. 나는 1996년 3월부터 6학년 체육 교과를 전담하게 되면서 6학년 가운데 한 학급을 참여관찰하기로 계획을 세웠다. 그것은 다른 학년을 대상으로 탐구를 하는 것보다 교원이나 학생들과 친밀감을 유지하기가 쉽고, 탐구 대상 학급의 학생 개개인을 파악하기가 용이할 것이라고 판단했기 때문이다. 그리고 나는 오늘날 초등학교에는 남교원에 비해서 여교원이 압도적으로 많은 까닭에 6학년 담임 교원 7명 중에서 여교원을, 여교원 중에서 30대 중반 이후의 평범한 교원을 선정하기로 계획

했다. 이런 계획하에 나는 3월 한 달 동안 6학년 담임 교원들과 자주 접촉하는 가운데 한솔반을 맡고 있는 하미선 교원이 탐구 대상으로서 적합하다고 판단했다. 그는 지방의 교육대학을 졸업하고 1996년 현재 교직 경력이 16년인 여교원이다. 나는 1996년 3월 말에 그에게 탐구 목적을 알려주고 수업을 참여관찰할 수 있도록 요청했으며, 그는 흔쾌히 허락했다.

나는 1996년 4월 1일부터 매일 두세 시간씩 전 과목에 걸쳐서 한솔반의 수업을 관찰했으며, 6월부터 7월까지는 사회과 수업을 중심으로 관찰했다.[2)] 이 기간 동안 한솔반 교실의 뒷자리에 학생들과 함께 앉아서 수업 장면을 노트에 기록했으며, 일부 수업은 녹음을 하거나 비디오 카메라로 촬영했다. 이렇게 수집한 자료를 컴퓨터를 이용하여 다시 정리하거나 지면에 옮겨 적었다. 그리고 2학기에 이르러서 한솔반의 수업을 관찰하는 대신 자율 장학의 일환으로 학년별로 수업을 공개할 때 다른 학년의 사회과 수업을 관찰하고, 그 장면을 녹음하거나 비디오 카메라로 촬영했다. 이 자료 역시 지면에 옮겼다. 이 밖에 1996년 12월과 1997년 2월에 보결 전담 교원 역할을 하면서 학생들의 수업 장면을 노트에 기록하거나 녹음하고, 그 내용을 마찬가지 방법으로 정리했다.

나는 수업을 참여관찰하는 중간중간에 하미선 교원이나 한솔반의 학생들에게 궁금한 사항을 질문했으며, 그 외에도 학생과 13차례, 교원들

---

2) 초등학교 6학년 1학기 사회 교과서는 역사 단원을 중심으로 구성되어 있고, 초등학교에서는 대부분 교과서 순서에 따라서 수업을 하므로 나는 이 기간 동안 역사 수업 장면을 주로 관찰했다. 따라서 이하에서 언급하는 한솔반의 사회과 수업은 역사 수업을 가리킨다고 보는 것이 정확하다.

과 9차례 심층면담했다. 수업 중에 교원이 학생을 가르치기 위해 어떤 활동들을 하며, 교원과 학생은 그 과정에서 무엇을 가르치고 배우는지를 주로 면담을 통해 확인했다. 여기에는 1996년 12월에 한샘반 학생들과 면담한 것도 포함된다. 나는 면담 내용을 녹음하고 가능한 한 빨리 컴퓨터 파일로 전사했다. 그 밖에 1교시가 끝난 후 6학년 교원들과 차를 마시면서 나눈 이야기, 다른 학년의 교원들과 식사를 하는 중에 나눈 이야기, 회의 중에 나눈 이야기 등을 기억해 두었다가 현장노트에 옮겨 적기도 했다.

또한 나는 수업 중에 교원과 학생이 사용하는 각종 도서와 자료를 수집했다. 거기에는 교과서, 교사용 지도서, 학생용 참고서, 교원이 학생들에게 나누어주는 각종 복사물, 시험지 등이 포함된다. 그 외에 상급 기관에서 배부하는 홍보용 책자와 공문, 학교에서 제작하는 연간 교육 계획서, 월중 행사 계획표, 일일 업무 계획표, 각종 행사 계획표, 수업 지도안, 자율 연수 자료 등을 수집했다.

이상에서 수집한 자료 가운데 현지 노트와 면담 자료는 컴퓨터 파일로 전사했다. 각각의 자료는 종류별로 수집한 시기에 따라서 목록을 작성하여 정리했다. 그 밖의 문서 자료나 기록물 등은 종류별로 분류하여 목록을 작성하여 정리했다. 이 과정에서 잠정적으로 분석이 이루어지기도 했다.

2) 교원의 수업 실천 이해

수업의 변화 방향과 방안을 모색하기에 앞서 현재 태산초등학교의 토의식 수업이 어떻게 이루어지는지, 왜 그렇게 이루어지는지 등을 먼저 이해할 필요가 있다. 이를 위해서 태산초등학교 6학년 교실에서 토의식 수업이 어떻게 이루어지고, 학생들은 토의식 수업을 통해서 무엇을 배우는지 파악했다. 그리고 교원들은 수업과 관련해서 어떤 이상을 추구하는지, 그 이상을 실현하기 위해서 주변의 환경에 어떻게 대처하고 구성하는지, 그 이상을 실현하는 과정에서 발생하는 문제나 어려움은 어떻게 해결하는지를 파악했다. 이러한 점을 파악하기 위해서 주로 분석과 추론의 방법을 적용했다.

1차 분석은 사회과 토의식 수업의 과정과 학생들의 학습 결과를 파악하는 데 초점을 두고 이루어졌다. 먼저 태산초등학교 6학년 사회과 토의식 수업의 일반적인 절차를 파악했다. 한솔반의 사회과 수업 장면을 중심으로 토의식 수업의 구체적인 과정을 정리했다. 그리고 토의식 수업의 구성과 수업의 과정에서 이루어지는 교원과 학생의 행동의 특징들을 파악하고 분류했다. 이와 함께 토의식 수업을 통해서 학생들이 학습하게 되는 것들을 파악하고, 학습의 내용 등에 따라서 종류별로 분류했다. 이 과정에서 불분명한 점을 확인하기 위해서 하미선 교원, 6학년 한솔반 학생들, 6학년 한강반 담임 교원과 학생들, 6학년의 또 다른 반 담임 교원, 2명의 5학년 담임 교원 등과 추가 심층면담하고, 그 밖에도 여러 명의 교원과 비공식적인 면담을 나누었다. 그리고 4학년과 5학년에서 학년 자율 장학의 일환으로 수업을 공개할 때 사회과 수업을 참여관찰했다.

2차 분석은 토의식 수업과 관련되어 있는 요인들을 파악하는 데 초점을 두고 이루어졌다. 태산초등학교 교원들이 토의식 수업을 하는 데에 영향을 미치는 환경적 요인들을 파악하고, 그것을 물리적 환경, 제도적 환경, 사회적 환경 등으로 유목화하여 분류했다. 이와 함께 교원들이 수업과 관련해서 어떤 이상을 추구하는지, 그 이상을 실현하기 위해서 주변의 환경에 어떻게 대처하고 구성하는지, 그 이상을 실현하는 과정에서 인식하는 문제나 어려움은 무엇이고 그것을 어떻게 해결하는지를 파악하고 유목화하여 분류했다. 이를 위해서 참여관찰 자료와 학생 및 교원과 면담한 자료를 검토했다.

이상의 분석 과정에서 추론을 병행했다. 1차 분석에서 토의식 수업의 과정에서 학생들이 학습하는 내용을 파악하는 과정에서 추론이 이루어졌다. 2차 분석에서는 토의식 수업과 관련되어 있는 환경적 요인과 교원이 토의식 수업을 통해서 실현하고자 하는 이상이 무엇인지를 각각 파악하는 과정에서 추론이 이루어졌다.

이상의 방법에 의해서 이해한 토의식 수업의 과정과 학생의 학습이 타당한지를 확인하기 위해 분석을 마친 뒤에 수업 장면을 다시 관찰했다. 그리고 분석 결과를 주 제보자인 하미선 교원에게 보이고 검토를 요구했으며, 사실과 다르게 기술된 부분은 수정했다.

3) 교원의 수업 이해

태산초등학교의 토의식 수업이 어떻게 이루어지는지, 왜 그렇게 이루어지는지 등을 이해한 것을 토대로 교원들은 자신의 토의식 수업을 어떤 것으로 인식하고 있으며, 왜 그처럼 인식하게 되었는지를 파악하고자 했다. 그리고 그것을 바탕으로 태산초등학교 교원들에게 토의식 수업이 어떤 의미가 있는지를 교원의 관점에서 이해하고자 했다. 이런 점을 파악하기 위해서 분석, 추론, 종합, 해석의 방법을 적용했다.

분석은 주로 태산초등학교 교원들이 왜 자신의 토의식 수업을 "짬뽕"이라고 인식하는지를 파악하기 위한 목적으로 이루어졌다. 이를 위해서 태산초등학교 교원들은 토의식 수업을 어떤 것으로 인식하고 있는지, 토의식 수업의 어떤 점 때문에 자신의 토의식 수업을 "짬뽕"이라고 인식하는지를 파악하고자 했다. 특히 토의식 수업의 과정에서 보이는 학생들의 활동과 학습의 내용과 방식에 대해서 교원들이 어떻게 인식하는지를 파악하고자 했다.

추론은 태산초등학교의 토의식 수업이 짬뽕과 같은 모습을 띨 수밖에 없는 원인을 파악하기 위한 목적으로 주로 이루어졌다. 수업 중에 이루어지는 학생의 활동과 학습의 내용 등은 수업 형태나 구성에 따라서 달라지며, 수업의 형태나 구성은 교과와 학습과 수업 등과 관련된 교원의 사고에 의해서 결정된다. 교원이 교과, 학습, 수업 등과 관련해서 어떤 생각을 지니고 있으며, 그것이 수업의 구성이나 형태에 어떻게 반영되는지를 추론에 의해서 파악하고자 했다.

해석은 토의식 수업의 의미를 교원의 관점에서 이해하기 위한 목적으로 이루어졌다. 토의식 수업을 중심으로 교원들이 놓여있는 환경, 토의식 수업을 통해서 학생이 학습한 것, 학생들의 학습과 토의식 수업에 관한 교원들의 인식, 수업과 토의식 수업에 관한 교원들의 이상 등을 종합하여 토의식 수업의 맥락을 파악했다. 그리고 그런 맥락 속에서 토의식 수업이 어떤 의미를 지니는지를 교원의 관점에서 해석했다. 특히 토의식 수업에 대한 태산초등학교 교원의 말 "짬뽕"의 의미를 중심으로 해석했다.

이 과정에서 추론과 종합의 방법을 병행했다. 추론에 의해서는 토의식 수업과 관련된 맥락을 구성하는 요소들이 무엇인지, 그것이 어떻게 연관되어 있는지를 파악하고자 했다. 종합에 의해서는 토의식 수업과 관련된 다양한 요소들이 어떻게 서로 연관되어서 하나의 전체적인 맥락을 구성하는지를 파악하고자 했다. 이러한 추론과 종합의 결과를 바탕으로 토의식 수업이 교원에게 어떤 의미가 있는지를 해석했다.

4) 대안의 모색

이상에서 태산초등학교 교원들이 왜 자신의 토의식 수업을 짬뽕이라고 부르는지, 왜 짬뽕과 같은 토의식 수업을 할 수밖에 없는지, 짬뽕이 의미하는 것이 무엇인지를 이해한 것을 바탕으로 하여 태산초등학교 교원들이 짬뽕과 같은 토의식 수업으로부터 벗어나서 이상적인 토의식 수업을 하기 위해서 무엇을 어떻게 해야 하는지를 모색하고자 했다. 특히 교원들이 이상적인 토의식 수업을 하고자 함으로써 어떤 문제 상황에 놓이게 되는지, 그 문제 상황을 해결하려면 수업에 참여하는 학생, 수업을 운영하는 교원, 그리고 수업의 환경을 결정하는 정부 등이 각각 어떤 대안적인 시도를 해야 하는지를 모색하고자 했다. 이런 점을 파악하기 위해서 종합, 구안, 추론의 방법을 적용했다.

종합은 수업의 장면에서 교원이 놓인 문제 상황을 파악하기 위한 과정에서 이루어졌다. 태산초등학교 교원들이 수업을 하는 데 영향을 미치는 환경적 요인들의 분석 결과와 교원들이 수업을 통해서 실현하고자 하는 나름의 이상을 분석한 결과를 종합하여 양자 사이의 관련성이나 적합성을 파악했다. 그리고 그러한 파악의 결과를 바탕으로 교원들이 어떤 문제 상황에 놓여있는지 추론했다.

구안은 토의식 수업의 개선이나 발전 방안을 모색하기 위한 목적에서 이루어졌다. 토의식 수업이 개선되거나 발전되기 위해서 토의식 수업과 관련된 환경, 토의식 수업의 운영 과정, 토의식 수업을 운영하는 교원 등이 각각 어떤 방향으로 변화하는 것이 적절한지, 그러한 변화를 위해서는 구체적으로 무엇을 어떻게 해야 하는지 등을 모색했다. 특히 수업을 주도하고 운영하는 교원의 성장을 위해서 어떤 실천적 과정이 필요한지를 학생, 교원, 정부 등의 차원에서 모색했다.

이 과정에서 종합과 추론의 방법을 병행했다. 수업의 외적 환경, 수업에 참여하는 학생의 특성, 수업에 관한 교원의 이상, 수업을 운영하는 교원의 능력 등을 종합하여 토의식 수업이 지니는 문제와 연관되어 있는 점들을 추론하여 파악했다. 또한 이러한 종합적인 이해를 바탕으로 교원의 관점에서 볼 때 수업이 어떤 방향으로 변화해야 하며, 그런 변화를 위해서는 어떤 점들이 어떻게 변화되어야 하는지를 추론하여 파악했다. 이와 함께 수업의 개선이나 발전을 위해서 구안한 수업의 외적인 환경의 변화나 교원의 성장 방안이 어떤 결과를 낳을 것인지를 추론에 의해서 검토했다.

3. 탐구의 한계와 의의

나는 이상의 방법과 절차에 의해서 앞의 여섯 가지 질문에 대답함으로써 수업의 개선이나 발전을 도모하고자 한다면 어떤 탐구의 방법과 절차에 따라서 접근하는 것이 적절한지를 제시하고자 했다. 그 예시로서 문화기술적 실천탐구 방법에 의해서 태산초등학교의 토의식 수업을 이해하고, 그것의 개선과 발전의 방안을 모색하여 제안하고자 했다. 그런데 이상에서 예시한 태산초등학교의 토의식 수업에 대한 실천탐구의 과정과 결과에는 몇 가지 부족한 점이 있다.

첫째, 본 탐구에서 예시하고 있는 문화기술적 실천탐구가 불완전하다는 것이다. 본 탐구가 문화기술적 실천탐구로서 충분한 예시가 되기 위해서는 수업의 개선이나 발전의 방안을 제시하는 데에 이어서, 그 방안을 실행하고 실행의 과정과 결과를 검토하는 등의 과정이 뒤따라야 한다. 특히 실행의 과정을 통해서 학생과 교원이 각각 어떻게 성장해 가는지를 학생과 교원의 관점에서 이해하고, 그 이해를 바탕으로 후속의 개선이나 발전 방안을 모색해야 한다. 즉 본격적인 실천탐구의 과정을 이행해야 한다. 그러나 본 탐구는 그러한 후속 과정을 다루지 못하고 있다.

그것은 본 탐구가 수업을 개선이나 발전의 방안을 모색하고 실행하기 위해서는 수업을 어떻게 이해하는 것이 타당한지를 제시하는 데 더 초점이 있기 때문에 그렇다. 또한 본 탐구는 약 30년 전에 수집된 자료를 기반으로 이루어졌기 때문에 후속 과정을 이행하는 것이 불가능하기도 했다. 수업의 개선이나 발전의 방안을 이행하고 이행의 과정과 결과를 학생과 교원의 관점에서 다시 이해하는 일을 포함하는 문화기술적 실천탐구의 갖추어진 모습은 추후에 다른 탐구 사례를 통해서 예시하고자 한다.[3)]

둘째, 본 탐구가 수업을 교원의 관점에서 이해하는 데 초점을 두고 이루어지기는 했지만 그 과정에도 몇 가지 부족한 점이 있을 수 있다.

그중 하나는 자료 수집의 과정에 한계가 있을 수 있다는 점이다. 탐구가 이루어지던 당시 나는 초등학교 교원인 까닭에 수업을 관찰하고 분석하는 데에 선입견이나 편견을 충분히 배제하지 못했다는 한계가 있다. 나는 대학원 수학을 위해 2년 가까이 휴직하면서 한편으로는 초등학교의 수업을 낯설게 볼 수 있게 되기도 했다. 그렇지만 대학원 수학 과정에서 교육과 관련된 이론 등을 학습함으로써 수업에 관한 선입견을 가지게

3) 이와 관련된 구체적인 사례는 "아이의 눈으로 회인탐구(誨人探究): 그랭이 수업과 맞춤형 교육"(서근원 · 강유미, 2022)의 제1부 제2장 "은이의 눈으로 그랭이 수업하기"를 참고하기 바란다.

되기도 했다. 나는 수업을 관찰하거나 면담하는 동안 판단을 유보하고자 의도적으로 노력했지만 그것이 충분했다고 장담하기 어렵다.

다른 하나는 교원들이 처한 문제 상황을 공감하여 파악하는 데 한계가 있을 수 있다는 점이다. 본 탐구가 이루어지는 동안 학교는 교육 개혁의 와중에 있었고, 교원들이 상급 기관의 지시를 따르는 과정에서 많은 어려움을 겪었다. 그런데 나는 학급을 담당하여 가르치지 않았으므로 교원이 처한 상황이나 애환을 간접적으로 알 수밖에 없었다. 나는 탐구 기간 중 이 점을 늘 의식했으며, 그 문제를 해결하기 위해서 한편으로는 교원들과 친밀한 관계를 유지하면서 대화를 나누려고 노력했다. 그렇지만 그런 어려움을 당사자들과 동일하게 겪었다고 말하기는 어렵다.

끝으로 자료를 분석하고 종합하고 해석하는 등의 과정에 한계가 있을 수 있다. 나는 토의식 수업을 이해하기 위해서 교원이 놓인 문제 상황을 교원의 관점에서 분석하고, 종합하고, 해석하고자 했다. 그렇게 함으로써 교원을 중심으로 한 수업의 변화 가능성을 모색하고자 했다. 그런데 그렇게 함으로써 학생의 관점을 누락하거나 소홀히 할 수밖에 없었다. 그것은 마치 달을 지구 위에서 관찰함으로써 반대쪽은 보지 못 하는 것과 같다. 이것은 한 가지를 선택하면 다른 것을 포기하거나 유보할 수밖에 없는 까닭에 불가피한 일이다. 그 대신 나는 교원의 관점을 충실하게 이해함으로써 교원의 관점에서 볼 때 얻을 수 있는 장점을 최대한 살리고자 했다.

본 탐구에는 비록 이러한 한계가 있지만, 그러한 한계에도 불구하고 수업을 실천적으로 이해하는 방법과 과정을 예시로서 보여준다는 점에서 중요한 의의가 있다고 말할 수 있다. 특히 본 탐구의 결과를 다른 수업에도 동일하게 적용할 수는 없지만, 본 탐구에서 적용한 탐구의 방법과 과정을 다른 수업에도 적용함으로써 그 수업의 개선과 발전을 도모할 수 있을 것이다. 또한 수업 외에도 행정, 경영, 복지, 정치, 산업 등과 같이 우리 사회의 다양한 장면에서 이루어지는 활동을 개선하거나 문제를 해결하는 데도 유용하게 쓰일 수 있을 것이다.

제2부

문화기술적 이해

제1장

"토의식 수업"

요즈음 우리나라의 초등학교에서 이루어지고 있는 수업의 형태는 과거의 그것에 비하여 사뭇 다르다. 과거에 초등학교 교원들은 대부분의 교과 시간에 교과서의 주요 내용을 요약해서 칠판에 쓰고 설명한 다음, 학생에게 그것을 공책에 옮겨 쓰고 외우게 하는 방법으로 수업을 했다. 그러나 근래에는 각 교실에 시청각 기기가 보급되고, 학생도 교원 못지않게 다양한 참고 서적을 소유하고 있으며, 암기가 나쁜 학습 방법으로 인식되고 있는 까닭에 위와 같은 수업은 찾아보기 어렵다. 특히 이러한 변화는 사회과 수업에서 두드러진다.

과거에는 교원이나 학생 모두 사회과를 암기 과목으로 간주하고 수업 시간의 대부분을 교과서의 내용을 설명하고 외우는 데 할애했다. 그러나 요즘에는 수업 시간에 학생이 조사한 내용을 발표하고, 그 내용을 중심으로 교원과 학생 또는 학생과 학생 사이에 활발하게 이야기를 주고받는 데 대부분의 시간을 할애한다. 초등학교에서 교원과 학생들은 이처럼 이야기를 주고받는 것을 "토의"라고, 이런 방식의 수업을 "토의식 수업"이라고 부른다. 이하에서는 토의식 수업이 어떻게 이루어지는지, 그런 수업을 통해서 학생들은 무엇을 학습하는지 살펴본다.

1. 태산초등학교 6학년의 사회과 수업

태산초등학교 6학년의 경우에 1996년 1학기에는 7개 반 모두가, 2학기에는 6개 반이, 5학년에서는 7개 반 중에서 6개 반이 사회과 시간에 토의식 수업을 했다. 그리고 그보다 1년 전인 1995년에도 6학년 8개 반 모두가 같은 방식으로 수업했다.[1] 한편, 주요 제보자인 하미선 교원의 진술에 따르면, 그가 1995년에 근무하던 대양초등학교의 5학년 교원들이 모두 토의식 수업을 했으며, 1994년에는 몇몇 동료 교원들과 함께 그런 방식의 수업을 했다고 한다. 그 외에도 김정원(1997)은 지방 도시에 소재한 샛별초등학교의 6학년 사회 시간에 토의식 수업이 이루어지고 있다고 보고하고 있다.

이런 점들로 미루어보면 오늘날 토의식 수업은 적어도 초등학교 사회과 수업 시간에 비교적 일반적인 수업이라고 볼 수 있다. 실제로 이러한 방식의 수업은 태산초등학교 교원들의 사회과 수업에서도 유사한 형태로 나타난다.

예를 들면, 6학년 한강반을 지도하고 있는 송혜선 교원은 새로운 단원이 시작할 때마다 학생들에게 "과제 학습"을 나누어준다.[2] 학생들은 "과제 학습"에 제시된 순서에 따라 그 시간에 해결해야 할 문제에 대한 답을 가정에서 미리 조사하여 공책에 적어온다.

수업이 시작되면 학생들은 두 명이 함께 사용하는 책상 세 개를 모아서 철(凸) 모양으로 배치하고 여섯 명이 한 조가 되어서 앉는다. 교원은 지난 시간에 배운 내용과 그 시간에 해결해야 할 문제를 학생들에게 확

---

1) 1996년과 1995년에 6학년을 담당했던 교원 8명 중에서 2명은 다른 학교로 전근했고 나머지 6명은 다른 학년의 담임을 맡고 있다. 그리고 현재 6학년 담임을 맡고 있는 교원 7명 중 6명은 다른 학교에서 전근했으며, 나머지 한 명은 지난해에 6학년 체육과 전담 교원이었다. 따라서 여기에 언급된 교원은 모두 서로 다른 사람들이다.

2) 한강반의 수업 장면은 내가 직접 관찰하지는 못했다. 이하의 내용은 한강반의 담임 교원, 그리고 한강반 학생들과의 면담을 바탕으로 정리한 것이다.

인시키고, 각 조에서 그날 사회를 맡은 학생으로 하여금 조사해 온 내용을 발표하게 한다. 사회자는 번호순으로 남학생과 여학생이 돌아가면서 맡는다. 사회자의 발표가 끝나면 다른 학생들의 질문과 사회자의 응답, 그리고 다른 학생들의 보충이 이어진다. 이러한 과정이 다 끝나면 사회자는 학생에게 문제를 제시한다. 학생들은 조별로 그 문제에 관하여 조장의 사회에 따라 토의하고, 토의한 결과를 조원 중에 한 학생이 정리한다. 각 조의 토의가 끝나면, 학생 가운데 한 명이 사회를 보는 가운데 각 조의 토의 결과를 학급 전체 학생에게 발표한다. 사회자는 각 조의 발표 내용을 듣고 토의 결과가 옳은지 그른지를 말해준다.

이상의 모든 과정에서 송혜선 교원은 자주 학생들이 발표하는 내용의 의미를 확인하는 질문을 하고, 학생들이 대답을 제대로 못할 경우에는 자세히 설명해 준다. 토의가 끝나면 송혜선 교원은 학생들에게 간단한 질문하면서 그 시간에 다룬 내용 중에서 핵심적인 내용을 간략하게 다시 설명한다. 그리고 송혜선 교원은 학생들이 발표를 많이 하게 하기 위해서 발표 횟수에 따라서 사회과 태도 점수를 부과한다. 한편 학생이 조사해 온 내용을 보고 발표하거나 중복되는 내용을 발표하면, 그 학생은 경고를 받고 태도 점수가 깎이므로, 학생들은 수업에 열심히 참여하게 된다.

5학년 한별반을 담당하고 있는 김인순 교원 역시 유사한 방식으로 사회과 수업을 한다.[3] 김인순 교원은 사회과 수업을 하기 전날에 학생들에게 서너 개의 "학습 주제"를 칠판에 적어준다. 학생들은 가정에서 학습

3) 이하의 내용은 김인순 교원과의 면담 내용을 바탕으로 정리한 것이다.

주제에 관하여 교과서, 사회과 탐구, 전과,[4] 문제집, 백과사전 등을 조사하여 그 내용을 공책에 적어온다. 수업 시간이 되면, 김인순 교원은 학생들에게 그 시간에 학습해야 할 것에 대하여 간략히 설명하고 먼저 조별로 토의하도록 한다. 학생들은 네 명이 한 조가 되어서 각자 조사한 내용을 서로 발표한다. 조별 토의가 끝나면 교원은 첫째 학습 주제에 대하여 어느 한 조를 지명하여 발표하라고 말한다. 지명받은 조의 조장 또는 조원은 그 주제에 대하여 토의한 내용을 발표한다. 나머지 다른 조의 학생들은 발표자의 내용을 듣고 의문이 있거나 보충할 사항이 있으면 손을 들고 발표 의사를 표명한 후, 교원의 지명을 받아 발표한다. 이러한 과정에 의해서 그 시간의 학습 주제에 관하여 토의가 모두 끝나면, 교원은 학생들에게 간단한 질문을 해가며 다시 한번 전체적으로 요약해서 설명한다. 그리고 김인순 교원은 때때로 중요한 내용을 요약해서 칠판에 정리하고, 학생들은 그 내용을 자신의 공책에 옮겨적는다.

한편 1995년에는 6학년 한샘반 역시 유사한 방식으로 사회과 수업을 했다.[5] 한샘반에서는 사회과 수업이 있기 전날 교원이 칠판에 학습 문제를 서너 개 적는다. 학생들은 가정에서 교과서, 전과, 백과사전 등을 참

---

4) 학생용 교과서 해설서다. 학생이 배우는 전 과목이 한 권으로 묶여 있어서 "전과"라고 불린다.

5) 나는 1995년 12월 11일부터 20일까지, 그리고 1996년 2월 1일부터 15일까지 약 한 달 동안 6학년 한샘반의 수업을 참여관찰했다. 당시 6학년 한샘반의 담임 교원은 교통 사고를 당하여 입원해 있었고, 나는 담임 교원을 대신하여 보결 수업을 하도록 지시받았다. 내가 보결 수업을 하러 들어갔을 때 한샘반은 사회과와 산수과를 제외한 모든 교과의 진도가 끝나 있었고, 그 두 교과도 학생들끼리 토의하는 방식으로 수업을 해왔기 때문에 나는 교원이라기보다는 탐구자의 처지에서 수업을 관찰했다. 학생들의 말에 의하면, 한샘반에서는 1학기 때부터 대부분의 교과 시간에 학생들끼리 토의하는 방식으로 수업을 해왔다고 한다. 이하의 내용은 나의 관찰과 학생과의 면담 내용을 토대로 정리한 것이다.

고하여 그 문제에 관한 내용을 조사하여 공책에 적어 온다. 사회과 수업 시간이 되면 사회를 맡은 학생 두 명이 교탁에 서고, 그중 한 명이 첫째 문제에 대하여 자신이 조사해 온 내용을 발표한다. 학생들은 사회자의 발표를 듣고 질문하거나 보충한다. 사회자는 학생의 질문에 대하여 대답할 수 없을 경우에 다른 학생들에게 대신 대답하도록 요청하기도 하고, 학생들은 다른 학생이 보충한 내용에 대해서 보충하기도 한다. 이런 방식으로 그 시간에 해결해야 할 문제에 관하여 토의를 모두 마치면, 사회자는 다른 학생들에게 자신이 준비해 온 문제를 내고, 학생들은 그 문제에 대한 답을 발표한다. 뒤이어 다른 학생들도 손을 들고 문제를 내고 답을 발표한다. 이런 과정이 다 끝나면, 교원은 그 시간에 다룬 문제를 중심으로 학생들에게 간단한 질문을 하면서 중요한 내용을 요약해 준다. 한편 한샘반 교원은 학생들이 수업에 열심히 참여하게 하기 위해서 조별로 발표 횟수와 학습 태도를 기록하여, 학습 태도가 나쁘거나 발표를 적게 한 조를 남겨서 청소를 하고 가게 한다. 그래서 학생들은 청소를 하지 않기 위해서라도 열심히 발표를 한다.

태산초등학교의 교원들은 이러한 방식의 수업을 보통 "토의식 수업"이라고 부르고, 사회과에서 토의식 수업을 하는 것은 당연한 것이라고 생각한다.

김인순: 사회과 수업이란 게 그렇게 해야 하지 않나 싶어. 조사 토의 학습 중심으로. 그렇게 수업을 전개해야 되는 것이 애들이 학습하는 태도가 아닌가, 나는 그렇게 알고 있어요. 그렇게 생각하고 수업을 해요.

이러한 토의식 수업이 이루어지는 모습을 자세히 살펴보면 아래와 같다.

2. 한솔반의 "토의식 수업"

태산초등학교 6학년 한솔반의 사회과[6] 수업은 학생의 책상을 다시 배치하는 것으로부터 시작된다. 평상시에 학생의 책상은 칠판을 정면에 두고 5개 또는 6개가 한 줄이 되어 4개 분단으로 나뉘어 종대로 배치되며, 각 책상에는 두 명의 학생이 함께 앉는다. 사회과 수업 시간에는 책상 세 개를 철(凸) 모양으로 모아 놓고 남녀 각 3명씩 6명이 한 조가 되어서 7개의 조로 나누어 앉는다. 이때 철(凸)의 왼쪽 구석에 해당하는 자리에는 그 조의 조장이 앉으며 조장의 맞은 편에는 부조장이 앉는다. 조장은 그 조에서 산수[7]를 가장 잘하며 부조장은 조장 다음으로 산수를 잘한다. 그리고 조장의 왼쪽과 오른쪽에는 각각 셋째와 다섯째로 산수를 잘하는 아동, 부조장의 오른쪽과 왼쪽에는 각각 넷째와 여섯째로 산수를 잘하는 아동이 앉는다.[8] 그리고 1조의 조장은 그 반에서 산수 실력이 가장 뛰어

---

6) 초등학교 6학년 1학기 사회 교과서를 구성하고 있는 3개의 단원 중에서 앞의 두 단원은 역사를 내용으로 하고 있는 까닭에 사회과로서의 성격보다 역사과로서의 성격이 강하다. 그러므로 본 수업을 정확히 지칭하고자 한다면 '사회과에서의 역사 수업'이라고 해야 한다. 그러나 이하에서 나는 논의의 편의상 '사회과 수업'이라고 부르고, 논의의 맥락에 따라서는 '역사 수업'이라고 부르기도 한다.

7) 수학 과목의 변경되기 이전 명칭이다.

8) 이러한 좌석 배치는 산수과의 단원이 끝날 때마다 실시하는 산수과 형성 평가의 결과에 따라

나고 7조의 조장은 일곱 번째로 산수 성적이 우수하다. 하미선 교원이 아동의 좌석을 이런 방식으로 배치한 까닭은 특정한 조에 우수한 아동이 몰리지 않게 하면서, 우수한 아동으로 하여금 부족한 아동을 지도하도록 하기 위해서이다. 한솔반의 학생들은 사회과 수업이 있기 전 쉬는 시간에 책상을 이와 같이 재배치하며, 여기에 소요되는 시간은 보통 3분 이내이다.[9)]

책상을 배치하고 수업 시작을 알리는 차임벨 소리가 들리면 학생들은 자신의 자리에 앉아서 사회 교과서, 사회과 탐구,[10)] 사회과 부도,[11)] 사회 공책 등을 책상 위에 올려놓는다. 그동안 하미선 교원은 칠판의 왼쪽 상단에 그 시간에 배워야 할 소단원명과 학습 주제를 단정한 글씨체로 쓴다. 그 다음에 지난 시간에 배운 것에 관하여 학생들에게 몇 가지 질문을 하고, 요점을 정리해 준다. 이어서 하미선 교원은 학생에게 "오늘 토의할 내용이 뭐지?" 또는 "오늘 연구 문제가 무엇인지 읽어보세요."라고 말한

서 달라진다. 하미선 교원이 산수 성적을 기준으로 학생의 좌석을 배치하는 이유는, 초등학교에서는 종전과 달리 매달 치르는 일제 고사가 없어졌으므로 과목별로 학생의 성적을 객관적으로 확인할 수 없으며, 산수과의 경우에만 매 단원이 끝날 때마다 학년 전체가 형성평가를 실시하기 때문이다. 하미선 교원은 산수 성적에 비추어 다른 과목의 성적도 가늠할 수 있다고 생각한다.

9) 한솔반에서는 자연 시간과 음악 시간에도 이러한 방식으로 좌석을 배치한다. 그런데 음악 시간에는 리코더 실력을 기준으로 좌석을 배치하지만, 사회 시간과 자연 시간에는 산수 성적을 기준으로 배치한다.

10) 사회과의 보조 교과서이다. 여기에는 교과서에서 다루는 내용과 관련된 구체적인 예화가 제시되어 있다. 학생들은 이 책을 재미있게 읽으며, 교원들도 이 책이 학생을 지도하는 데 아주 유용하다고 말한다.

11) 사회 교과서 내용과 관련된 지형도, 역사 지도, 각종 통계 자료, 사진, 연대표 등을 편집해 놓은 책이다.

다. 그러면 학생들은 "과제 학습"에 제시되어 있는 문제를 다 함께 소리 맞추어 큰 소리로 읽는다.

과제 학습은 학생들이 1학기 동안 매 사회 수업 시간마다 해결해야 할 문제들을 표의 형태로 작성한 목록이다. 하미선 교원은 학기 초에 그것을 미리 작성해 두었다가, 새로운 단원이 시작할 때마다 학생들에게 복사하여 나누어 준다. 아래의 〈표 1〉과 같이, 거기에는 매 차시마다 학생들이 해결해야 할 문제와 그 문제를 해결할 때 참고로 해야 할 기본적인 자료, 각 자료의 페이지가 적혀있다.

〈표 1〉 하미선 교원이 학생에게 나누어 준 "과제 학습" 예시

(교) 교과서, (탐) 사회과 탐구, (부) 사회과 부도

단원	차시	학습 제목	과제 학습	자료
〈중간 생략〉				
2-(2) 달라지는 나라 모습	16/24	3 독립협회 〈독립협회의 활동〉	(1) 독립협회의 조직 목적과 활동 내용 알아보기 (2) 대한제국의 탄생과 한 일 (3) 조선 말기 자주 독립 운동의 의의와 교훈 알기 (4) (교) 99쪽 연구 문제	(교) 97-99 (탐) 86-89
〈이하 생략〉				

학생들은 과제 학습을 교과서 매 단원의 첫 페이지에 붙여 두기 때문에 다음 사회 시간에 해결해야 할 문제, 즉 자신이 해야 할 숙제가 무엇인지 미리 알 수 있다. 학생들은 사회 수업이 있기 전날 가정에서 교과

서, 사회과 탐구, 사회과 부도, 백과사전 또는 그 밖의 참고 서적을 조사하여 그 문제들에 대한 해답을 공책에 적어 온다.

토의할 문제가 무엇인지 확인한 다음에 교원은 학생들에게 "토의를 시작합니다."라고 말한다. 그러면 학생들은 각 조별로 "토의를 시작합시다."라고 큰 소리로 말한 뒤에 박수를 세 번 친다. 그 다음 각 조에서는 조장이 사회를 보는 가운데 각 문제에 대하여 토의한다.

조별 토의 과정은 다음과 같다. 조장이 첫째 문제를 읽는다. 그러면 다른 학생들은 손바닥을 편 채 손을 들고 발표 의사를 표시한다. 조장은 그 중의 한 학생을 지적하고, 지적받은 학생은 자신이 공책에 조사해 온 내용을 보고 발표한다. 한 학생의 발표가 끝나면 다른 학생이 두 손가락을 'V' 모양으로 펴서 든다. 그것은 앞 사람이 발표한 내용에 부족한 점이나 빠뜨린 내용이 있으므로 보충하겠다는 의사 표시이다.[12] 조장은 그중의 한 학생을 지명하고, 지명받은 학생은 보충할 사항이나 반대 의견을 발표한다.

이와 같은 방법으로 모든 문제에 대한 토의가 끝나면 학생들은 다른 학생들에게 각자 준비해 온 문제를 낸다. 이때도 역시 학생들은 손을 펴서 들고 문제를 내겠다는 의사를 조장에게 표시해야 하며, 문제에 대한 답을 말할 때도 마찬가지이다. 문제 풀이 과정은 그 조에서 문제를 낼 사

12) 태산초등학교의 6학년 학급에서는 모두 이러한 수신호를 통일하여 사용한다. 어떤 질문에 대해서 처음으로 발표할 경우에는 손바닥을 펴고 손을 들며, 앞 사람의 의견에 질문이나 이의가 있는 경우에는 주먹을 쥔 채, 보충할 내용이 있을 때는 두 손가락만 편 채 손을 든다. 수업 시간에 이러한 수신호를 사용하는 까닭은, 사회자로 하여금 학생이 발표하려고 하는 내용이 어떤 종류인지 알 수 있도록 해서 수업의 진행을 원활하게 하기 위해서이다.

람이 더 이상 없을 때까지 이루어진다. 이상의 과정을 다 마치면 학생들은 조별로 "토의를 마치겠습니다."라고 말한 뒤에 박수를 세 번 친다. 그리고 돌아가면서 교과서와 사회과 탐구를 읽는다.

학생들이 책을 읽는 데는 두 가지 방법이 있다. 하나는 "뺏어 읽기"이고 다른 하나는 "돌려가며 읽기"이다. 뺏어 읽기는 학생이 읽다가 더듬거리거나 틀리게 읽으면 다음 사람이 이어서 읽는 것이고, 돌려 가며 읽기는 그런 제한 없이 한 문단씩 돌아가며 읽는 것이다. 보통 조별 토의 과정은 5분에서 10분 정도 소요되며 10분을 넘기는 경우는 거의 없다.

이 동안에 교원은 자신의 자리에 앉아서 "국민학교 교사용 지도서 사회 6-1"과[13] "교육자료"를[14] 보거나, 학생들의 숙제를 검사하거나, "경영록"을[15] 작성하는 경우가 많다. 그리고 그 중간중간에 조별로 토의가 진행되는 과정을 지켜본다. 때로는 책상에 앉아서 또는 교실의 여기저기 돌아다니면서 학생들이 어떤 이야기를 주고받는지 귀를 기울이기도 한다.

모든 조의 토의가 끝나면 그날 사회를 보기로 정해진 아동이 교실 앞

---

13) 교육부에서 교원의 수업을 돕기 위해 각 교과별로 발행하는 책이다. 여기에는 각 교과의 성격과 주요 지도 내용, 지도 방법, 연간 지도 계획안, 차시별 교수-학습 지도안 등이 제시되어 있다. 교원들은 이 책에 제시된 내용과 방법을 수업의 표준으로 받아들인다. 이하에서 나는 이 책을 '교사용 지도서'라고 줄여서 부른다.

14) 상업적인 출판사에서 발행하는 교원용 월간지이다. 이 책은 교사용 지도서의 내용을 근간으로 제작되었으며, 여기에는 각 과목별로 매 차시분 교수-학습 지도안과 참고 자료 등이 제시되어 있다. 이와 비슷한 것으로 "새교실"이 있다. 태산초등학교 교원 40명 중 절반 정도가 매월 이 둘 중에 하나를 구입해서 본다.

15) 한 주 동안 각 교과별로 무슨 내용을 어떻게 가르칠 것인지를 정해진 양식에 따라서 간략히 기록하는 노트이다. 모든 교원은 매주 이 경영록을 작성하고 교감에게 제출하여 승인받는다.

에 놓여 있는 OHP[16)] 옆에 앉는다. 사회자는 한 명씩 번호순으로 돌아가면서 남녀가 교대로 맡는다. 사회자는 그때까지 토의를 마치지 못한 조가 있을 경우에 "토의를 마쳐주십시오."라고 말하고, 자신이 준비해 온 TP 자료[17)]를 OHP 위에 얹어 놓는다. 거기에는 그 날 해결해야 할 문제에 대해서 사회자가 조사해 온 내용이 적혀있다. 사회자는 OHP를 켜고 첫째 문제와 그 문제에 대하여 자신이 조사해 온 내용을 읽는다. 사회자는 자신이 조사해 온 것을 다 읽은 다음에 "보충하실 분 있습니까?"라고 묻는다. 그러면 다른 학생들은 손가락을 'V' 모양으로 펴서 들고 "보충"이라고 말하거나, 주먹을 쥔채 손을 들고 "질문 있습니다." 또는 "반대 의견 있습니다."라고 말한다. 사회자는 여러 학생 중에서 한 학생을 지명하고, 지명받은 학생은 사회자가 발표한 내용에 대하여 보충 사항이나 반대 의견을 말한다. 그리고 나머지 학생들도 마찬가지로 다른 발표자가 발표한 내용에 대하여 보충할 사항이나 이의가 있을 경우에는 "질문 있습니다." 또는 "반대 의견 있습니다."라고 말하고, 사회자의 지명을 받은 후에 발표한다.

그런데 전체 토의할 때는 조별 토의할 때와 달리 사회자가 아닌 나머지 학생들은 반드시 '외워서' 발표해야 한다.[18)] 만일 발표자가 공책이나

16) 교원들이 Overhead Projectors를 줄여서 일상적으로 부르는 말이다. 정부의 교육 개혁 사업의 일환으로 배당된 예산에 의해서 1996년에는 태산초등학교에도 전 학급에 OHP를 한 대씩 비치할 수 있게 되었다.

17) "TP 자료"는 Transparency의 약칭이다. 그것은 투명한 셀로판 필름 위에 그림이나 문자 등을 기록하여 OHP의 투영창(投影窓) 위에 올려놓고 학생에게 제시할 수 있도록 제작한 자료이다.

18) 하미선 교원이 '외워서' 발표하도록 하는 이유는, 만일 학생들이 조사해 온 것을 보고 발표하

책을 보고 발표하면 학생들은 발표자를 향하여 "경고!"라고 큰 소리로 말한다. 그리고 경고는 발표자의 발표 내용이 앞에서 이미 발표한 내용과 중복되거나 유사할 경우에도 역시 주어진다. 학생이 경고를 2회 받으면 벌을 받거나,[19] 하미선 교원이 발표를 많이 한 학생에게 주기로 약속한 상품을 받지 못한다.[20] 보충과 질문 그리고 반대는 더 이상의 발표자가 없을 때까지 이루어지며, 가끔 학생들 사이에 언쟁이 일기도 한다. 사회자는 한 문제에 대하여 토의가 너무 길어질 경우에 "다음 문제로 넘어가겠습니다."라고 말한 뒤에 지금까지 기술한 것과 같은 방식으로 다음 문제에 대하여 토의를 진행한다.

이상의 방법으로 그 시간에 해결해야 할 문제에 대하여 토의를 다 마치면 사회자는 "문제를 내겠습니다."라고 말하고 자신이 준비해 온 문제를 다른 학생들에게 읽어준다. 그 문제에 대한 답을 아는 학생은 손을 들고 사회자의 지명을 받아서 발표한다. 학생 중에 그 문제에 대한 답을 아는 사람이 없으면 사회자는 힌트를 주기도 하며, 사회자가 원하는 '정답'이 나오면 사회자는 문제와 정답을 다시 한번 읽어준다. 사회자는 보통 두 문제를 내며 사회자가 문제를 낸 다음에는 다른 학생들이 사회자의

도록 허용하면 자신이 발표하는 내용의 뜻도 모르고 읽는 경우가 많기 때문이다. 하미선 교원은 외워서 발표하도록 하면 학생들이 아무 생각 없이 전과나 백과사전을 베껴오지 않고 단 몇 문장이라도 "이해"할 수 있다고 생각한다.

19) 경고를 2회 받으면 교실의 북쪽 창가에 가서 10분 동안 손을 앞으로 나란히 한 채로 서서 수업을 받는다. 그리고 그날 발표한 횟수 가운데 1회가 취소된다. 하미선 교원이 이렇게 하는 이유는 학생들로 하여금 다른 학생의 발표 내용을 잘 듣게 하기 위해서이다.

20) 하미선 교원은 교실의 뒷칠판에 "발표력을 기릅시다."라는 기록판을 붙여두고, 학생들에게 수업이 끝날 때마다 그 시간에 발표한 횟수를 각자 기록하도록 했다. 그리고 매 월말에는 발표를 많이 한 학생 5명을 선정하여 연습장 등을 상품으로 주었다.

지명을 받아서 문제를 낸다. 그리고 더 이상 문제를 내는 학생이 없으면 사회자는 "이상으로 토의를 마치겠습니다."라고 말하고 자신의 자리로 돌아간다.

이상의 전체 토의를 하는 데는 적게는 20분에서 많게는 30분 정도가 소요되며, 하미선 교원은 이 과정에 좀처럼 개입하지 않는다. 이 동안 하미선 교원은, 학생들이 조별로 토의를 할 때와 마찬가지로 자신의 일을 하거나, 학생들이 토의하는 과정을 물끄러미 바라본다.

학생들끼리의 조별 토의와 전체 토의가 끝나면, 교원은 교탁 앞에 나와 서서 그 시간에 학생들이 토의한 내용을 중심으로 몇 가지 질문을 하고, 핵심적인 내용을 정리해서 설명한다. 그리고 교원은 중요하다고 판단되는 내용은 반복해서 설명하고 꼭 알아두라고 강조하고, 학생들끼리 토의하는 과정에서 잘못한 점 등을 기억해 두었다가 이때 지적하기도 한다. 여기에 소요되는 시간은 보통 5분 정도이며, 수업을 다 마친 후에 학생들은 좌석을 평상시대로 다시 배치한다.

한솔반 역사 수업의 구체적인 예를 제시하면 다음과 같다. 이 수업은 1996년 5월 31일 2교시에 있었던 수업이다. 나는 이 수업 과정을 5조 학생들과 함께 앉아서 관찰하는 가운데 녹음했다. 나는 탐구노트의 기록 내용과 녹음 내용을 토대로 태산초등학교 한솔반의 역사 수업의 과정을 파악하는 데 필요한 부분을 중심으로 재구성했다.[21)]

21) 이 수업의 상세한 과정은 [부록 1]에 제시되어 있다.

〈10시 20분〉[22)]

교원: (교탁 앞에 서서) 조선 말기 세계의 사정은 어떠했습니까?

영린:[23)] 청나라, 일본, 러시아와 같이 힘이 센 나라가 약한 나라를 서로 빼앗아서 자기 나라의 힘을 더 강하게 하려고 했습니다.

교원: 강대국들이 세력을 넓히려고 약한 나라를 넘보았지요. 그 당시에 우리나라의 형편은 어떠했습니까?

학생들: (손을 든다)

교원: 명구.

명구: 흥선대원군이 문호를 개방하지 않고 당파싸움에 열중하였습니다.

교원: 러시아는 왜 우리나라를 넘보려고 하였지?

학생들: (손을 든다)

교원: 윤석이.

윤석: 얼지 않는 항구를 구하기 위해서 우리나라를 넘보았습니다.

교원: 청나라는(왜 우리나라를 넘보려고 하였지요)?

학생들: (손을 든다)

교원: 중한이.

중한: 일본의 세력을 견제하고 우리나라를 혼자 독점하기 위해서입니다.

교원: 일본은?

학생들: (손을 든다)

교원: 은실이.

---

22) 본 수업은 평소보다 10분 늦게 시작했다.

23) 이하에 등장하는 학생의 이름은 모두 가명이다.

은실: 우리나라를 상품 시장으로 만들고 자원 공급지를 확보하기 위해서입니다.

교원: 이때 일본이 우리나라에서 일으킨 사건은?

학생들: (함께 큰 소리로) 을미사변-.

교원: 누구(를 해쳤지)?

학생들: 민비, 명성왕후.

교원: 우리나라는 열강에 대해서 어떻게 대처하였지? 조선의 힘은 어떠했지?

학생들: (손을 든다)

교원: 미진이.

미진: 당시에 우리나라의 힘도 약했지만 대원군과 민비의 다툼으로 백성이 따르지 않았습니다.

교원: 바로 여기까지가 지금까지 배운 것입니다. 배경을 알아보았으니까 오늘은 독립협회에 대해서 알아봅시다. 오늘 학습 문제가 뭐지?

학생들: (학습 문제를 큰 소리로 함께 읽는다) 일, 독립협회의 조직 목적과 활동 내용 알아보기. 이, 대한제국의 탄생과 한 일. 삼, 조선 말기 자주 독립 운동의 의의와 교훈 알기. 사, 교과서 99쪽 연구 문제 해결.[24)]

교원: 토의를 시작합니다. (자신의 책상에 가서 앉는다)

〈10시 25분〉

5조 학생들: 토의를 시작합시다. (박수를 세 번 친다)

중한:[25)] 일, 독립협회의 조직 목적과 활동 내용 알아보기.

---

24) 이 학습 문제는 〈표 1〉에 제시되어 있다.

25) 정중한은 5조의 조장이다.

명희: (자신이 공책에 조사해 온 내용을 보고 읽는다) 개화 운동에 앞장섰던 서재필을 중심으로 조직하였다. 목적, 자주 독립 국가를 이룩하기 위하여 국민의 계몽을 목적으로 두었다. 활동 내용. 일, 독립신문을 발간함. 이, 독립문을 세움. 삼, 독립협회 만민공동회를 열어 나라를 세우는 일이 필요함을 내세웠다.

미진: (손을 들고) 보충.

중한: 정미진, 보충(하세요).

미진: (공책에 조사해 온 내용을 보고 읽는다) 독립협회의 조직 목적. 백성들을 깨우치기 위해서이다. 나라의 힘을 길러 외국의 침략을 물리쳐야겠다고 생각했기 때문이다. 활동 내용. 백성들을 가르치고 국민 계몽 운동에 힘썼다.

중한: 보충할 분.

정희: (공책에 조사해 온 내용을 보고 읽는다) 왕비의 살해 사건. 고종이 러시아 공사관으로 옮김. 열강들의 이권 다툼 등으로 나라의 힘이 약해지자 나라의 힘을 키워 외국의 침략을 물리쳐야겠다는 뜻에서 서재필이 뜻을 같이하는 동지들과 함께 자주 독립 국가를 세우기 위해 독립협회를 조직하였다.

…(중략)…

중한: 토의를 마치겠습니다.

5조 학생들: 토의를 마치겠습니다. (박수를 세 번 친다)

〈10시 31분〉

미진: (사회를 보기 위해 앞으로 나간다. OHP 위에 자신이 준비해 온 자료[26]를 올려놓고 OHP를 켠다) 토의를 시작하겠습니다.

학생들: (박수를 세 번 친다)

…(중략)…

미진: 다음 문제로 넘어가도 되겠습니까? 사. 교과서 99쪽 연구 문제. 문, 자주 독립을 지키기 위해 국민들은 또 어떠한 일을 하였는지 조사하여 보자. 일, 안중근은 침략자 이토오히로부미를 사살. 이, 일본에 진 빚을 갚기 위해 국채보상운동을 전개. 삼, 국학 연구, 의병 활동, 군인들의 항거 운동 등을 전개하였습니다. 보충하실 분.

학생들: (손을 든다)

미진: 김민희.

민희: 천도교, 대종교, 원불교 등의 종교 설립을 하였습니다.

병규: 단체도 설립하고 신문도 발간하며 학교도 설립하였습니다.

명구: 민주주의 정신을 실현하기 위해서 많은 노력을 했습니다.

미진: 이에 더 보충하실 분. 안 계시면 문제 내는 것으로 넘어가겠습니다. 제가 문제를 준비해 오지 못했기 때문에 문제를 받겠습니다. 문제 내실 분.

〈10시 41분〉

…(중략)…

원술: 독립협회를 조직하고 독립신문을 펴낸 사람은 누구인가?

학생들: (손을 든다)

미진: 은실이.

---

26) 정미진이 조사하여 정리한 내용은 〈부록 2〉에 제시되어 있다.

은실: 예, 서재필입니다.

미진: 다른 문제 내실 분.

학생들: (손을 든다)

미진: 최영린.

영린: 예. 계몽 운동은 주로 무엇이 중심이 되었습니까?

학생들: (손을 든다)

미진: 지영이.

지영: 교육 운동.

영린: 맞았습니다. 계몽 운동은 주로 교육 운동이 중심이 되었습니다.

미진: 다른 문제 내실 분.

학생들: (손을 든다)

미진: 정희.

정희: (류명희에게서 받은 쪽지를 공책 뒤에 감추고 문제를 읽는다) 순 한글로 발간된 신문으로 나라 안팎에서 일어나는 일들을 백성들에게 알려 주고, 나라의 주인이 백성이라는 생각을 일깨워 주기 위하여 서재필에 의하여 발간된 신문은 무엇입니까?

학생들: (손을 든다)

미진: 박유한.

유한: 예. 독립신문입니다.

정희: 순 한글로 발간된 신문으로 나라 안팎에서 일어나는 일들을 백성들에게 알려 주고, 나라의 주인이 백성이라는 생각을 일깨워 주기 위하여 서재필에 의하여 발간된 신문은 무엇입니까? 독립신문입니다. (작은 소리로

5조의 학생들에게 자랑하듯이) 오늘 사회 시간에 두 번 발표했다. 자연 시간에 또 해야지. (그 쪽지를 같은 조의 김진영에게 넘긴다)

…(중략)…

미진: 시간이 없는 관계상 토의를 모두 마치겠습니다.

학생들: (박수를 세 번 친다)

〈10시 53분〉

교원: 선생님이 정리하는 질문을 하겠습니다. 독립협회가 성립되는 배경은 이야기했었지요? 자주 독립을 위해서, 독립 운동을 하기 위해서 만들어졌다고 했었죠. 그러면은 독립협회가 한 활동이 여러 가지가 있었을 텐데 대체적으로 어떤 활동을 했을까? 자주 독립 국가를 수립하기 위해서 계몽을 하기 위해서 만들어졌다고 했어요. 그래서 어떤 활동을 했을까?

학생들: (손을 든다)

교원: 동만이.

동만: 독립신문 발간, 강연회 개최, 독립문 건립, 일본에 빼앗기지 않으려고 노력했습니다.

교원: 그러니까 독립신문을 발행하고, 민중을 계몽하기 위해서 어떤 활동을 했지? 만민공동회 같은 거를 개최했지요. 독립협회가 설립하게 된 목적은, 목적이 뭐예요. 독립협회가 생기게 된 목적. 무엇을 하기 위해서 독립협회가 설립되었지?

학생들: (손을 든다)

교원: 유연이.

유연: 예. 자주 독립을 이루기 위해 국민 계몽에 목적을 두었습니다.

교원: 예. 국민 계몽을 통해서 자주 독립을 이루기 위해서 전국적으로 설립되었습니다. 이 독립협회가 나중에는 항일 운동을 하는 데 기반이 되었습니다. 이거는 중요하니까 꼭 알아두세요. 이상 수업을 마치겠습니다.

〈10시 56분〉

3. "토의식 수업"의 구성

이상에서 소개한 수업들을 한솔반의 역사 수업 장면을 중심으로 정리하면, 태산초등학교에서 이루어지는 토의식 수업은 ① 교원이 지난 시간에 배운 내용을 확인하는 과정, ② 본 시간에 학습할 문제를 확인하는 과정, ③ 조별로 토의하는 과정, ④ 전체 학생이 토의하는 과정, ⑤ 교원이 그 시간에 배운 내용을 정리해 주는 과정으로 구분할 수 있다. 그리고 수업 전에 교원은 학습 문제를 선정하여 학생들에게 제시하고, 학생들은 가정에서 그 문제에 대한 해답을 찾아와서 그 내용을 중심으로 토의를 하므로, 한솔반 역사 수업은 수업 이전에 이루어지는 활동까지 포함한다고 볼 수 있다. 따라서 토의식 수업은 다음과 같은 다섯 가지 과정으로 요약할 수 있다.

첫째 과정은 교원이 학생에게 조사할 문제를 지정해 주는 것이다. 하미선 교원은 각 단원별로 학생들이 해결해야 할 문제를 미리 정리해 두었다가 새로운 단원이 시작할 때마다 학생들에게 과제 학습을 나누어준다. 그리고 사회 수업이 있기 전날 칠판에 "16/24차시 조사"와 같이 숙제를 내준다. 그리고 5학년 한별반과 6학년 한샘반은 한 단원분을 한꺼번에 알려주는 대신 매일 숙제를 내준다는 점에서 약간의 차이가 있지만, 학생이 조사하고 토의해야 할 사항을 교원이 지정해 준다는 점에서는 차이가 없다.

둘째 과정은, 학생들이 가정에서 그 차시에 해당하는 문제를 확인하고 그 문제에 관해서 조사하는 것이다. 이때 학생들이 참고하는 것은 교과서, 사회과 탐구, 상업적 출판사에서 제작한 전과나 문제집 등이며, 학생 중에 일부는 백과사전이나 중 · 고등학교 역사책 등을 보고 조사한다. 이 점은 다른 반의 경우도 대부분 마찬가지이다.

셋째 과정은, 수업을 시작하기 앞서 교원이 지난 시간에 배운 내용을 요약해서 정리하고, 본 시간에 공부해야 할 내용이 무엇인지 확인하는 과정이다. 이 과정에서 교원은 학생들에게 간단한 질문을 해서 지난 시간에 배운 내용을 학생들에게 환기시킨다.

넷째 과정은, 학생들끼리 교원이 제시한 문제에 관하여 토의하는 과정이다. 여기에는 조별 토의와 전체 토의가 있다.

조별 토의는 조장이 사회를 보는 가운데 각 문제에 대하여 조원들이 조사해 온 내용을 서로 발표하는 과정이다. 이 과정에서 학생들은 다른 학생이 조사해 온 내용에 이의를 제기하거나 보충하기도 한다. 그리고 뒤이어 학생들은 각자 만들어온 문제를 다른 학생에게 제시하고, 다른 학생들은 문제에 대한 답을 말한다. 이런 과정이 다 끝나면 학생들은 교과서나 사회과 탐구에서 그 시간에 배울 단원을 읽는 것으로 조별 토의를 마친다. 조별 토의가 끝나면 전체 토의가 이어진다.

전체 토의는 학생 중에 한 명이 사회자가 되어서 진행한다. 사회자는 먼저 자신이 조사한 내용을 OHP를 이용하여 다른 학생에게 보여주면서 설명한다. 다른 학생은 사회자가 발표한 내용 중에서 불분명한 점에 관하여 질문하고, 부족한 점을 보충하거나 이의를 제기한다. 이때 사회자를 제외한 다른 학생들은 자신이 조사한 내용을 외워서 발표해야 하며, 다른 학생이 발표한 내용과 중복되어서도 안 된다. 이런 점을 어기면 그 학생은 경고를 받거나, 벌을 받거나, 태도 점수가 깎인다. 각 문제에 관하여 이런 방법으로 토의를 다 마치면 사회자는 학생들에게 문제를 두세 개 제시하고 학생들은 그 문제에 대한 답을 말한다. 그리고 이어서 다른 학생들도 문제를 내고, 더 이상 문제를 낼 학생이 없으면 사회자는 토의를 마친다.

그런데 학급에 따라서는 토의 과정에 약간씩 변화가 있기도 한다. 6학년 한강반은 전체 토의, 조별 토의, 전체 토의 순으로 토의를 하며, 6학년 한샘반은 조별 토의 없이 전체 토의를 한다. 그리고 5학년 한별반은 각 조별로 토의 결과를 정리하여 그 내용을 중심으로 교원이 사회를 보는 가운데 토의를 한다. 이 외에도 토의 방식에는 다양한 변형이 있을 수 있지만 어떤 방식으로 토의가 이루어지건 각자가 조사해 온 내용을 발표하는 방식으로 이루어진다는 점에서 그 성격이 동일하다고 볼 수 있다.

마지막 과정은 교원이 그 시간에 학습한 내용을 정리하는 과정이다. 교원은 학생들에게 몇 가지 간단한 질문을 해가면서 각각의 문제를 중심으로 간략하게 요약하여 설명한다. 교원은 특히 학생들이 핵심적으로 알아야 한다고 생각하는 내용은 꼭 알아두라고 강조해서 설명하고, 때로는 토의하는 과정에서 개선해야 할 점 등을 지적하기도 한다.

이상의 과정을 요약하면, 태산초등학교의 사회과 토의식 수업은 다음과 같은 절차로 이루어진다고 볼 수 있다.

① 교원의 문제 제시
② 학생의 조사
③ 교원의 선수 학습 확인
④ 학생들끼리의 조별 토의와 전체 토의
⑤ 교원의 정리

그리고 이것을 각 과정별 활동의 주체에 따라서 좀 더 단순화하면 다음과 같다.

① 교원의 문제 제시
② 학생의 조사와 토의
③ 교원의 정리

이상에서 파악한 토의식 수업은 과거에 주류를 이루어왔던 수업, 즉 교원의 설명과 학생의 암기 활동으로 이루어지는 수업과는 외형상 큰 차이를 보인다. 그 수업은 보통 다음과 같은 차례로 이루어진다.

① 선수 학습 확인

② 학습 문제(목표) 확인

③ 교원의 교과서 내용 요약 판서

④ 학생의 공책에 옮겨 쓰기

⑤ 교원의 설명과 정리

이 과정에서는 교원이 판서하고 설명하는 활동이 수업 시간의 대부분을 차지한다. 그 시간 동안 학생들은 교원이 판서한 내용을 공책에 옮겨 쓰고 설명을 들어야 한다. 수업의 말미에는, 몇몇 친절한 교원은 학생의 질문을 받기도 하지만, 대부분의 교원은 그 시간에 설명한 내용을 학생들이 제대로 기억하고 있는지 확인하기 위해서 무작위로 학생을 호명하여 질문하고, 학생이 대답을 못 할 경우에는 체벌을 하기도 한다. 따라서 학생들은 수업 시간에 수동적으로 되고, 교과 내용에 의문을 가지기보다는 외우는 데 급급할 수밖에 없다. 요컨대 이 수업은 학생의 암기를 목적으로 교원의 설명 중심으로 이루어진다는 특징을 가지고 있다. 그래서 사람들은 이런 수업을 흔히 "암기식 수업"이라고 불러왔다.[27]

토의식 수업은 이상과 같은 암기식 수업에 비해서 외형상 몇 가지 두드러진 차이를 보이고 있다.

토의식 수업에 있는 첫째 특징은 학생들의 토의 활동이 수업 시간의 대부분을 차지한다는 점이다. 한솔반의 경우에 교원이 학생들에게 지난

27) 이종각(1988)은 이런 수업을 "암주식 수업"이라고 부르고, 이인효(1990)는 "암죽식 수업"이라고 부른다. 이들이 여기서 예시한 수업을 서로 다른 이름으로 부르는 것은, 교원이 학생에게 암기하도록 하는 방법상의 차이 때문이다. 그러나 두 연구자 모두 그것이 학생의 암기를 목적으로 하는 수업이라는 점에는 견해를 같이한다.

시간에 배운 것을 확인하고 그 시간에 토의할 문제를 확인하는 데 5분 정도 소요되며, 조별 토의하는 데 10분 내외, 전체 토의하는 데 20여 분, 그리고 토의한 결과를 교원이 다시 정리하는 데 5분 정도 소요된다. 즉 40분 수업 중에서 학생들끼리 토의하는 시간이 30분 정도 차지하는 것이다. 그리고 그 시간 동안 학생들은 끊임없이 발표하고, 질문하고, 대답하는 등의 활동을 한다. 이 점은 앞에서 언급한 다른 반의 경우에도 마찬가지이다. 그들 사이에는 토의 방식에 있어서 약간씩 차이는 있지만 수업 시간의 대부분을 학생들의 토의 활동이 차지한다는 점에 공통점이 있다.

둘째 특징은, 첫째 특징과 상대적인 것으로서, 교원의 활동이 학생의 활동에 비해서 적다는 점이다. 교원은 수업의 처음과 끝 부분에서 학생들에게 몇 가지 간단한 질문을 하거나, 전 시간에 또는 그 시간에 학습한 내용을 간단히 정리해서 설명해 주는 것이 전부이다. 그리고 학생들이 토의를 할 경우에도 교원들은 가능한 한 개입하지 않으려고 하며, 개입하더라도 학생들의 토의 활동을 최대한 유지하는 가운데 이루어진다.

셋째 특징은, 첫째 특징과 관련된 것으로서, 수업이 학생 주도 하에 학생 중심으로 이루어진다는 점이다. 물론 한 학기 계획과 단원 계획, 그리고 수업 방법 등은 교원이 결정하지만, 단위 수업 중의 토의는 교원의 간섭 없이 학생이 사회를 보는 가운데 학생들끼리 해나간다. 그 점은 고학년, 특히 6학년의 사회 수업에서 두드러진다. 이 과정에서 교원은 보조자로서의 역할을 할 뿐이다.

요컨대, 토의식 수업은 학생 주도하에 이루어지는 토의 활동이 수업 시간의 대부분을 차지하고, 교원은 학생들의 토의 활동을 보조하는 역할을 한다는 특징이 있다. 이런 수업은, 교원은 늘 학생들에게 무엇인가를 설명하고 학생은 교원의 설명을 듣고 기억해야 했던 과거의 암기식 수업에서는 상상조차 할 수 없던 일이다. 그리고 근 몇 년 사이에 적어도 고학년 사회과 시간에는 암기식 수업을 교실에서 찾아보기 어렵게 되고, 대신 학생들의 목소리가 교실을 가득 메우게 됐다는 것은 엄청난 변화가 아닐 수 없다.

4. 한솔반 학생들의 학습

태산초등학교의 6학년 학생들이 한 학기 가까이 토의식 수업을 통하여 역사를 배운 결과 달라진 점 중의 하나는 역사에 흥미를 갖게 되었다는 점이다. 학년 초에 학생들은 대부분 사회과는 외우는 교과라고 생각하기 때문에 사회과를 재미없는 교과라고 생각한다. 그리고 토의식 수업을 해본 경험이 있는 학생들도 5학년 때와는 달리 6학년에 들어서는 학생들이 사회를 보는 가운데 토의식 수업을 해야 하므로 처음에는 어려워한다. 그렇지만 교원이 매 시간마다 토의하는 중간에 또는 토의를 마치고 정리하는 과정에서 잘못된 점을 지적하여 고쳐주면서, 차츰 학생들은 수업 방식에 익숙해지고 사회과에 흥미를 느끼기 시작한다. 그리고 좀 더 시간이 흐른 뒤에 학생들은, 교원이 결근할 경우에는 시간표를 바꾸어 가면서까지 사회과 수업을 할 정도로 재미있어 한다.

하미선: 한 달 정도는 감을 못 잡더라고요. 조별 토의하는 거라든지 조장이 이끌어나가는 거라든지. 근데 자꾸 인제 순서대로 해 나가니까 애들이 재밌어하고 그렇더라고요. …(중략)… 한 번씩 돌아가면서 사회를 보니까 애들이 거기에 대한 준비를 참 많이 하더라고요. 그러면서 은근히 즐기는 거예요, 자기가 나와서 사회를 한다는 거에 대해서. 그것도 좀 괜찮은 것 같아요. 그래서 애들이 사회과에 흥미를 느끼는 게 좋고. 뭐든지 사회를 먼저 하자고 그러거든요. 저 없을 때도 사회를 했대요. 지네들이 시간표를 바꿔가지고.

학생들과 면담한 결과에 따르면, 학생들은 다음 다섯 가지 이유에서 사회과 수업을 재미있어하고, 그와 관련된 것들을 학습한다.

1) "빨려드는 것 같아요.": 자부심

학생들은 발표를 하기 위해서 이 책 저 책을 조사하는 가운데 우리 조상은 훌륭한 문화 유산을 우리에게 남겨 주었으며, 한때는 서구보다 앞선 과학 기술을 소유하기도 했다는 것을 알게 된다. 그리고 그러한 조상들을 자랑스럽게 생각한다.

병규: 우리나라의 역사를 알면요 뭔가 재미있고 그런 느낌이 들어요. …(중략)… 우리나라의 역사는요 우리 조상들이 만든 여러 가지 유물들이요 멋있고 그래요. …(중략)… 조상님들이 아주 훌륭하다는 생각이 들어요.

특히 학생들은 과거에는 우리나라가 지금처럼 왜소하지 않았으며, 한때는 만주를 지배할 만큼 강대한 국가를 형성하기도 했다는 사실에 크게 감명받는다. 그리고 학생들은 그런 시대에 관하여 조사하거나 발표할 때면 마치 자신이 과거의 세계로 빨려드는 것 같다고 말한다. 반면에 우리나라가 다른 나라의 침략을 받아서 굴복당하고 지배당하던 시대는 싫다고 말한다.

> 지운: 역사가 재미있어요. 발해하고 고구려가 나라 중에는 제일 힘이 상대했구요, 웅장함이 그러니까 빨려드는 것 같애요. 재미있고. …(중략)… 나라가 우선 크면요 그 백성들의 힘이 강했을 거 아녜요. …(중략)… 그런데 역사 중에서는요 후반 말고요, 고려 시대 삼국 시대 이렇게 자그만한 시대가 있잖아요. 그런 시대가 좋고요, 괜히 후반기 1900년도 되면은 이제 3 · 1운동 나오잖아요. 청일전쟁 그런 거는 이상하게 싫어요. …(중략)… 이상하게 그때는요 우리나라가 침략받았고요, 그때는 억압 때문에 싫은가 봐요. 저도 이상하게 싫어요. 한 사람이 왕이 돼 가지고 나라를 다스리는 시대가 훨씬 좋은 것 같아요.

이처럼 학생들은 토의식 수업을 통하여 우리의 역사를 알아가는 동안 우리 민족이 한때는 강성했으며 우수한 문화를 이룩하면서 살아갔다는 데에 자부심을 느낀다. 그리고 강성하고 융성했던 과거의 시대를 선망한다.

2) "저절로 외워져요.": 기억

학생들은 토의식 수업을 하다보면 일부러 외우려고 애쓰지 않아도 저절로 외워지고, 공부한 내용을 외우면 시험을 잘 볼 수 있기 때문에 역사 수업 시간이 재미있다고 말한다.

유연: 참 이상해요. 5학년 때는 꼭 외워야지만 되었는데요 요즘에는 안 외워도 저절로 외워져요.

지운: 예, 외우는 건 딱 질색이야 이상하게.

도현: 외우면요 시험 문제에요 만약에 자기가 외운 게 나왔다면요 그걸 쓰게 되니까요 기분이 좋잖아요. 자기가 알고 있던 것을요 시험 문제에 나와서 답을 쓰게 됨으로써 기분이 좋고, 또 그 문제를 풀어서 좋고.

그런데 학생들은 저절로 외워진다고 말하지만, 그것은 저절로 외워진 것이 아니다. 학생들은 조사하는 과정에서 참고서에 있는 내용을 단순히 베껴쓰기만 하는 것이 아니라 그 내용이 무슨 뜻인지 스스로 생각하고 다른 참고서의 내용과 비교하는 과정에서 자신도 의식하지 못 하는 사이에 부분적으로 외웠으며, 발표할 때는 반드시 외워서 발표해야 했기 때문에 발표를 준비하는 과정에서 다시 외웠다. 그리고 수업의 말미에 교원이 주요한 내용을 다시 설명하는 내용을 듣는 동안 발표한 내용을 상기했다. 학생들은 이런 활동의 맥락 속에서 간접적인 방법으로 역사적 사실들을 기억할 수 있게 되었다. 그 점은 다음의 보란이의 말을 통해서 알 수 있다.

> 탐구자: 보란이는 사회 시간에 무엇을 배웠니?
>
> 보 란: 역사요. …… 모르는 이야기들을요 간단하게 메모해 가면서 듣는 거요. 저는 제일 기억에 남는 게요 고려 때 정치와 조선 시대의 정치예요. 고려 시대의 정치는 숭불 정책이었잖아요, 그리고 조선 시대의 정책은 교린 정책과 농 무슨 정책(농본 정책)하고 숭유 정책이었잖아요. 그게요 선생님이 굉장히 많은 도움이 된다고 그러셨어요. …… 그러니까 외워두면 좋다고요. 그래 가지고 사회책 위에다가, 아니 사회 공책에다가 딱 적고요. 그런 게 제일 기억에 남고요. …… 제가 몰랐던 거를 배웠어요. 그러면서 조선 시대는요 불교를 억압하고, 유교 원상을 일깨워 줬다고 하시면서, 고려 시대에는 불교가 참 많이 성황했었는데 조선 시대에 와서는 숭유 정책을 썼기 때문에 그렇지 않다고 배웠어요. …… 그거 말고도 딴 게 있는데요 그건 잘 기억이 안 나고.

위에서 보란이는 다른 아이들이 발표하는 내용을 들으면서 메모했다. 그리고 교원이 중요하므로 외워두면 좋다고 말한 내용은 사회책이나 사회 공책에 따로 적어두었다. 그러는 과정에서 그 내용에 대해서 더욱 집중하고 오래 기억할 수 있게 되었다. 외우는 활동을 별도로 하는 대신 발표를 준비하거나 다른 아이들의 발표 내용과 교원의 설명을 듣는 과정에서 부수적으로 외우게 된 것이다.

3) "역사는 발자취예요.": 역사관

그런데 학생들은, 교원이 토의식 수업을 통해서 학생들에게 가르쳐야 한다고 의식하고 있는 것만 학습하는 것은 아니다. 학생들이 토의식 수업을 통해서 학습한 또 하나는 역사관이다. 학생들은 "역사가 무엇이라고 생각하는가?"라는 내 질문에 대하여 다음과 같이 대답했다.

지현: 역사는요 우리의 시간의 흐름을 알려주는 것 같아요. …(중략)… 우리가 예전에 있었던 일들을요 그 시간에 대한 기록표나 시간의 변동에 따라 그렇게 볼 수 있으니까요. …(중략)… 또 역사는요 있었던 일들을 거짓 없이 기록하고 정리해 놓은 그런 거.

미진: 저는 역사는 우리들의 하나의 발자취라고 생각하거든요. 왜냐면은 우리들이 그만큼 살아오면서 남긴 그 역사적 자취 같은 게 있으니까요. 우리들이 살아오면서 남긴 발자국이라고 생각해요 저는.

위의 인용문에서 알 수 있듯이 학생들은, 역사는 '과거에 일어났던 사건들을 시간 순서에 따라서 기록해 놓은 것'이며, 그것은 과거의 사건 자체는 아니지만 흔적으로 우리에게 남겨져 있다는 점에서 발자국과 같은 것이라고 생각한다. 그런데 학기 초에는 학생들이 이러한 생각을 가지고 있지 않았으며, 교원 역시 학기 중에 한 번도 '역사는 무엇이다.'라고 정의를 내려서 가르치지 않았다. 그 점에 대해서는 교원 자신도 확신이 없으며, 오히려 학생들이 역사를 무엇이라고 생각하는지 궁금해했다.

탐구자: 선생님은 역사가 뭐라고 생각하세요?

송혜선: 역사가 뭐-. 하도 바뀌니까 이제는 말도 못하겠네요.

하미선: 역사란 무엇인가네 완전히.

송혜선: 역사란 무엇인가. 역사책을 펼치면 첫 장에 그런 게 나오는 것 같았어요. 그죠? 내일 물어봐야겠다. 좋은 질문 하나 생각해 냈다. 내일 종이 한 장씩 나눠주고, '역사란 무엇인가?'를 한 학기 동안 배웠으니까 한번 써보라고 해야지.

실지로 송혜선 교원은 나와 면담한 다음 날 수업 시간에 학생들에게 역사가 무엇이라고 생각하는지 써보라고 했다. 나중에 확인한 바에 의하면 학생들은 다음과 같이 대답했다. 아래의 진술 역시 앞의 두 학생이 말한 것과 다르지 않다.

성호: 역사란 우리 조상들이 만든 것이다. 즉 옳은 일과 그릇된 일을 하여 만든 한 시대의 발자취이다.

정욱: 역사는 옛날부터 지금까지 생긴 사건이다.

윤영: 역사는 내가 생각하기엔 예전부터 내려온 사실이나 또는 그런 시간 같다. 시간이 지남에 따라 역사가 길어지는 것이기 때문에 역사는 시간인 것 같다.

성연: 처음 단군이 우리나라를 세우고 삼국 시대의 문화, 우리가 개화가 되고 임진왜란이 일어나서 나라를 위해 목숨을 바치신 분들 등. 이것처럼 우리나라가 조선이 세워지면서부터 임진왜란을 극복하고 또 우리가 개화

되어서 대한민국이 되기까지의 그 중간의 일 과정이 역사라고 생각된다. 우리나라 고조선이 세워지면서부터 대한민국이 되기까지의 그 중간의 일, 예를 들어 임진왜란, 개화가 된 것, 헌법이 제정된 일 등. 지금까지의 일들이 역사라고 생각한다. 그 사건들이 역사라고 생각한다.

은선: 역사는 우리 조상들이 지내온 흔적을 남긴 것이며, 지내온 일 생활을 살아오면서 겪었던 일 같다. 또 다른 나라와 관련 있었던 일, 예를 들어 전쟁, 다른 나라와의 교류 등을 말하는 것 같다.

교원은 역사 수업의 과정에서 학생들에게 역사가 무엇인지에 관해서는 직접 가르치지 않았다. 단지 우리 민족의 역사를 가르쳤을 뿐이다. 그럼에도 불구하고 학생들은 우리 민족의 역사에 관하여 배우는 동안 역사가 무엇인지에 관해서 나름대로의 생각을 가지게 되었다.

4) "추리소설에 버금가요.": 학습법

토의식 수업을 처음 시도하던 학기 초에 학생들은 발표만을 위해서 참고서에 있는 내용을 뜻도 모르고 베껴오곤 했다. 그러자 교원이나 다른 학생들이 발표 내용의 뜻을 질문하는 경우가 많았다. 그래서 학생들은 조사할 때 그런 질문에 대비하게 되었다. 학생들은 자신이 발표할 때 다른 학생들이 '진흥'과 같은 기본적인 어휘로부터 '억불숭유정책'과 같은 용어에 이르기까지 많은 질문을 한다는 것을 알기 때문에, 그에 대비해서 조사할 때 국어사전은 물론이고 두세 권의 참고서를 함께 꺼내놓고 본다.

하미선: 그 다음에 뭐 모르는 낱말 뜻은 애들이 국어 사전을 찾아보더라고요, 처음에는 낱말 뜻도 모르고 막 하더니, 나중에는 인제 낱말 뜻 질문이 나오니까 낱말 뜻까지 다 조사를 해가지고 참고로 달아서 오더라고요. 그리고 애들이 한정되어 있는 게 교과서, 귀찮은 애들은 교과서에서만 찾고. 그 다음에 더 자세한 아이들은 사회과 탐구에 있는 문제까지 다 일일이 알아오더라고요. 사회과 탐구에서, 그 다음에 인제 백과사전 찾는 애 있고.

보 란: 그러니까 선생님께서는요, 사회, 사회과 탐구, 사회과 부도, 전과나 백과사전을 찾아보라고 하셨구요, 제가 별도로 찾는 것은 뭐 위인 전기나 다른 책 같은 거지요, 백과사전이 아닌.

탐구자: 그래, 유연이는 한 학기 동안 사회 시간에 무엇을 배웠니?

유 연: 근데요 제가 스스로 찾아서 하는 게 좋았어요. …(중략)… 그리고 사회가 그렇게 자료가 많을 줄도 처음 알았고요, 처음으로 역사도 재미있었어요.

학생들은 이처럼 다른 학생이 모르는 것을 발표하고, 다른 학생의 질문에 대비하기 위해서 참고서에 기술되어 있는 내용에 스스로 질문을 제기하고, 그 질문에 대한 답을 여기저기서 찾는 동안 자신이 마치 추리소설을 읽는 듯한 기분에 빠진다고 말하기도 한다. 그리고 학생들은 앞으로도 자신이 모르는 문제가 있거나 알고 싶은 것이 있으면 지금까지 한 것처럼 백과사전이나 그 밖의 책을 조사할 것이라고 말한다.

탐구자: 미진이는 그 한 학기 동안 역사를 공부하면서 배운 게 뭐가 있냐?

미 진: …(중략)… 책을 읽고, 선생님이 내주는 과제 학습도 하고, 그런 거를 하다 보면 모르는 단어가 있으면은 따른 데서 찾아보게 되고 그렇게 되니까요 되게 재미있었어요. 그리고 특히 찾고 그러는 것을 저는 되게 좋아하거든요. …(중략)… 저는 책을 많이 읽던지 조사하고 그런 거는 제 성격 때문에 그런 거는 거의 안 하는데요, 사회를 하면서 재미있으니까 계속 찾아보고 그렇게 되니까 책 읽는 것도 길러지고 그래서 되게 좋았어요. 그리고 저는 원래 책을 안 읽었는데요. 사회책을 읽으면서 재미있어서 다른 책도 계속 읽게 되고 그랬거든요. 그리고 그런 거를 알면 알수록 재미있잖아요. 수수께끼 같은 거를 풀면 풀수록 재미있듯이요, 역사도 알면 알수록 더 재미있어지는 것 같아서요. 되게 재미있어요.

지 운: 추리소설에 버금가요.

탐구자: 그러면 이런 건가? 우리가 우리 살을 그냥 눈으로 볼 때는 살이지만, 현미경으로 보면 자세히 보이고, 좀 더 배율이 높은 현미경으로 보면 더 자세히 보이고. 그와 비슷한 건가?

미진, 지운: 예.

이처럼 학생들은 토의식 수업에 참여하기 위해서 발표할 내용을 준비하고, 다른 학생의 질문에 대비하여 관련되는 내용을 조사하는 과정을 통해서 역사적 사실을 단편적으로 기억하지 않고, 그와 연관된 사실이나 개념들을 통합해서 이해하려고 애쓰게 된다. 그 과정에서 스스로 학습하는 태도와 방법까지도 간접적으로 형성하게 된다.

5) "선생님이 된 것 같아요.": 자율성

이와 같이 학생들이 토의식 수업을 통해서 단순히 역사적 사실뿐만 아니라 나름의 역사관과 학습법 등까지도 학습하고 사회 시간을 좋아하는 이유 중의 하나는 교원의 간섭을 받지 않고 학생들끼리 스스로 수업을 할 수 있기 때문이다.

탐구자: 어떤 점이 재미있니?

동 만: 사회요? 조사하고요, 선생님이 없어도 발표하는 것이, 우리끼리 조사하구요, 선생님께서 안 계셔도 우리끼리 발표하고.

선 민: 5학년 때보다 지금이 많이 좋아졌어요. …(중략)… 선생님이 간섭을 안 하시고 우리들끼리 사회 시간을 다 이끌어나가니까 그 점이 재미있어요.

특히 학생들은 수업 시간에 사회자가 되어서 자신이 조사해 온 것을 여러 학생에게 발표하면 자신이 마치 선생님이 된 것 같아서 기분이 좋다고 말한다. 그리고 학생들은 다른 학생이 모르는 것을 자신이 발표해서 다른 학생이 알게 하면 마음이 뿌듯하고, 교원이나 친구로부터 공부를 잘하는 아이로 인정받을 수 있기 때문에 좋다고 말한다.

탐구자: 발표를 많이 하면 어떤 점이 좋냐?

보 란: 발표를 많이 하면요-, 그냥 좋아요. 뿌듯해요. 저는요, 발표하는 것을 참 좋아해요. 자기가 알고 있는 상식을요 다른 아이들에게 알려줄 수 있다는 게 좋아요.

도 현: 제가요 만약에 친구들한테 제가 조사한 것을 직접 애들한테 보여주면서 읽으면서 가르쳐주는 게요 꼭 제가 선생님이 된 것 같애서요 좋고요. 또 친구들이 모르는 걸 제가 발표하면요, 그래서 애들이 그걸 알게 되면요, 몰르는 것을 제가 가르쳐주기 때문에 제 마음이 흐뭇해요.

이 밖에도 학생들은 발표를 많이 하면 교원으로부터 칭찬을 받고 상을 받을 수 있다는 점 때문에 발표를 많이 하려고 애쓴다. 그리고 학생들은 발표의 경험이 많아질수록 점점 역사 학습에 자신감을 갖고, 다른 학생이 모르는 것을 발표하기 위해서 더욱 열심히 조사를 해온다.

그런데 학생들이 이와 같이 발표에 적극 참여하고, 자신이 발표하는 것에 대하여 선생님이 된 것 같은 만족감을 느끼는 까닭은 학생들의 토의의 과정에 교원이 크게 간섭하지 않기 때문이다. 교원은 학생들이 발표하고 질문할 때 지켜야 하는 기본적인 규칙만을 제시하고 그것에 따르도록 요구할 뿐 학생들 사이의 토의 과정에는 거의 개입하지 않는다. 그러므로 학생들은 토의하는 그 시간 동안만큼은 선생님과 같은 위치에 놓이게 된다. 특히 사회자 역할을 할 때는 더욱 그렇다. 학생들은 그 역할을 충실하게 수행하기 위해서 발표를 위한 준비를 더욱 충실하게 하게 되고, 그 과정에서 학생들은 자율성을 형성하게 된다. 학생들은 그것을 '재미있다'고 표현한 것이다.

이상에서 살펴본 것처럼 학생들은 토의식 수업을 통하여 교원이 학생들에게 가르쳐야 한다고 생각한 것은 물론이고, 교원이 의식하지 못했던 것까지도 학습하게 되었다. 학생들은 처음에 다른 과목과 마찬가지로 사회과를 싫어하고 숙제도 게을리했다. 그래서 교원들은 재미있는 이야기를 들려주고, 발표를 하게 하고, 상을 주는 등의 방법을 동원하여 학생들로 하여금 사회과에 흥미를 느끼도록 했다. 그 결과 학생들은 토의식 수업을 계속하는 가운데 역사 수업에 점점 흥미를 느끼게 되었다. 학생들은 다른 학생이 모르는 것을 발표하면 자신이 다른 학생을 가르쳐줘서 마음이 뿌듯하고 마치 선생님이 된 듯한 기분이 든다고 한다. 그래서 학생들은 다른 학생이 모를 만한 내용을 조사해 오고, 다른 학생의 질문에 대비해서 상세히 조사한다. 그런 과정에서 학생들은 우리 조상이 훌륭했다는 점을 깨닫고, 모르는 것은 조사해서 알 수 있다는 자신감을 갖게 된다. 그리고 그런 방식으로 공부를 하면 저절로 외워지는 점이 좋다고 말한다.

이러한 점들은 교원이 토의식 수업을 통해서 학생들에게 가르치려고 하는 것과 일치한다. 학생들에게는 사회 수업을 준비하기 위하여 여러 참고서를 조사하는 과정이 마치 추리소설을 읽는 것처럼 재미있지만 그런 과정을 통해서 학생들은 '공부하는 방법'을 배운다. 그리고 학생들은 그런 조사 과정이나 다른 학생의 발표 내용을 들으면서 조상의 뛰어남을 확인하고, 자신이 과거 세계로 빨려드는 느낌을 가지며, 그런 과정을 통해서 민족 의식과 자부심을 갖게 된다. 또한 학생들은 학습 문제를 해결하기 위해서 여러 참고서를 비교하면서 조사해서 공책에 쓰고, 발표하기 위해서 외우고, 또 다른 학생의 발표 내용을 들으면서 자신도 모르는 사이에 '역사의 흐름'을 기억하게 된다. 그리고 학생들은 교원이 따로 설명해서 가르치거나, 가르치려고 의도하지 않았음에도 불구하고 역사는 과거에 일어난 사건들이라는 생각을 가지게 된다.

이처럼 한솔반 학생들은 사회과 토의식 수업을 통해서 과거의 역사적 사실을 기억하고, 우리 역사에 대해서 자부심을 느끼고, 역사관을 형성하게 되었다. 이와 함께 스스로 학습하는 방법과 자율적인 태도를 형성하게 되었다. 이 가운데 앞의 세 가지는 수업의 내용과 관련된 것이고, 뒤의 두 가지는 수업의 형태로부터 비롯된 것이다. 즉 수업이 토의식으로 이루어짐으로써 학습하게 된 것이다. 또한 앞의 세 가지도 수업이 교원의 일방적인 설명의 방식으로 이루어졌다면 학생이 능동적으로 학습하기를 기대하기 어렵다는 점을 고려하면 토의식 수업과 연관이 있다고 볼 수 있다. 이런 점에서 토의식 수업은 학생들의 학습에 중요한 기여를 했다고 말할 수 있다.

제2장

교원의 수업 환경

1. 정부와 공무원
2. 교육과정과 업무
3. 교과의 지도
4. 정책과 업무
5. 현실의 제약
6. 학생의 요구

앞서 살펴본 토의식 수업은 주로 1996년 한 해 동안 대한민국 서울시에 위치한 태산초등학교 6학년 한솔반 교실에서 40여 명의 학생들과 함께 이루어졌다. 이러한 사실은 이 토의식 수업이 하미선 교원 혼자서 백지 위에 그림 그리듯이 이루어지지 않았다는 것을 뜻한다. 하미선 교원을 비롯해서 태산초등학교 6학년 교원들은 교실 안과 밖이 서로 연결되어서 구성되는 공간적, 제도적, 사회적 환경 속에서 수업을 한다. 그 환경은 교실이라는 물리적 공간, 교육과 관련된 여러 법과 제도와 정책, 학교라는 조직에서의 위치와 역할, 학교와 학급의 구성원 및 그들과의 관계 등 여러 요소들이 서로 얽혀있다. 이러한 환경은 한편으로는 교원이 수업을 하는 데에 필요한 여건을 만들어주고 수업을 하는 데 필요한 자원을 제공하기도 하지만, 다른 한편으로는 교원의 수업에 제약을 가하거나 특정한 방향으로 유도하기도 한다. 그 일은 공문이나 지시 등과 같이 직접적인 방식으로 이루어기도 하고, 제한된 시간이나 다수의 학생 등과 같이 간접적인 방식으로 이루어지기도 한다.

교원들은 학교라는 환경 속에서 수업하므로 수업할 때 이러한 환경의 영향을 받고 환경을 고려하지 않을 수 없다. 이러한 사실은 토의식 수업이 이미 그림이 그려진 종이 위에 다른 누군가의 간섭을 받으면서 빈 틈에 그림을 그리듯이 이루어졌다는 것을 뜻한다. 이하에서는 태산초등학교 6학년 교원들의 수업에 주로 영향을 미치는 환경의 요소들이 무엇인지 살펴본다.

1. 정부와 공무원

교원은 국가에 의해서 임용된 공무원인 까닭에 국가가 교원에게 부과하는 일을 이행해야 한다. 국가가 초등학교 교원에게 부과하는 기본적인 사항은 대부분 법령[1)]으로 명시되어 있다. 우리나라는 헌법 제31조와 교육법 제8조에서 초등학교 교육을 의무교육으로 정해놓고 있으며, 교육법 제93조에서 “초등학교는 국민 생활에 필요한 기초적인 초등 보통 교육을 하는 것을 목적으로 한다”고 밝히고 있다. 그리고 교육법 시행령 제62조에 의해서 초등학교는 연간 220일 이상 학생을 지도하고, 제88조의 규정에 의해서 도덕, 국어, 사회, 산수, 자연, 체육, 음악, 미술, 실과를 가르치도록 규정하고 있다. 그리고 국가는 교육법 제157조의 규정에 의하여 교과서를 편찬하거나 검인정하고, 교육법 제79조와 교육공무원법 제10조의 규정에 따라서 교원을 채용하며, 교원은 교육법 제75조의 규정에 따라 교장의 명을 받아 학생을 교육해야 한다. 그리고 교원은 국가공무원 복무 규정 제9조에 의해서 9시부터 5시까지 근무해야 하고, 국가공무원법 제56조의 규정에 따라 법령을 준수하고 직무를 성실히 수행해야 한다.

그리고 국가는 교원들이 그 요구를 충실히 이행하는지를 여러 가지 방법으로 확인하고 감독한다. 먼저 국가는 교육법 제75조에 의해서 교장으로 하여금 교원을 감독하도록 한다. 교장은 약식 장학이나 교내 자율 장

1) 이하에서 언급하는 법령의 조항은 “교육법전”(교육법전 편찬회, 1996)에 제시된 대로이다.

학 등을 통해서 교원이 교육과정을 준수하고 국가의 시책을 이행하고 있는지 감독한다. 그 결과 교원이 지시대로 따르지 않는 점이 발견되면 해당 교원을 교장실로 불러서 시정을 요구하거나, 종례 시간을 이용하여 간접적으로 비난하기도 한다.

그리고 교육구청[2]에서는 각 업무별 담당 장학사들이 공문을 통하여 각 학교의 교육 활동 상황을 확인한다. 교육구청의 장학사들은 하나의 업무를 처리할 때마다 40여 개의 학교에 공문을 보내 지시를 전달하고, 각 학교에서는 이행한 결과를 역시 공문를 이용하여 교육구청에 보고한다. 장학사들은 각 학교의 보고 결과를 확인하고 통계 처리하여 다시 교육청에 보고한다.

그리고 교육구청에서는 담임 장학이나 요청 장학을 통하여 각 학교가 교육법과 교육과정을 준수하고 있는지의 여부와, 상급 기관이 지시한 바를 실지로 이행하고 있는지를 확인하고 미흡한 점을 지도한다. 그리고 예고 없이 복무 감사를 실시하여 교원들의 근무 실태를 확인하기도 하고, 정기 감사에서는 학교 운영 전반에 관하여 세밀하게 확인한다. 이러한 감독과 확인의 결과 교원이 그 요구를 충실히 수행하지 않는 점이 발견되면, 그것이 사소할 경우에는 해당 교원이나 학교장에게 단순히 시정 명령만 내리거나 주의, 경고 등을 준다. 그렇지만 그것이 심각한 사항일 경우, 예를 들면 교원이 가르치는 내용이 교육과정에서 규정한 내용과 전혀 다르거나, 교육과정과 현저하게 부당한 차이가 있거나, 전혀 수업을 하지 않거나, 교육과정에서 요구하는 수업 시간에 현저하게 부족

2) 지금의 명칭으로는 교육지원청이다.

할 경우에 교장은 국가공무원법 제78조와 교육공무원법 제51조의 규정에 따라서 지체 없이 징계위원회에 징계를 의결할 것을 요구해야 한다. 징계위원회는 교육공무원징계령에 따라 해당 교원에게는 파면, 해임, 정직, 감봉, 견책 등의 징계를 의결하고, 공무원징계양정 등에 관한 규칙 제3조의 규정에 따라서 직상 감독자와 차상 감독자에 대해서도 문책해야 한다.

이러한 징계를 받을 경우 교원은 교육공무원임용령 제16조의 규정에 따라 승진임용 자격에 제한을 받게 될 뿐만 아니라, 경제 상의 어려움을 겪게 될 수도 있다. 따라서 교원들은 스스로 교직을 그만두기를 원하지 않는 이상 국가의 요구에 따른다. 특히 승진을 앞두고 있는 교원은 감독자의 평정이 자신의 승진에 결정적인 영향을 미치므로 교장이나 장학사로부터 사소한 주의조차 받지 않으려고 한다. 그리고 승진에 연연하지 않는 교원이라고 할지라도 상급 기관으로부터 지적받는 것은 능력이 없는 교원으로 인식되기 때문에 역시 마찬가지이다. 실지로 하늘교육구청의 한 장학사는 각 학교의 교감과 전산 담당 교원이 참가한 가운데 실시하는 회의 장소에서 태산초등학교의 교감을 지적하여 공개적으로 잘못을 질책했다. 그 교감은 정년이 불과 2, 3년밖에 남지 않은 까닭에 교장으로의 승진을 포기하고 있었지만, 그 일을 수치스럽게 생각하고 그로부터 한 달 가까이 지날 때까지 자신이 잘못한 것이 없음을 여러 차례 나에게 해명했다.

이처럼 태산초등학교 교원들은 공무원인 까닭에 중앙 정부나 시 · 도교육청이 부과하는 일을 수행해야 한다. 그런데 때로는 중앙 정부와

시 · 도교육청이 부과하는 일이 서로 상충되기도 한다. 예를 들면 중앙 정부는 교육 개혁 정책을 추진하면서 학교장 중심의 자율적인 학교 경영을 강조했다. 그런데 서울시교육청에서는 각 학교에 알뜰매장[3]을 운영하도록 요구했다. 각 학교의 교장들을 불러다가 연수를 실시하고 의무적으로 실시하라고 지시하기도 했다. 태산초등학교 교장은 알뜰매장을 개장할 의사가 없었다. 중앙 정부의 요구에 따르면 태산초등학교는 알뜰매장을 열지 않아야 한다. 그런데 그렇게 하는 것은 서울시교육청의 요구를 따르지 않는 일이 된다. 이런 상황에서 태산초등학교 교장은 부과된 업무를 절충적으로 수행함으로써 양자의 요구를 모두 이행했다.

김선영 교장: 나도 알뜰매장을 하고 싶어서 하는 것이 아냐. 그렇지 않아도 이것저것 신경 쓸 게 많아서 골치 아픈데 나도 그거 안 했으면 좋겠어. 그렇지만 어떻게 합니까. 교장들 불러다가 연수까지 시켜가면서 의무적으로 하라는데. 말로는 자율적인 학교 경영 어쩌고 하면서 학교장 자율에 맡긴 것은 하나도 없어.

오철연 교감: 며칠 전에 교육청에서 전화가 왔어. 왜 태산학교는 알뜰매장 계획을 보고하지 않느냐고. 그래서 우리 학교는 안 한다고 했지. 그랬더니 그거는 하고 싶다고 하고 하기 싫다고 안 하는 게 아니래. 반드시 해야 되는 거래. 다른 학교는 작년부터 했대. 그래도 우리는 세 번 하라는 거 두 번만 하잖아.

3) 학생들이 가정에서 사용하지 않는 물건들을 가져다가 모아서 판매하는 시장.

위의 사례에서 태산초등학교는 교육청이 알뜰매장을 일 년에 세 번 열도록 요구한 것에 대해서 두 번만 함으로써 교육청의 요구도 이행하고, 자율적으로 학교를 경영하도록 한 중앙 정부의 요구도 이행했다.

2. 교육과정과 업무

교원이 준수해야 할 법령 중에 가장 중요한 것은 교육과정이다. 국가는 교육법 제150조에 의해서 "학교는 국가가 정한 교육과정을 수업하여야 한다"고 규정하고, 교육법 제155조에 의하여 교육부 장관령으로 교육과정을 고시한다. 교육과정에는 과목별로 연간 가르쳐야 할 수업 시수, 교육 목표, 교육 내용 등이 명시되어 있다. 그리고 교육과정에서는 지역의 특성, 학생과 학부모의 요구 등을 반영하여 학교의 실정에 맞는 교육과정을 편성하여 운영하도록 요구한다.

이 요구에 따라서 각 학교에서는 해마다 국가가 고시한 교육과정, 서울시교육청의 교육 시책, 교육구청의 중점 교육 활동 사항, 학교장의 경영관, 지역의 특성, 학생과 학부모를 대상으로 실시한 설문 조사 결과 등을 반영하여 연간 학교 교육 계획을 작성한다. 그리고 이와 아울러 교과별 연간 진도표와 전교 시간표를 작성한다.

그리고 교장은 교원을 학급의 담임으로 임명하고, 교원에게 학교에서 정한 학교 교육 계획을 토대로 하고 학급 학생의 실태와 요구를 반영하여 연간 학급 운영 계획을 세우고, 학교에서 정한 진도표와 주간 시간표에 따라서 학생을 가르치도록 지시한다. 그리고 교원에게 매주 금요일마다 다음 주 지도 계획을 학급 경영록에 작성하여 교장의 결재를 받도록 요구한다. 교원은 거기에 과목별로 매 시간마다 달성해야 할 목표와 그 목표를 달성하기 위해 가르쳐야 할 교과서의 단원명, 그리고 현재까지 과목별로 이수한 시수를 정확히 적어야 한다.

교원들은 국가의 이러한 요구에 따라서 학생을 지도하지만, 주당 수업 시수가 많다는 점에서 많은 어려움을 겪는다. 서울 시내 초등학교의 경우 교과전담교원 제도가 시행되기 전인 1991년까지 1, 2학년 담당 교원은 주당 24시간, 3학년 교원은 29시간, 4학년 교원은 30시간, 5, 6학년 교원은 32시간을 가르쳤다. 그리고 교과전담교원 제도가 시행된 후로 4학년 담당 교원은 주당 27시간, 5, 6학년 담당 교원은 28시간을 가르치고 있다. 그것은 아래의 〈표 2〉에 나타나 있는 것처럼 중학교 교원이나 고등학교 교원의 수업 시간에 비하면 많은 편이다.[4)]

〈표 2〉 중 · 고등학교 교원의 주당 담당 시수표

주당 수업 시간 수	1-9	10-12	13-15	16-18	19-21	22-24	25-	총 교원 수
중학교	1,804명 (8.5%)	447명 (2.1%)	1,258명 (6%)	4,203명 (20%)	9,093명 (43.3%)	4,079명 (19.4%)	126명 (0.6%)	21,010명
일반계 고등학교	865명 (6.2%)	1,171명 (8.3%)	2,037명 (14.5%)	6,641명 (47.3%)	2,838명 (20.2%)	450명 (3.2%)	34명 (0.2%)	14,035명

4) 이 표는 "서울교육통계연보"(서울시교육청, 1996: 264-265, 370-371)의 내용을 토대로 내가 작성한 것이다.

이런 상황에서 교원이 모든 과목에 능통하고, 매 수업 시간마다 한 시간 내내 학생들 앞에 나와 서서 가르치기를 기대하기란 쉽지 않다. 그래서 교원들은 다음과 같이 말한다.

> 배선희: 사회과 수업을 잘 하려면 …… 자료도 많이 필요하고 그래요. 그리고 애들은 뭐 하라고 하면 주로 전과 보고 베껴오잖아요. 그거 말고 실제로 가서 해와야 재미난 수업인데, 다른 수업도 하고 막 힘드니까 그게 잘 안 되더라고요. 잘 하고 싶은데.

교원의 또 다른 어려움은 전공 과목이 없이 매 시간마다 서로 다른 과목을 가르치고, 해마다 가르치는 학년이 바뀐다는 점이다. 그래서 초등학교 교원들은 중 · 고등학교 교원과 달리 매년 매 시간마다 수업 준비를 새로 해야한다. 그런데 초등학교 교원들은 하루 종일 교실에서 학생들과 함께 지내야 하는 까닭에 수업 준비를 하는 데 집중하거나 편안히 앉아서 쉴 수가 없다. 교원들은 1교시 수업이 시작하기 전인 아침 자습 시간에는 아침 자습 검사, 신문값 걷기, 우유값 걷기, 폐품 걷기, 숙제 걷기, 일기 걷기 등의 일을 하며, 쉬는 시간에는 숙제 검사, 일기 검사, 공책 검사 등의 일을 한다. 그리고 방과 후에는 숙제를 안 한 학생, 그날 학습한 내용을 모르는 학생, 그리고 문제 학생 등을 교실에 남겨놓고 지도하거나 면담을 한다. 이 외에도 교원들은 틈틈이 시간을 쪼개어 자신이 담당한 업무를 처리해야 한다. 교원들이 수업 시간에 학생을 가르치는 일 말고도 하는 일이 얼마나 많은지는 하미선 교원의 학교에서의 하루 일과를

살펴보면 자세히 알 수 있다.[5)]

하미선 교원이 교실에 도착하는 시간은 9시가 다 돼서이다. 그때쯤이면 학생들은 모두 등교해서, 칠판에 적혀 있는 산수 아침 자습 문제를 거의 다 풀고 있다. 그동안 조장은 숙제장과 일기장, 아침 자습장을 각각 걷어서 조별로 하미선 교원의 책상 뒤에 있는 창틀에 올려놓는다. 하미선 교원은 수업을 시작하기 전에 학생들이 아침 자습을 했는지 여부를 확인하고, 칠판에 적힌 문제의 풀이 방법과 정답을 가르쳐준다.

뒤이어 9시 10분이 되면 1교시 수업을 시작하고 9시 50분에 마친다. 하미선 교원은 1교시와 2교시 사이의 쉬는 시간에 옥상으로 올라가는 층계참에 마련되어 있는 티타임 장소로 가서 차를 마시면서 동학년 교원들과 함께 이야기를 나눈다. 티타임을 마치고 교실로 돌아온 그는 10시에 2교시 수업을 시작하고 10시 40분에 마친다. 2교시를 마친 뒤의 쉬는 시간에는 학생들의 숙제장을 검사하고 그것은 3교시 뒤의 쉬는 시간까지 이어진다. 그리고 일주일에 두 번 학생들이 제출한 일기장을 검사하는 날에는 하루 종일 쉬는 시간마다 일기장을 읽고 교원의 의견을 적어준다. 그리고 학급 경영록을 제출하는 날인 금요일 오전 쉬는 시간에는 주로 경영록을 작성한다. 또 일주일에 네 번 산수 시간 다음의 쉬는 시간에는 학생들이 수업 중에 푼 산수 익힘책을 조별로 걷어서 검사하고, 틀린 문제를 지적하거나 그 학생을 불러서 별도로 지도한다. 그리고 실기 평가를 한 다음의 쉬는 시간에는 평가 결과를 채점하고 기록한다. 그런데 대부분 숙제 검사, 일기 검사, 산수 익힘책 검사, 경영록 작성 등이 두세 가지씩 겹치므로 교원은 쉬는 시간뿐만 아니라 수업 시간에도

---

5) 여기에 제시되는 하미선 교원의 하루 일과는 그의 진술과 나의 관찰 결과를 토대로 정리했다.

이어서 검사를 하며, 특히 산수 익힘책 검사는 보통 다음 수업 시간까지 이어진다. 이렇게 정신없이 지나다보면 어느새 오전이 다 지나가고 점심 시간이 다가온다. 이때가 12시 20분이다.

동학년 교원과 함께 점심 식사를 마치고 차를 마시면서 한숨 돌린 하미선 교원은 오후 1시부터 5교시 수업을 하고, 5교시가 끝난 뒤 쉬는 시간에 학생들에게 그날 해야 할 숙제와 다음 날 갖추어야 할 준비물을 칠판에 적어준다. 여기에는 사회과 숙제도 포함되어 있다. 그리고 2시 30분에 6교시 수업을 마치고 학생들을 하교시킨다. 다른 학생들이 하교한 뒤에 청소 당번은 청소를 하고, 그날 숙제를 안 한 학생들은 남아서 숙제를 한다. 청소 당번은 대체로 3시에 청소를 마치고 돌아가며, 4시가 다 되면 숙제를 안 한 학생도 숙제를 마치고 집으로 돌아간다. 그동안 하미서 교원은 자신의 책상을 정리하고 오전에 못다 한 일을 하기 시작한다.

4시쯤이면 하미선 교원이 하던 일도 어느 정도 마무리되고 잠시 한숨을 돌릴 수 있게 된다. 하미선 교원은 일감을 정돈한 후 가방에서 어제 읽던 책을 꺼내서 읽기 시작한다. 곧이어 4시 30분에 직원 종례에 참석하라는 교무 부장의 목소리가 스피커를 통해 흘러나오면, 하미서 교원은 읽던 책을 손에 들고 교무실로 향한다.

이러한 일상적인 일 외에도 하미서 교원은 학년 초에는 출석부, 생활 기록부, 건강 기록부, 평가 기록부, 학급 경영록 등을 새로 만들어서 정리해야 하고, 학기 말에는 과목별로 5개 항목 이상에 대하여 실기 평가를 하고 결과를 처리하여 통지표를 작성하며, 학년 말에는 성적 처리 외에 중학교 입학 원서까지 작성해야 한다. 그런데 이러한 일들은 순차적으로 할 수 있도록 주어지지 않으며, 교원은 그런 일을 하는 동안에도 진도에 맞춰서 교과를 가르쳐야 한다. 그래서 하미선 교원은 교과 전담 교원이 지도하는 체육 시간과 미술 시간에 많은 일들을 처리하지만, 그것으로도 시간이 부족하다. 그럴 때 하미서 교원은 수업 시간, 특히 교원이 앞에 나와서 많은 설명을 하지 않아도 되는 사회 시간, 국어(쓰기) 시간, 산수(문제 풀이) 시간, 어린이 회의 시간 등을 이용해서 업무를 처리한다.[6)]

그런데 교원이 쉬는 시간 등을 이용하여 틈틈이 이런 일을 하는 동안 학생들은 자리에 조용히 앉아있는 것이 아니라, 옆 친구와 이야기를 하거나 장난을 치고, 때로는 교실 뒷편의 넓은 자리에서 씨름도 하기 때문에 교원은 수시로 학생들에게 잔소리를 해댄다. 이러한 까닭에 교원들이 느끼는 어려움은 단순히 수업 시수와 하는 일이 많다는 것 이상이다. 그 점에 대해서 김선영 교장은 다음과 같이 말한다.

김선영 교장: 어머니 여러분, 교실에서 학생들 틈에 아무 일도 하지 않고 한 시간만 앉아있어 보세요. 40명이나 되는 애들이 웅성거리고 떠드는 소

---

6) 하미선 교원의 이러한 일과는 다른 교원에 비하여 비교적 여유 있는 편이다. 그것은 당시 하미서 교원이 임신 중이어서 다른 업무를 맡지 않았기 때문이다. 다른 교원들은 대부분 업무를 한두 개씩 맡고 있다. 만일 거기에다가 부장직을 맡고 있은 교원이라면 거의 매일 수업 시간 중 한두 시간은 업무를 처리하는 데 할애하지 않을 수 없다. 당시 6학년 체육 교과만 가르치면서 부장 중에서 업무가 가장 적은 체육부장직을 맡고 있던 나의 경우에 공문서 하나를 작성해서 결재받고 보고하는 데까지 최소 1시간 이상이 소요되었으며, 2시간을 넘기기가 예사였다. 그리고 공문서는 대부분 그와 관련된 일이 있게 마련이어서, 그 일을 하는 데 소요되는 시간까지 포함하면 공문서 하나를 처리하는 데 소요되는 시간은 그보다 훨씬 많다고 보아야 한다. 나는 그러한 공문을 1996년 한 해 동안 58건 처리했으며, 태산초등학교에서는 총 782건의 공문서를 처리했다. 여기에는 업무 연락 등과 같이 문서 등록 대장에 기록되지 않은 것은 제외되었으므로 실지로 처리한 공문서는 이보다 많다.

> 리 때문에 골이 다 지끈지끈 아픕니다. 그런데 여섯 시간 내내 그런 아이들 앞에 서서 가르친다고 생각해 보십시오. 오후가 되면 파무침이 됩니다.

요컨대, 국가는 각종 법령에 의해서 교원에게 기본적으로 해야 할 일을 부과한다. 그것은 한 교실에서 40여 명의 학생에게 7개 또는 9개 과목을 매일 5, 6시간씩 가르치는 일이다. 교원은 국가의 이런 요구에 따라서 교재를 연구하고, 학습 지도안을 작성하고, 숙제를 검사하고, 각종 기록부를 작성하고, 성적을 평가하는 등의 일을 한다. 그런데 교원들은 전공 교과가 없는 상태에서 해마다 다른 학년을 가르치는 데다가, 하루 종일 학생들과 같은 교실에서 생활하면서 수많은 잡무를 처리해야 하므로 국가가 요구하는 대로 모든 교과를 충실히 가르친다는 것은 교원들에게 큰 부담이 된다.

3. 교과의 지도

교원은 법령과 교육과정에 제시된 바에 따라서 교과를 학생에게 가르쳐야 한다. 즉 교과는 교원이 학생에게 가르치도록 주어진 것이다. 교과는 여러 경로를 통하여 교원에게 전해진다. 중 · 고등학교나 교원 양성 기관에 재학하던 시절의 학습을 통해서 전해지기도 하고, 국가가 고시한 교육과정을 통해서 전해지기도 한다. 특히 교육과정에는 각 교과별 교육 목표와 내용이 명시되어 있다. 교원들은 상급 기관에서 실시하는 각종 연수를 통해서 각 교과별로 가르쳐야 할 것이 무엇인지 좀 더 명확히 알게 된다.

이 중에서 현재 교원의 수업과 밀접하게 연관된 것은 교원들이 근래에 연수를 통하여 학습한 내용이다. 그 연수는 보통 교육과정이 개정될 때마다 전 교원을 대상으로 집중적으로 이루어지며, 연수 내용도 개정된 교육과정을 중심으로 이루어진다. 교원들이 교육과정의 내용을 중점적으로 연수받는 경우는 1급 정교사 자격 연수와 교육과정 전달 요원 연수이다.

1급 정교사 자격 연수는 2급 정교사로 임용된 지 약 5년이 경과한 교원을 대상으로 방학을 이용하여 총 180시간(30일) 동안 이루어지는 연수로서, 모든 교원이 반드시 한 번씩 받아야 한다. 서울시교육청의 경우에 이 연수는 서울특별시교원연수원에서 주관해서 실시하며, 1995년 2기 연수에서는 교양 과목(20시간), 교직 과목(39시간), 전공 필수 과목(71시간), 전공 선택 과목(40시간)을 강의했다. 이 가운데 교직 과목에서는 제6차 교육과정, 일반적인 수업 방법, 학생 생활 지도 방법, 교원이 지켜야 할 교육 법규 등에 관한 강의를, 전공 필수 과목에서는 각 교과별 교육과정과 교수-학습 방법 그리고 평가 방법을, 전공 선택 과목에서는 교원이 선택한 교과의 교수 방법을 좀 더 깊이 강의했다(서울특별시 교원연수원, 1995).

그런데 1급 정교사 연수는 교직 경력 5년 이내의 젊은 교원들이 받기 때문에 그 이상의 경력을 가진 교원들은 교육과정에 관한 연수를 받을 기회가 없다. 그래서 상급 기관에서는 모든 교원에게 개정된 교육과정을 충분히 숙지시키기 위해서 "교육과정 전달 요원 연수"를 실시한다. 이 경우에 상급 기관에서는 학교별로 참석해야 할 인원을 배당하고, 연수에 참가한 교원은 학교에 돌아와서 전교의 교원을 대상으로 연수받은 내용을 전달해야 한다. 이 밖에도 상급 기관에서는 자연과 실험 연수, 방학 중 자율 연수, 담임 장학, 요청 장학 등의 기회를 통하여 교육과정 내용을 교원에게 전달한다. 이처럼 다양한 기회를 통하여 교과가 교원에게 전달되며, 교원들은 학생들을 가르치는 데 그 내용을 따르지 않을 수 없다.

사회과의 경우에 교육과정에서 규정하고 있는 교육 목표는 학생들에게 사회와 국가 발전에 기여할 수 있는 자질을 기르는 일이다.[7] 그리고 그 자질은 민주 국가 국민으로서의 자각과 올바른 판단 능력을 가지는 것이며, 학교는 학생들에게 사회 생활에 관한 기초적인 지식을 익히도록 함으로써 그 자질을 형성한다. 교육과정에서는 그것을 다음과 같이 기술하고 있다.

> 사회 생활에 관한 기초적 지식을 익혀 이를 활용할 수 있게 하고, 민주 국가 국민으로서의 자각과 올바른 판단 능력을 가지게 하여, 사회와 국가 발전에 기여할 수 있는 국민적 자질을 기르게 한다(문교부, 1987: 62).

---

7) 이하에서 본 탐구자는 1996년까지 초등학교에 적용되어 온 제5차 교육과정의 내용을 중심으로 살펴본다.

즉 교육과정에서 사회과는 학생들에게 사회 생활에 필요한 기초적인 지식을 가르치는 것을 목표로 하는 교과로 규정하고 있다. 이러한 목표를 달성하기 위해 교육과정에서는 다음과 같은 다섯 가지 하위 목표를 제시하고 있으며, 이는 앞서 언급한 사회 생활에 관한 기초적인 지식을 보다 상세히 기술하고 있는 것이기도 하다(문교부, 1987: 62).

1) 공동 생활 및 경제 생활의 기초적 원리를 이해시키고, 민주 생활의 특징을 파악하게 한다.
2) 인간과 환경과의 관계를 이해시키고, 여러 지역의 특색을 파악하게 하며, 국제 협력의 필요성을 깨닫게 한다.
3) 우리 민족의 발전 과정을 파악시키고, 민족 문화의 특징을 이해하게 한다.
4) 사회적 사실과 현상에 대한 자료를 수집, 활용하여 문제를 합리적으로 해결하고, 집단 생활에 참여하는 능력을 기르게 한다.
5) 민주 생활을 습관화하고, 국토와 민족에 대한 애정을 가지게 하며, 국가 발전과 인류 행복 증진에 이바지하려는 태도를 기르게 한다.

교사용 지도서에서는 이상의 목표 중에서 1번부터 3번까지는 지식의 이해, 4번은 학습 기능, 5번은 가치 · 태도에 관한 목표로 구분하고 있다. 그리고 이러한 구분은 각 단원에도 동일하게 적용된다. 국민학교 교육과정에서는 역사 관련 항목의 하나로서 "우리 민족의 형성과 발전"을 편성하고 있으며, 그 핵심 내용은 다음과 같다.

> 우리 민족의 형성, 발전 과정 및 나라를 지켜 온 모습을 주요한 역사적 사건과 인물을 줌심으로 살펴보고, 문화를 발전, 전파시킨 우리 조상의 업적을 파악하게 하여 오랜 역사와 문화 전통을 지닌 민족으로서의 긍지를 가지게 한다(문교부, 1987: 74).

위의 진술을 다시 정리하면, "우리 민족의 형성과 발전" 항목에서 가르쳐야 할 내용은 우리 민족의 발전 과정과 조상의 업적을 파악하는 일, 민족으로서의 긍지를 가지는 일의 두 가지로 구분할 수 있다. 그리고 교사용 지도서의 구분에 따르면, 앞의 것은 지식의 이해에, 뒤의 것은 가치 · 태도에 해당한다. 그런데 민족의 발전 과정과 조상의 업적을 파악하기 위해서는 관련 자료를 찾아보는 능력이 갖추어져 있어야 하므로, 거기에는 표면상 드러나지는 않았지만 학습 기능이 포함되어 있다고 볼 수 있다. 그 점은 교사용 지도서에서 학생들이 스스로 조사하고 발표하도록 하는 학습을 하라고 권장하고 있는 점으로부터도 알 수 있다.

> 이 단원을 학습하기 위해서는 역사 지도, 연표, 문헌, 유적과 유물, 향토사 자료 등을 이용한 사료 학습, 또는 인물 학습 형태가 적합하겠으며, 설명 위주의 획일적인 교수 · 학습 방법은 지양하도록 한다(교육부, 1992a: 53).

요컨대, 교과는 학교에서 교원이 학생에게 가르쳐야 하는 것으로서, 교육과정 문서와 교육과정 연수를 통해서 교원에게 전해진다. 사회과 역사 단원의 경우에 교원이 학생에게 가르쳐야 하는 것은, 학생에게 역사적 사건과 조상의 업적을 파악하게 하고, 사료를 찾는 능력을 기르며, 문화 민족으로서의 긍지를 갖게 하는 것이다. 정부는 교원이 학생을 가르치는 데 있어서 교육과정을 준수할 것을 요구하고, 만일 교원이 교육과정과 현저히 차이가 나게 수업을 할 경우에는 징계를 가하기도 한다. 징계를 받을 경우에 교원은 생계 수단을 잃거나 승진에 불이익을 당하며, 다른 교원으로부터 능력이 없는 교원이라고 인식된다.

4. 정책과 업무

우리나라의 경우에 교육부나 교육청의 정책 입안자들은 대부분 학교교육은 학생이 장차 살아가야 할 미래 사회에 대비하고, 현실 사회의 문제를 해결하는 데 기여해야 한다고 생각한다.[8] 그리고 그들의 이러한 생각은 새로운 정부가 등장할 때마다 새로운 교육 개혁 정책을 제시하고, 그 정책을 실현하기 위한 구체적인 방안을 각 학교에 시달하고 이행을 촉구하는 것으로 나타났다.[9] 특히 교육 개혁 정책의 일환으로 최근에 제시된 "세계화 · 정보화 시대를 주도하는 新교육 체제 수립을 위한 교육개혁 방안"(대통령자문교육개혁위원회, 1995)[10]은 과거에 실시된 교육 개

8) 교육법 93조에서 "초등학교는 국민 생활에 필요한 기초적인 초등 보통 교육을 하는 것을 목적으로 한다"고 규정하고 있다.

9) 1985년에는 "교육 개혁심의회"가, 1988년에는 "교육 개혁정책자문회의"가, 그리고 1994년에는 "교육 개혁위원회"가 구성되었다. 이들은 모두 대통령 직속 자문 기구로서 교육 개혁 정책을 입안하고 시행하는 일을 주도적으로 맡아왔다.

10) 이하에서는 "교육 개혁 방안"이라고 부른다.

혁 정책에 비하여 포괄적이면서 동시에 구체적이어서 교원들에게 요구하는 바가 분명하다.

교육 개혁 방안에 의하면, 미래는 정보가 사회를 움직이는 원동력이 되고(정보화 사회), 정보 통신이 발달함에 따라 실질적으로 국경이 사라지며(세계화 사회), 국가 간에 무한 경쟁이 이루어진다. 우리나라가 미래의 세계 문명을 주도하기 위해서는 이러한 변화에 대비해야 하며, 이러한 변화에 대처하지 못하면 주변 국가로 전락하고 만다. 따라서 국가는 교육을 통하여 그러한 미래 사회의 변화에 대비해야 하지만, 입시 위주의 암기 주입식 교육에 치중한 기존의 학교 교육은 그 일을 충실히 할 수 없으므로 새로운 교육 체제를 수립해야 한다. 이를 위해서 교육 개혁 방안에서는 "신교육 체제"를 제시한다. 그것은 "누구나, 언제나, 어디서나 원하는 교육을 받을 수 있는 수요자 중심의 열린 교육 체제"이다.

이를 위해 초 · 중등학교에서는 학습 프로그램의 종류와 수준을 다양화하여 학생 개인의 적성과 능력에 따라서 원하는 공부를 선택할 수 있도록 해야 한다. 그리고 정보화 사회에서는 지식이 폭발적으로 늘어나며, 그 생성 · 소멸 주기가 짧으므로 학교에서는 학생에게 낡은 정보를 암기하게 하는 대신, 학교에 컴퓨터와 같은 첨단 정보 기기를 도입하고, 학생에게 학습하는 방법을 가르쳐서, 새로운 정보를 찾고 창조할 수 있는 능력을 길러주어야 한다. 그리고 학생들을 세계화 사회에 대비하게 하기 위해서는 초등학교부터 영어를 가르치고, 세계의 여러 문화를 이해하고 우리의 전통 문화를 계승하게 해야 한다.

국가의 이러한 정책은 한편으로는 상급 기관에서 발행하는 각종 홍보

자료를 통하여 교원에게 전달되고,[11] 다른 한편으로 각종 연수나 회의를 통하여 전달된다. 예를 들면 서울특별시교원연수원에서는 1995년 2기 1급 정교사 자격 연수 과정 중에서 교양 과목으로 세계화 교육의 현황과 방향, 신교육 체제 수립을 위한 교육 개혁 추진 방안, 개방화와 우리 경제의 현실, 정보화 사회와 컴퓨터 교육, 한국 전통 문화의 이해, 서울 교육의 변화와 교원의 의식 개혁 등의 주제로 강의했다. 그리고 서울시교육청과 각 교육구청에서는 학교별로 일정 수의 교원을 배당하여 앞의 주제를 중심으로 전달 요원 연수를 했다. 그리고 그 연수를 받은 교원들은 학교에 돌아와서 다른 교원들을 대상으로 전달 연수를 하고, 학교에서는 그 결과를 상급 기관에 보고해야 했다. 그리고 교육구청에서는 교육 개혁을 홍보하는 영상 자료를 각 학교에 배포하고 그것을 교원들에게 방영한 후 결과를 보고하라고 지시하기도 하고, 지정한 강사를 학교별로 초빙하여 교직원을 대상으로 연수를 하고 역시 결과를 보고하라고 지시했다. 이 외에도 상급 기관에서는 교원들이 각종 업무와 관련하여 모인 자리에서도 본 회의가 시작하기에 앞서 20분 또는 30분가량 교육 개혁 정책을 홍보했다.[12]

---

11) 태산초등학교에 배부된 홍보 자료 중에서 내가 수집한 것으로는 "新교육 체제 수립을 위한 교육 개혁 방안"(대통령자문교육개혁위원회, 1995), "新교육 체제 수립을 위한 교육 개혁 방안 (II)"(대통령자문교육개혁위원회, 1996. 2), "新교육 체제 수립을 위한 교육 개혁 방안 (III)"(대통령자문교육개혁위원회, 1996. 8), "교육 개혁 문답으로 알아본다"(교육부, 1995), "열린 사회 열린 교육 우리 학교, 달라져야 합니다"(교육부, 1995), "교육 개혁의 추진 방향"(서울특별시교육청, 1995), "교육 개혁과제 추진 상황"(서울특별시교육청, 1996) 등이 있다. 그리고 이 외에도 교육부에서 매월 발행하는 "교육월보"와 서울특별시교육연구원에서 계간으로 발행하는 "서울교육"에도 교육 개혁 정책을 홍보하는 글이 계속 실리고 있다.

12) 1996년 3월에 나는 교육구청이 주관하여 소집한 체육부장 회의에 참석한 일이 있었다. 회의

그리고 이러한 홍보나 연수와 함께 국가에서는 상급 기관에, 상급 기관에서는 각 학교에 교육 개혁 방안을 실현하기 위한 구체적인 실천 계획을 수립하여 이행하라고 아래와 같이 지시한다.[13)]

> '94. 2. 7 대통령께서 서울 지역 순방 시 당부하신 사항과 서울시교육청이 보고한 주요 업무 계획을 붙임과 같이 알려드리니, 각급 기관(학교)에서는 교육 현장의 변화와 개혁이 심화되도록 실천 계획을 수립하여 추진해 주시기 바랍니다. …… "교육 현장에도 국가 경쟁력을 높일 수 있는 방안이 적극적으로 강구 · 실천되어야 합니다. …… 교육 방법과 내용 등 모든 면에서 경쟁 시대에 맞는 교육을 실시해야 합니다."(서울특별시하늘교육구청, 1994년 2월 16일자 공문: 관리06065-273)

이러한 지시에 따라 서울시교육청에서는 "1994년도 주요 업무 계획"에 밝고 깨끗한 교직 풍토를 정착시키고, 국가 경쟁력을 높이는 인재를 양성하며, 사랑과 꿈을 심어주는 학교를 운영할 것을 서울 교육의 기본 방향으로서 제시했다. 그리고 이를 추진하기 위하여 조화로운 인간 교육, 교육의 질 향상, 미래를 대비하는 교육, 자율적 · 창의적인 학교 경영, 지방 교육 자치의 활성화 등의 5가지 중점 과제를 수립하고, 그를 추진하기 위한 세부적인 업무 207가지를 제시했다. 그리고 이러한 기본 방향은 1995년에는 인간 교육 중심의 교육 활동 강화, 세계화를 주도할 능

를 시작하기 전에 한 연사가 나와서 교육 개혁의 당위성에 관하여 30분가량 강의했다. 그것은 다른 회의 자리에서도 마찬가지였다고 한다.

13) 내가 참조한 이 공문의 앞면에는 붉은 글씨로 "학교 교육 계획에 반영하고 별도 계획 수립要"라고 적혀있다.

력 배양, 사랑과 꿈을 심어주는 학교 운영으로, 1996년에는 인간 교육 중심의 교육 활동 강화, 학습자 위주의 다양한 교육 과정 운영, 즐겁게 생활하는 자율적 학교 운영으로, 1997년에는 인성 함양과 잠재력 계발의 교육 활동, 교육 수요자 위주의 교육 운영, 자율과 책임을 추구하는 열린 교육 행정 등으로 이어진다. 그리고 그러한 방향을 추진하기 위한 세부적인 업무는 1995년에는 247가지로, 1996년에는 230가지로 늘어난다.

그리고 이러한 서울시교육청의 기본 방향과 업무 계획은 각 교육구청과 학교에 전달되어, 교육청의 장학 방침과 학교의 교육 계획에 대부분 반영되고, 교원은 그 계획에 의거해서 학생을 지도해야 한다. 예를 들어 1996년에 서울시교육청에서 지시하고 태산초등학교 교원들이 이행한 사항 중에서 주요한 것만 제시하면 〈표 3〉과 같다.

〈표 3〉 1996년 태산초등학교의 이행 업무

서울시교육청 중점 과제	하위 과제 (세부 과제 생략)	서울시교육청에서 지시한 업무 가운데 태산초등학교에서 이행한 사항
1. 인성 및 도덕 교육 강화	가. 실천 위주의 인성 교육 강화 나. 기본 생활 규범의 실천 다. 이웃 사랑 및 봉사 정신 함양 라. 건전한 심신 단련	훈화, 생활본 쓰기, 기본 생활 5가지 지키기, 효경의 날 운영, 부모님과 사랑의 편지 쓰기, 효행 일기 쓰기, 가훈 짓기, 예절실 운영, 월 1회 자율학습의 날 운영, 학급문고 운영, 봉사 활동반 운영, 주번 활동 운영, 광복절 기념 글짓기 · 그리기 · 웅변 대회, 통일 안보 그리기 · 글짓기 · 웅변 대회, 시조 외우기, 시조 짓기 대회, 불우 이웃 돕기, 양로원 방문, 환경 정화의 날 운영, 환경 보존 그리기 · 글짓기 대회, 3절 운동 전개, 폐휴지 분리 수거, 폐품 수집, 교내 수목 관리, 특별 구역 청소, 청소년 단체 운영, 수련 활동 참가, 1교 1운동 육성, 1인 1운동 실천, 주 1회 불소 양치, 교내 육상대회, 운동회 ……

2. 교육과정의 다양한 운영	가. 교육과정 운영의 지역화 · 특성화 나. 소질 · 적성 계발 및 학습 능력 신장 다. 교육의 수월성 및 다양성 추구 라. 교육 평가의 개선 및 공정한 관리	클럽 활동 다양화, 방과 후 상설 클럽 활동 운영, 열린 수업 실시, 독후감 쓰기 지도, 목표 지향 평가, 일제 고사 폐지, 주관식 평가 확대, 통지표 서술 양식 개선, 다양한 시상제 운영 ……
3. 세계화를 주도할 능력 배양	가. 과학적 사고 및 창의성 신장 나. 정보 · 산업 기술 인력의 육성 다. 국제 이해 및 외국어 교육 강화 라. 진로 및 평생 교육의 활성화	과학 학력 경진 대회, 과학 독후감 쓰기 대회, 자연 관찰 탐구 대회, 학생 탐구 발표 대회, 모형 항공기 대회, 전자 조립 대회, 과학 상상화 그리기 · 글짓기 대회, 외국 자매 학교와 교류, 상설 영어 특활반 운영, 기초 한자 익히기, 한자 실력 대회, 진로 교육 ……
4. 자율적 · 창의적인 학교 경영	가. 학교 중심의 책임 경영제 구축 나. 자율 장학 활동의 활성화 다. 교원의 사명감 고취 및 전문성 제고 라. 학부모 및 지역 사회와의 협력 체제 강화	어머니 교실 운영, 학부모 연수 ……
5. 교육여건의 지속적 개선	가. 교단 지원 중심의 행 · 재정 운영 나. 지역 간, 부문별 균형 발전 다. 학생 복지 및 교원 근무 여건 개선 라. 쾌적한 교육 환경 조성	

그리고 1997년에 이르러 서울시교육청에서는 교육 개혁을 더욱 체계적으로 시행하기 위하여 초등 교육 새물결 운동, 자기 주도적 학습 능력 배양(열린 학습 확산), 방과 후 교육 활동, 자율 학습의 날 운영, 즐거운 학교 만들기 등 17가지를 초등 교육 중점 업무로 제시했다. 특히 서울시교육청에서는 '초등 교육 새물결 운동'을 추진하기 위해서 수행 평가의 확대 실시, 학교의 벽을 뛰어 넘는 교육 실현, 경제 살리기 등 8가지를 제시하고 227가지에 이르는 초등 교육 업무를 마련했다.[14)]

서울시교육청에서는 이를 홍보하기 위하여 각 학교마다 교원 20여 명씩 배정하여 전달 연수를 실시했다. 그리고 각 교육구청에서는 수행 평가 방법을 교원에게 전달하기 위해 학교마다 과목별로 학년당 1명씩 배정하여 전달 연수를 실시했다. 또한 서울시교육청은 학생의 자기 주도적 학습 능력을 배양하기 위해서는 학생에게 학습하는 방법을 가르쳐주어야 하며, 그에 적합한 교수법으로서 열린교육 활동을 확산하여 실시할 것을 권장하고 있다.

그리고 학생이 방과 후에도 학교에서 공부함으로써 소질과 적성을 계발할 수 있게 하기 위해 학생이 원하는 다양한 특별 활동 프로그램을 제공할 것을 지시했다. 그리고 월 2회 이상 견학이나 체험 학습을 하게 하여 바른 인성과 가치관을 기르며, 체벌이나 편애를 없앰으로써 즐거운 학교를 만들도록 지시하고 있다.

이러한 지시에 따라 교육구청에서는 공문을 통해 각 사업별로 구체적인 시행 방침을 각 학교에 전달하고, 각 학교는 각 사업별로 추진 계획

14) 서울특별시하늘교육구청 초등 교육과(1997. 2. 5). "1997학년도 초등 장학 계획".

을 수립하여 보고하고, 뒤이어 그 추진 실적을 매월 또는 분기별로 보고해야 한다. 그런데 상급 기관에서 지시하는 이러한 사항들 중에는 별도로 계획을 세우고 업무를 처리하지 않아도 쉽게 보고할 수 있는 일도 있지만, 대부분의 경우에 해당 업무 담당 교원이 중심이 되어서 업무 추진 계획을 세우고 여러 날을 두고 그 계획에 따라 업무를 처리해야 한다. 예를 들면, 서울시교육청에서는 초등 교육 새물결 운동의 하나로서 "경제 살리기"를 주요 업무로 제시하고, 그 일환으로 각급 학교에 년 3회 이상 알뜰매장을 개장하도록 지시했다. 그것은 각 가정에서 쓰지 않는 물건을 모아서 염가로 판매하는 행사이다. 그 지시에 따라서 태산초등학교에서는 알뜰매장 추진 계획을 아래의 〈표 4〉와 같이 세우고, 업무를 추진했다.[15)]

〈표 4〉 태산초등학교 알뜰매장 개장 세부 추진 일정

추진 내용	일시	주관	대상	비고
현수막 준비		서무부		교문용, 매장 입구용 (개장 3일 전 설치)
홍보 (가정 통신문 발송)	5월 17일	환경부	학부모	알뜰매장 운영 안내
물품 수합	5월 20-21일	환경부	담임, 담당 교원, 어머니회 회원	정해진 장소에서 수합, 분리

15) 여기에 적힌 날짜는 실지로 운영한 날짜와 다르다. 그것은 상급 기관에서 이 자료를 근거로 태산초등학교의 교원들을 문책하는 것을 피하기 위해서이다.

물품 운반	5월 21일	어머니회	담당 교원, 어머니회 회원	
물품 대장 정리	5월 26일	어머니회	담당 교원, 어머니회 회원	
판매장 꾸미기	5월 26일	어머니회	담당 교원, 어머니회 회원	
판매 및 판매 대장 정리	5월 27-28일	어머니회	어머니회 회원	
판매장 정리	5월 28일	어머니회	어머니회 회원	
재고 물품 처리	5월 29일	어머니회	어머니회 회원	
평가회 및 결과 보고		환경부	담당 교원, 어머니회 회원	결과 보고(판매 대장 사본, 수익금 내역)

이 계획에 따르면, 알뜰매장이라는 하나의 행사를 치르기 위해서는 근 2주 가까운 기간이 요구된다. 이 기간 동안 모든 담임 교원은 적어도 학생들에게 가정 통신문을 나누어주고, 학생들이 가져오는 헌 물건과 물품표를 수집해서 판매장으로 보내는 일을 해야 한다. 또 몇몇 담당 교원들은 각 학급에서 수집된 물품을 분류하여 정리하고, 물품 대장을 작성하고, 판매장을 꾸며야 한다. 특히 이 일을 책임지고 있는 환경부장은 계획을 세우고, 각 가정에 안내문을 작성하는 일부터 그 결과를 교육구청에 보고하기까지 계속 관여해야 한다.

그런데 교원들은 이 일을 하는 가운데 국가가 법령에 의해서 기본적으로 요구하는 것, 즉 학생들에게 교과를 가르치는 일도 함께 해나가야 한다. 따라서 교원들에게는 이러한 지시 사항까지 모두 이행하는 것은 무리가 아닐 수 없다. 그래서 교원들 중의 일부는 알뜰매장을 여는 것에 대해서 반대하기도 했지만, 상급 기관의 지시이기 때문에 따라야 한다는 교장의 말에 더 이상 이의를 제기하지 못했다. 결국 알뜰매장은 예정대로 열리게 되었고, 교원들은 학생들로 하여금 알뜰매장에서 필요한 물건을 구입하게 하느라고 1교시부터 학년별로 번갈아가면서 수업 시간을 할애해야 했다. 그리고 학생들은 집에서 용돈을 두둑히 타다가 쉬는 시간마다 떡볶이나 아이스크림 등을 군것질하느라고 수업에 늦기가 일쑤였다. 결국 알뜰매장을 여는 이틀 동안 학교는 장터를 방불케 할 정도로 어수신하고, 교원들은 학생들을 수업에 집중하게 하느라고 애를 먹을 수밖에 없었다. 그래서 교원들은 다음과 같이 말한다.

이정순: 요즘은 왜 이렇게 눈코 뜰 새 없이 바쁜지 모르겠어요. 어떻게 된 게 옛날보다 더 바빠요. 나는 지금 장구 연수 신청해 놓고서 한 번밖에 못 갔어요. 벌써 네 번이나 했는데.

요컨대, 국가는 미래 사회가 세계화 · 정보화 사회로 변화할 것이라는 예상하에, 우리나라가 미래의 세계 문명을 주도하기 위해서는 교육을 개혁해야 한다고 생각하고, 그 구체적인 방안을 마련하여 제시하고 있다. 그리고 서울시교육청과 교육구청은 국가가 제시한 방안을 더욱 구체화하여 각급 학교에 시행하라고 지시한다. 공무원인 교원은 이러한 지시를 이행해야 한다.

5. 현실의 제약

사회과는 역사, 지리, 정치, 경제, 사회 등의 내용을 담고 있다. 따라서 학생들이 사회과의 내용을 충실하게 학습하려면 교실에서 책에 적혀 있는 내용을 글자로서 학습하는 것보다는 교과의 내용과 관련된 현장에 직접 가서 경험하도록 하는 것이 더 효과적이다. 그러므로 태산초등학교 교원들은 수업도 학생들로 하여금 직접 가서 보고, 듣고, 조사하도록 해야 한다고 생각한다. 그렇지만 현실적 여건은 그것을 허용하지 않는다.

그 가운데 하나는 학생들이 가서 조사할 만한 곳이 별로 없다는 점이다. 교과서에서는 여기저기 가서 보고 조사하라고 하지만 실지로는 가서 조사할 만한 곳이 별로 없고, 설사 갈 곳이 있다고 하더라도 그곳에서는 학생들을 환영하지 않는다. 심지어는 교육청마저도 학생들의 방문이나 조사를 귀찮아한다. 아래는 그와 관련된 사례다.

한정자: 근데 어디 가서 찾아볼 수도 없는 게, 3학년인가 언젠가 교육청에서 하는 일을 조사하는 단원이 있잖아요. 그래서 그걸 알아본다고 몇 명이 교육청에 간 일이 있더라고요. 근데 제까닥 학교로 전화가 오더라고요. …… 귀찮게 뭐 할려고 보내느냐고. 보낸 것도 실은 아닌데. 그런 식으로 말이 나오고 그러니까 애들이 어디 가서 자료 수집을 할 데가 말하자면 별로 없는 거예요, 백과사전 뒤지는 것밖에.

그리고 이런 문제가 다 해결된다고 해도 수업 시간에 학생을 데리고 가서 견학을 하거나, 학생들끼리 가서 조사하라고 숙제를 내주었다가 문제가 생겼을 경우에는 교원이 모든 책임을 져야 한다. 그래서 교원들은 수업 중에 학생들을 데리고 현장 학습을 가거나 학생들에게 실지로 가서 조사하는 숙제를 내주는 것을 꺼려한다.

> 한정자: …… 그런데 지금 세상에 뭐 너희들 알아보고 오너라 할 수도 없잖아요. 그래 가시고 괜히 무슨 일이 있으면은 담임이 그래서 그랬다 하는 식으로, 개구리 소년들 같이 (담임이) 개구리 잡아오라고 했다는 식으로 그렇게 말한다고. 그러니까 그런 게 굉장히 조심스럽더라고요. …… 박물관에 가서 뭘 조사해 오라고 하면 선생님은 부모들하고 꼬옥 같이 가라고 골백번 저기를 해도 지네들 몇 명이 같이 가요. 그래 가지고 작년에 보니까 길 잃어버려 가지고 저녁 8시가 됐는데 안 오니까 우리 집에 전화 오고 그러더라고요. 내가 어디로 가서 뭘 알아와라 하기도 겁나요.

거기에다가 현장 학습을 하는 데 적합한 장소를 찾았다고 해도 학생들과 함께 그곳에 가기까지는 또 다른 장애가 남아있다. 교원들이 자기 반의 학생을 데리고 현장 학습을 가기 위해서 먼저 계획서를 작성해서 부장 교원과 교감, 그리고 교장의 결재를 받아야 하는 번거로운 절차를 거쳐야 한다. 그리고 그런 절차를 거쳐서 현장 학습을 갈 수 있게 되었다고 해도 현장 학습으로 인해서 결손된 수업 시수와 진도를 별도로 보충해야 하므로 교원은 이중으로 시간과 노력을 들여야하는 어려움이 있다.[16)] 그래서 교원들은 학교에서 공식적으로 시간을 배정해 놓은 날에만 학년별로 현장 학습을 가고, 그렇지 않은 경우는 주로 책을 보고 조사하도록 한다.

김인순: 교원이랑 같이 가서 견학이라든지 실제로 가서 조사해 본다든지 해야 되는데, 여러 가지 여건상 그런 게 어렵더라고요. …… 그런데 그런 학습이 학교에서도 실은 이루어져야 하는데, 과제 학습이 아니고 실제로 가서 보면서 해야 되는데 사립 학교도 아니고 공립에서는 그게 참 어렵더라고요. 모르겠어요. 내가 중학년에 가서 그런 것이 나오면 애들을 데리고 가서 실제로 해보기가 쉽지 않다고.

요컨대, 사회과는 학생들이 현장에 직접 가서 보고 조사하는 활동이 필요한 교과이다. 그러므로 수업도 같은 방법으로 하는 것이 효과적이다. 그렇지만 학생들이 직접 방문하여 조사할 곳이 마땅치 않고, 그 과정에서 사고가 발생할 경우에 교원이 모든 책임을 져야 한다. 또한 꼭 필요해서 현장 학습을 가고자 할 경우에 공문을 작성하고 교장의 허락을 받아야 하는 등 번거로운 절차를 거치고, 다녀와서는 현장 학습으로 인해서 결손된 진도를 보충해야 한다.

---

16) 1989년부터 시행된 제5차 교육과정에서는 교원에게 현장 학습 등에 필요한 실질적인 시간을 확보해 주기 위해서 동일한 과목의 시간을 두 시간 또는 그 이상을 연속해서 할 수 있도록 보장하고 있다. 그러나 대부분의 학교에서는 연구부장이 전 학년의 연간 진도표를 작성하고, 미술 등의 교과를 제외하고는 한 과목에 한 시간씩 배당된 시간표를 운영하고 있으므로, 담임 교원이 각 학급의 실정에 맞게 시간 운영 계획을 편성할 수 없다.

6. 학생의 요구

1) 고학년

태산초등학교에서 사회과 수업을 토의식으로 하는 교원들은 대부분 고학년을 담당하고 있다. 수업은 교원 혼자 하는 것이 아니고, 앞에서 예시한 토의식 수업은 학생들의 활동이 수업 시간의 대부분을 차지하므로, 교원이 그런 활동을 할 수 있는 능력이 학생에게 갖추어져 있는지 여부를 고려함은 당연하다고 볼 수 있다. "저학년에서는 토의식 수업을 못 하죠."라는 말에서 알 수 있듯이 교원들은 저학년에서 토의식 수업이 이루어질 수 없는 것을 당연하게 여기고 있으며, 실지로 나는 저학년에서 토의식 수업을 하는 경우를 찾아볼 수 없었다. 교원들이 왜 그 점을 당연하게 생각하는지는 앞서 예시한 한솔반의 수업 장면 중에서 학생들의 활동을 검토해 보면 금방 알 수 있다.

한솔반의 역사 수업에서 먼저 알 수 있는 것은, 토의식 수업을 하는 동안에 학생들은 각자 조사해 온 내용을 발표하고, 다른 발표자의 발표 내용을 듣고 질문하거나 발표자의 내용에 부족한 사항이 무엇인지 지적해서 보충해 주는 활동을 한다는 점이다. 그리고 앞의 예시에는 표면에 드러나지 않지만, 학생들은 각자 다른 학생의 발표를 들으면서 그것이 자신이 조사하지 못한 점을 보충해 주고 있으며 자신이 가지고 있었던 질문에 대한 대답이라는 것을 확인한다. 그리고 학생들은 다른 학생이 발표한 내용을 자신이 조사해 온 내용과 함께 종합하여 정리한다.[17] 그리고 그 전에 학생들은 가정에서 각자 여러 가지 참고 자료를 보고 조사하여 공책에 적어 왔음은 물론이다.

따라서, 학생들이 이러한 활동을 할 수 있기 위해서는 우선 적어도 글을 읽고 쓸 줄 알아야 한다. 그리고 교원이 내준 과제를 해결하기 위해서 학생들은 교원이 제시해 준 자료 외에 자신이 참고할 수 있는 자료가 무엇인지 알아야 하고, 참고 자료에서 자신이 필요한 내용을 찾을 수 있어야 한다. 그리고 자신이 조사한 내용을 여러 학생이 들을 수 있도록 정확하고 큰 소리로 말할 수 있어야 하며, 다른 학생이 발표한 내용을 주의 깊게 듣고 비판하고 종합할 수 있어야 한다. 그런데 저학년 학생들은 아직 글을 읽고 쓰고, 말하고 듣는 능력조차 충분히 갖추지 못한 까닭에 수업 중에 위에서 열거한 것과 같은 활동을 할 수 있기를 기대하기란 무리일 수밖에 없다. 그런 까닭에 교원들이 저학년에서는 토의식 수업을 하지 않는 것이 아니라, 할 수 없는 것이다.

2) "배째파"

태산초등학교의 6학년 교원들의 눈에 비친 요즘 학생들은 공부에 관심

17) 이것은 학생들이 발표하고 보충하는 활동과 마찬가지로 수업 중 별도의 시간을 할애하여 절차에 따라서 구체적으로 드러나는 활동으로 이루어지고 있다는 것을 가리키는 것이 아니다. 그것은 다른 학생의 발표를 주의 깊게 듣는 동안에 학생들의 마음 속에서는 그가 의식하고 있는 가운데 또는 의식하지 못 하는 사이에 그런 활동이 일어난다고 보지 않을 수 없음을 가리킨다.

이 없다. 요즘 학생들은 공부보다는 옷차림이나 이웃 반의 이성 친구, 유명 연예인, 전자 오락 등에 더 관심이 많다. 이런 학생 중에 일부 여학생들은 끼리끼리 몰려다니면서 비슷한 옷차림, 머리 모양, 장신구 등을 하고 다닌다. 1996년의 경우에 6학년에는 반마다 서너 명의 여학생들은 몸에 꼭 달라붙고 통이 넓은 바지와 역시 몸에 달라붙는 검은 또는 노란 티셔츠 차림에 단발머리를 가운데로 가르마 타고 등교했다.

6학년 교원들은 이런 학생들을 볼 때마다 단정하게 하고 다니라고 타이르고 나무라고 벌을 세우기도 했다. 이처럼 교원의 간섭이 심해지자 여학생들이 이번에는 약속이나 한 듯이 가르마를 오른쪽으로 타고 거기에 핀을 꽂고 다녔다. 이 여학생들은 방과 후에 운동장 가에 모여서 군것질을 하면서 남학생들, 특히 전교 어린이 회장인 황정한이라는 남학생이 축구하는 것을 구경했다. 그리고 남학생들 몇몇은 힙합(hiphop) 바지와 굽이 높은 신발을 신고 머리를 탈색하고 다닌다.[18)]

학생 중에 또 다른 일부는 이처럼 두드러지는 옷차림을 하고 다니지는 않지만 학교에 전자 오락기를 들고 와서 수업 중에 오락을 하거나, 청소년 사이의 연애 이야기나 귀신 이야기 등을 소재로 한 책, "짱구는 못말려"[19)]와 같은 성인용 만화책을 들고 와서 수업 시간에 돌려보기도 한다.

---

18) 이런 옷차림은 1996년에 청소년들 사이에 유행하던 것이다. 힙합 바지의 기장은 입는 사람의 다리 길이보다 한 뼘 정도 더 길고, 통은 신발을 덮고도 남을 정도로 넓으며, 허리는 두 사람이 들어갈 수 있을 정도로 크다. 학생들은 이 바지를 엉덩이에 걸쳐 입는다. 학생들은 이 바지와 함께 밑창의 두께가 3cm에서 5cm 정도 되고, 코가 과장되게 강조된 크고 두툼한 구두를 신는다. 그리고 남학생은 커다란 남방 셔츠를 앞뒤로 길게 늘여서 입고, 여학생의 경우에는 몸에 꼭 달라붙고 배꼽과 허리가 다 드러나 보이는 티셔츠를 입는다. 또 학생들은 과산화수소를 이용하여 머리의 일부 또는 전부를 노랗게 탈색한다.

19) 일본의 성인 만화로서 다섯 살 안팎의 짱구라는 남자 아이가 주인공으로 등장한다. 그 만화

이들은 수업에 관심이 없을 뿐만 아니라, 자신이 어떤 점에서 부족하고 그 점을 보충하기 위해서 어떻게 해야 하는지 생각조차 하지 않는다.

송혜선: 응, 속이 터져. …… 오늘도 산수 시간에 너무 열을 받아가지고. 머리핀 뭐를 꽂을까는 고민하는 녀석들이 왜 산수 문제 이게 안 풀리는 것은 고민을 안 하냐고. 그러면서 거울 보고 아침마다 고민할 거 아니예요. 이렇게 꽂을까 저렇게 꽂을까.

하미선: 너무 생각이 없어요. 애들이.

교원들은 이런 학생들을 "배째파"라고 부른다. '배째'라는 말은 말 그대로는 '내 배를 가르시오'라는 뜻이다. 예를 들면, 변제 의사나 능력이 없는 채무자가 채권자에게 빚을 독촉당할 경우에 채무자가 채권자에게 "배 째!"라고 말하면, 그 말은 '나는 빚을 갚을 의사(능력)가 없으니 당신 마음대로 하시오'라는 뜻이다. 그와 마찬가지로 이들은 자신이 공부를 하지 않는다는 점에 대해서는 아무런 자책감이 없으며, 오히려 '나는 배울 마음이 없으니 가르칠 테면 가르쳐 보라'는 식의 배짱을 내미는 태도를 보이기 때문에 교원들을 이런 학생들을 "배째파"라고 부른다.

에서 작가는 짱구로 하여금 유치원 여교원의 치마 밑을 들춰보는 것과 같이 정상적인 성인 남자라면 감히 할 수 없는 일련의 행동들을 하게 함으로써 성인 남자의 도시욕(盜視慾)을 충족시킨다. 이 만화를 번역하여 출판한 국내 업자는 일본의 성인 만화는 수입해 올 수 없지만 어린이 도서는 수입할 수 있다는 점을 이용해서 이 만화를 어린이 도서로 등록하여 판매했다.

신수경: 그래도 사랑반 선생님은 우리 반의 배째파들한테 할 말이 없을 거예요.

배종오: 연구수업하는 데도 배째파들 때문에 당황이 되더라고요.

각 교실에는 이런 배째파들이 40여 명 가운데 적게는 10명에서 많게는 20명 가까이 있고, 교원들은 이런 학생들을 가르치는 데 많은 애를 먹는다. 교원들은 이런 학생을 가르치기 위해서 이런저런 시도를 하고 학생들에게 공부하라고 나무라지만, 이들은 오히려 교원이 자신들을 이해해 주지 못한다고 원망한다. 그리고 그 점은 배째파들뿐만 아니라 비교적 공부에 관심이 있는 학생들도 마찬가지이다.

3) "재미있게 해 주세요."

교원들은 국가의 지시에 따라서 학생들에게 교과를 가르치고자 하지만 대부분의 학생들이 공부를 하기 싫어한다. 거기에다가 요즘 학생들은 과거와 달리, 그가 공부에 관심이 있는가 없는가에 관계없이, 교원이 자신의 요구나 주장을 받아들이지 않을 경우에 교원에게 불만을 표하기도 한다. 예를 들면 다음과 같은 경우다.

나는 1995년 12월과 1996년 2월에 방학 기간을 제외한 약 한 달가량 태산초등학교 6학년 한샘반을 임시로 지도했다. 당시 한샘반의 담임 교원은 교통사고를 당하여 학교에 출근하지 못하고 있었다. 한샘반은 대부분 과목의 진도를 다 마치고 산수, 사회, 도덕 등만 서너 차시 분량을 남겨놓고 있었다. 어느날 나는, 대부분의 학생들이 산수 문제를 풀면서 풀이 과정을 쓰지 않거나, 풀이 과정을 쓰면서 등호를 빠뜨리는 것을 발견했다. 그래서 나는 학생들이 틀렸음을 지적하고, 등식의 원리를 설명했다. 그동안 대부분의 학생들은 아무런 말도 없이 내가 하는 말을 조용히 듣고, 질문도 하지 않았다. 그리고 사회 시간에 나는 학생들이 내용의 의미도 모르는 채 발표한다고 생각하는 경우에 발표한 학생에게 발표한 내용의 뜻이 무엇이냐고 질문했다. 그런데 대부분의 학생들은 대답을 하지 않거나, 내가 재차 대답을 요구하면 그때서야 마지못해 한두 마디 대답할 뿐이었다. 또 내가 무엇인가를 설명하는 동안에 학생들은 항상 고개를 숙이고 앉아서 내가 하는 말을 듣기만 했다.

그렇게 며칠이 지나면서 나는 학생들이 조용히 앉아있기는 하지만 내 설명을 귀기울여 듣지 않으며, 일종의 반감마저 가지고 있다는 것을 눈치채게 되었다. 그래서 나는 몇몇 학생들에게 왜 내 질문에 대답을 하지 않으며, 수업에도 집중하지 않는지 물어보았다. 그러자 학생들은 수업이 재미없기 때문에 집중하지 않는다고 서슴없이 말했다. 학생들은 수업이 재미없는 까닭은 내가 수업을 재미있게 하지 않기 때문이며, 자신들이 수업에 집중하게 하려면 내가 수업을 재미있게 해줘야 한다고 말했다.

경현: 저는요 수업할 때요 선생님이랑 같이 애들이랑 좀 재미있게 했으면 좋겠어요.

천수: 애들이요 수업할 때요 거의 다 따분해하잖아요. 그런데 따분하기만 하면 애들이요 듣는 사람도 있고 안 듣는 사람도 있는데요, 들은 사람도

요 기억을 못 하는 수가 있잖아요. 그러니까 따분해하지 않게, 재미있게 해 가지고 애들이 조금만 들으면 기억에 남게 했으면 좋겠어요.

탐구자: 그런데 나는 내가 할 수 있는 최대한의 설명을 하거든? 혹시 너희들이 정신을 집중하지 않고서 날더러 재미없다고 하는 거 아니냐? 그렇게 생각할 수도 있잖아.

규창: 재미있지 않으니까 지루해서 정신 집중을 안 하는 거죠.

천수: 예. 재밌으면 정신 집중을 하죠.

규창: 맞어.

천수: 재밌으니까 더 들을라고 하죠.

학생들은 수업이 재미없을 경우에 이처럼 침묵 시위를 통해 자신의 불만을 간접적으로 나타내기도 하고, 때로는 어린이 회의 등을 통하여 자신의 요구를 교원에게 직접 말하기도 한다. 6학년 한샘반 학생들과의 면담에 따르면, 한샘반은 1학기 초 사회 시간에는 주로 교원이 교과서의 내용을 설명하고 요약해서 판서해 주면, 학생은 설명을 듣고 판서한 내용을 베끼는 방식으로 수업했다고 한다. 그러던 중 학생들이 어린이 회의 시간에 그런 방식의 수업이 재미없고, 학생들이 잘 듣지 않으므로 수업 방식을 바꿔달라고 요구해서 앞에서 기술한 것과 같은 방식으로 바꿨다고 한다.

그리고 학생들은 이런 방법 외에도 일기장이나, 학년 초에 교원이 학생의 실태 조사를 하기 위해서 작성하도록 하는 설문지, 또는 학년 말에 펴내는 문집 등에 자신의 요구를 나타낸다. 예를 들면, 6학년 사랑반 학생들이 학년 말에 졸업을 앞두고 제작한 문집에서 대부분의 학생들은 수업을 즐겁게 해 주고, 숙제를 조금만 내 주고, 학생들과 함께 놀아 주고, 강요하지 않으며 학생의 요구를 들어주는 선생님을 자신이 바라는 선생님으로 들고 있다. 그리고 이러한 경향은 하미선 교원이 학년 초에 학생들과 면담하기 위하여 사전에 학생들에게 조사한 설문지와, 5학년 한별반 담임 교원이 학년 말에 학생들을 대상으로 조사한 설문지에도 동일하게 나타난다.

요컨대, 요즘 학생들은 직간접적으로 교원에게 자신의 요구를 표현한다. 학생들이 수업과 관련하여 교원에게 요구하는 것을 한마디로 말하면 '재미있게 수입을 하는 것'이다. 교원들은 여러 경로를 통해 학생들의 이러한 요구를 접하고, 학생들의 요구를 무시한 채 수업을 할 경우에 학생들이 수업에 관심을 보이지 않거나, 교원에게 불만을 내비치기도 한다는 것을 알게 된다.

학생들이 요구하는 재미있는 수업은 교원이 수업 중에 재미있는 이야기를 많이 들려주는 것이다. 학생들은, 교원이 수업 중에 재미있는 이야기를 많이 들려주면 자주 웃게 되고, 그러다보면 수업이 재미있어지게 된다고 생각한다. 학생들이 원하는 재미있는 이야기는 옛날이야기, 농담, 연예인 등에 관한 이야기 등이다. 학생들은 수업 중에 교원이 그런 이야기를 자주 하면 수업이 지루하지 않고, 수업에 집중이 잘 되며 교원이 가르치는 내용도 오래 기억할 수 있다고 생각한다. 다음은 그와 관련된 학생들의 말이다.

탐구자: 어떻게 하는 게 재미있고 지루하지 않게 하는 거지?

경현: 선생님이 무슨 예에 대한 이야기나 그런 것 해가면서 하는 거요. 그냥 막 선생님 혼자 연설을 하듯이 그렇게 하면요, 애들이 막 따분하고 졸립고 흥미가 별로 없어요.

정아: 장난을 좀 곁들여서.

명군: 선생님이 농담을 하면서 애들하고 같이 막 웃고 공부하는, 그러니까 애들하고 같이 공부하는 거요.

천수: 그러니까 뭐 농담을 끼워가지고요, 애들이 웃으면서 들을 수 있게. 그러면요 안 잊어버릴 것 같아요.

한선: 선생님께서 수업을 가르치실 때 선생님 혼자서만 지루한 설명을 하지 않고, 또 설명할 때도 학생들이 관심을 살만한 재미있는 보기나 예를 들어가면서 수업을 진행해서요, 반 아이 전체가 참여할 수 있는 수업이 즐겁고 재미있는 수업이라고 생각해요.

또한 학생들은 수업 중에 옛날이야기, 농담, 일상 사례와 같은 재미있는 이야기를 많이 듣는 것과 함께 자신들이 발표할 기회를 많이 가짐으로써 참여할 수 있기를 요구한다. 그럴 때 학생들은 그 수업이 재미있다고 생각한다. 학생들이 재미있어하는 수업의 예를 들면 다음과 같다.

교원: 미란이는 서울서 전학온 아이인 반면에 영만이는~

도현: (교원의 말을 가로채며 큰 소리로) 촌놈!

학생들: 하하하하.

지운: 촌닭.

교원: (웃으면서) 누가 촌놈이라고 하냐.

학생들: (박유한을 가리키며) 얘요, 얘요.

교원: 너는 그러면 무슨 놈이야.

학생들: 서울 놈. 서울 촌놈이에요.

교원: 그래, 좋아. 미란이와 영만이는 어떤 사이일까?

정훈: 영만이는 미란이네 선생님의 아들입니다.

교원: 맞았어요?

학생들: (여기저기서) 예. 아니예요. 오빠야. 아니야-.

지운: (자리에 앉아서 큰 소리로) 오빠와 동생 사이야.

교원: 미란이의 선생님의 아들이 영만이 맞죠. 책에는 그렇게 표현이 되지 않고 어떻게 되어 있어요. 영만이 아버지의 제자 그렇게 되어 있지요. 마찬가지지요. 또

지운: (자리에 앉아서) 그보다 더 좋은 사이가 있어요.

교원: 지운이가 더 좋은 사이가 있대요.

지운: 오빠와 동생 사이예요.

학생들: (야유하듯이) 아이-, 아으-.

지운: (항변조로) 맞잖아-.

교원: 오빠라고 부르고 동생이라고 부르지. 또, 효선이.

효선: 오빠와 동생 사이도 되지만 제 생각에는 친구 사이라고 생각됩니다. 나이는 다르지만 친구처럼 지내기 때문입니다.

지운: (자리에 앉아서) 맞 먹어라, 맞 먹어.

학생들: (웃음)

영린: 한배에서 나온 오빠와 동생은 아니지만 어느 오누이보다도 다정한 사이입니다.

정석: 저는 미란이와 영만이가 도시락까지 싸 가지고 놀러다니는 것으로 봐서 애인 사이인 것 같습니다.

학생들: 와-, 하하하하.

교원: 그런 말이 나올 줄 알았어. 그 다음에 반대 의견.

이처럼 요즘 학생들은 학교에 등교해서 교실에 앉아있기는 하지만 공부보다는 노는 데 더 관심을 보이는 학생이 많다. 이들은 수업이 재미있기를 바라며, 수업에 집중하라는 교원의 지적에 오히려 수업이 재미없기 때문에 집중하지 않을 수밖에 없다고 말한다. 그리고 대부분의 학생들은 자신에게 재미가 없거나, 힘들거나, 복잡해 보이면 어떤 교과의 수업이건 관심을 보이지 않는다. 교원들은 이런 학생들을 가르쳐야 한다.

4) "존중해 주세요."

학생들은 수업의 과정에서 자신이 교원에게 존중받기를 기대한다. 학생들은 자리에 가만히 앉아서 교원이 하는 이야기를 듣기만 하는 것을 지루해하고, 한 시간 내내 그렇게 수업하는 것은 교원이 자신을 존중하지 않는 것이라고 생각한다. 학생들은, 교원과 마찬가지로 자기 나름대로의 의견이 있으며, 그 의견은 교원의 의견 못지않게 가치있다고 생각한다.

탐구자: 왜 그렇게 토론을 하면서 수업을 하고 싶지?

천수: 선생님만 얘기를 하면 애들이 지루해하고요, 저희들이 말하고 싶은 게 있는데도 얘기를 못하기 때문이에요.

윤혜: 아이들도 서로 생각이 있는데요, "성생님" 혼자서만 계속 9시부터 9시 40분까지 쉴 틈도 안 주시고 "성생님"만 혼자서 따다다다 말만 하면요, 애들은 인제 자기 생각도 표현 못 하잖아요.

또한 학생들은 교원이 자신들에게 수업에 참여할 기회를 많이 주고 자신의 의견을 존중해 주면, 자신들도 교원의 의견을 더 귀담아들으므로 더 잘 기억할 수 있을 것이라고 말한다. 그래서 학생들은 자신의 의견을 발표함으로써 수업에 참여할 기회가 많은 수업을 재미있는 수업이라고 생각하고, 그런 수업을 하는 교원은 자신을 존중해 준다고 생각한다.

영선: 학생들이 적극 참여할 수 있도록 해야 한다고 생각해요. 학생들이 참여를 안 하면 의미가 없어지고 지루해질 것 같아요. 학생들이 다 적극적으로 자기 의견을 내세우고 발표하면서 참여하면 더욱 기억에 남고 의견이 무시되지 않아 존중받을 수 있어요.

민정: 선생님 혼자 얘기하시는 것보다요 저희가 같이 참여할 수 있었으면 좋겠거든요. 저희 의견도 얘기를 하거나, 즐겁게 자율적으로 많이 참여할 수 있었으면 선생님 의견을 더 좀 귀담아들을 수 있을 것 같아요.

한편, 학생들은 교원은 자신의 의견을 학생들에게 고집하지 않아야 하며, 교원의 의견과 학생의 의견이 서로 다를 때는 다수결의 원리에 따라서 결정하고, 그렇게 해도 해결되지 않을 경우에는 교과서나 참고서와 같은 책을 찾아보면 된다고 생각한다. 윤주는 그 점을 아래와 같이 말한다.

탐구자: 윤주 같은 경우는 학생의 의견과 선생님의 의견이 다를 때에는 선생님이 학생의 의견을 따라야 된다고 생각하니?

윤 주: 그러니까 각자 생각이 다 다른데요. 선생님이 그 의견만 꼭 고집하면 안 되는 거잖아요. 학생들이 다 각자 생각이 있고 의견이 있고 그런데요. …… 그러니까 그 원래 우리 민주주의는 다수결이잖아요. 그 의견에 회의하는 사람들이요 꼭 따라야 되는 것은 아니잖아요. 그런 식으로요 선생님께서 의견을 딱 내시면요 아이들은 거기에 반대하는 의견도 있는데 그 의견을 너무 고집하지 않고요 서로의 의견을 물어봐서 그 의견에 타당한 이유를 말해가지구요 그게 정말 타당한지 다수결로 정해서요 그렇게-.

탐구자: 근데 선생님이 보기에 다수결로 정했어도 그건 도저히 안 된다고 생각될 경우는 어떻게 하지?

윤 주: 그럴 경우도 만약에 있을 텐데요 그럼요 다시 생각해 봐야지요.

탐구자: 누가 다시 생각해?

윤 주: 학생들도 그렇고 선생님도 그렇고.

탐구자: 그렇게 해도 끝까지 학생이 자기 의견이 옳다고 얘기하고, 자기 의견

을 받아들이지 않으면 학생의 의견을 존중하지 않는 것이라고 얘기하면 그럴 때는 어떡하지?

윤 주: 책 같은 거 찾아보면 되죠. …… 사전이나 뭐 교과서나 이런 거 찾아보면 거의 답을 알 수가 있잖아요.

이처럼 학생들은 교원의 의견이나 자신의 의견이 동등하므로, 교원이 자신의 의견을 존중해야 자신도 교원의 의견에 귀를 기울인다고 말한다. 그리고 학생들은 자신이 수업 중에 존중받는다는 것은 자신의 의견을 발표할 기회를 많이 가짐으로써 수업에 참여하는 것이라고 생각한다.

요컨대, 교실의 학생들은 대부분 공부보다는 노는 데 더 관심이 많고, 수업의 내용이 자신에게 재미가 없거나, 힘들거나 복잡해 보이면 관심을 보이지 않는다. 그러면서 교원에게 재미있게 해 주기를 요구한다. 또한 교원에게 자신의 의견을 존중해 주기를 바란다. 교원들은 교실에서 이런 학생들을 상대하고 대처하는 가운데 교과의 내용을 가르쳐야 한다.

제3장

교원의 수업 이상

1. 가르쳐야 한다
2. 재미있게 해야 한다
3. 편해야 한다

학교에서 교원이 수업을 하기 위해서는 수업과 연관된 학교 환경의 여건이나 제약 또는 요구 등을 고려하지 않을 수 없다. 그와 함께 수업과 관련하여 교원이 지니고 있는 나름의 이상도 함께 고려한다. 교원들의 그 이상은 한편으로는 환경의 제약이나 요구 등을 반영하여 형성되기도 하고, 다른 한편으로는 환경과 무관하게 자신이 옳다고 생각하는 내용으로 구성되기도 한다. 또한 교원들은 수업에 관한 자신의 이상에 비추어서 현실을 판단하기도 하고, 수업을 통해서 그것을 실현하고자 애쓰기도 한다. 이하에서는 태산초등학교 교원들이 수업과 관련하여 어떤 나름의 이상을 지니고 있으며, 그것은 환경과 어떤 관련이 있는지 살펴본다.

1. 가르쳐야 한다

학교의 환경 속에서 교원은 공무원으로서 주어진 역할을 수행해야 한다. 그 역할의 핵심은 학생들에게 교과를 가르치는 일이다. 태산초등학교 교원들은 그것이 교원으로서의 본분을 수행하는 것이라고 생각한다. 교원들이 수업 시간에 학생들에게 가르쳐야 한다고 생각하는 것은 교과마다, 때로는 단원마다 다르다. 태산초등학교 6학년 교원들이 학생들에게 역사 단원을 가르치면서 주요하게 가르쳐야 한다고 생각하는 것은 역사의 흐름, 민족 의식, 공부하는 방법 등이다. 이것들은 태산초등학교 6학년 교원들이 사회과 역사 단원 수업을 통해서 실현하고자 하는 가장 중요한 이상이다.

1) 역사의 흐름

태산초등학교 6학년 교원들이 역사 수업을 통해서 학생들에게 가르쳐야 한다고 생각하는 것 중의 하나는 역사의 흐름이다. 여기서 역사의 흐름은 고조선부터 현대에 이르기까지 우리나라에서 발생했던 주요 사건들을 시대순에 따라서 나열해 놓은 것을 가리킨다. 교원들은, 과거와 달리 요즘 교과서는 주요한 사건들을 시대순으로 기술한 것이 아니라 특정한 주제를 중심으로 그 주제와 관련된 사건과 인물들을 기술해 놓았기 때문에, 학생들이 전체적인 역사의 흐름을 파악하는 데 어려움이 많다고 생각한다.

하미선: 그냥 우리 역사니까 전체적인 흐름을 애들한테 파악시키고 싶었거든요. 코끼리 다리 만지기 식으로 소단원별로는 애들이 잘 아는데, 전체적인 흐름, 시대적인 흐름은 잘 몰라요. 그걸 이렇게 할려고 연대표도 짜보고 했는데 아직까지 애들이 개념이 안 서드라고요. …… 옛날 같으면 전체적인 흐름을 나가면서 중간중간에 여러 가지를 공부했었는데, 요새는 내용별로 분류해 놓으니까 전체적인 흐름을 모르는 것 같아요. 고조선 다음에 삼국 시대가 시작돼서 여기서 어떤 사건들이 일어났고, 그 다음에 통일신라가 됐고. 이런 흐름을 애들이 잘 몰라요. 이제 그 연대표 가지고 한 시간 정도 해가지고 그 흐름을 파악하게 해야 될 것 같애요.

이 점은 교원들이 수업을 할 때 주요 교재로 삼고 있는 사회 교과서를 보면 알 수 있다. 초등학교 사회 6학년 1학기 교과서는 세 개의 큰 단원으로 구성되어 있으며, 그중에 두 단원이 역사 관련 단원이다. 그 두 단원은 아래의 [그림 1]과 같이 작은 단원들로 구성되어 있다.

- 1. 민족 국가로의 발전
  - (1) 훌륭한 지도자들
    - 1 단군 왕검
    - 2 김유신
    - 3 최승로
    - 4 세종대왕과 황희
  - (2) 이 땅을 지켜온 겨레
    - 1 살수 대첩
    - 2 삼별초
    - 3 한산도 대첩
    - 4 척화비
  - (3) 우리 겨레의 해외 활동
    - 1 담징과 왕인
    - 2 신라방
    - 3 벽란도
    - 4 조선통신사
- 2. 근대화의 노력
  - (1) 실학 운동
    - 1 실학자 박지원
    - 2 춘향전
    - 3 모내기
    - 4 천리경과 거중기
  - (2) 달라지는 나라 모습
    - 1 문호 개방
    - 2 전화와 기차
    - 3 독립협회
    - 4 개화 운동
  - (3) 국권의 수호
    - 1 조선총독부
    - 2 3 · 1 운동
    - 3 청산리 대첩

[그림 1] 초등학교 사회 6학년 1학기 단원 편성도

[그림 1]에서 알 수 있듯이 사회 교과서의 역사 단원은 시대가 중첩되어서 기술되어 있는 까닭에 교원이 별도로 강조해서 가르치지 않는 한 학생들이 역사의 흐름을 파악하기가 쉽지 않다. 예를 들면, "(1) 훌륭한 지도자들"에서는 선사 시대부터 조선 초기까지의 과정을 주요 인물들을 중심으로 개괄적으로 기술하고, 그중 "4 세종대왕과 황희"에서는 이성계, 세종대왕, 황희의 업적을 중심으로 조선 초기의 사정을 소개하는 것으로 단원을 마친다. 그리고 뒤이은 "1 살수 대첩"의 첫 문단은 "고구려, 백제, 신라는 서로 영토를 넓히려고 힘을 길러 나갔다"라는 문장으로 시작한다. 시대의 배경이 조선 시대에서 삼국 시대로 역행한 것이다. 물론 교과서를 집필한 사람은 학생들이 이 문장을 접하면서 앞의 "2 김유신" 단원에서 배운 삼국 시대의 상황을 상기하기를 기대했을 것이다.

그러나 아직 역사의 흐름을 충분히 파악하지 못한 학생들에게는 그것이 용이하지 않으므로, 학생들은 살수 대첩이 조선 시대에 일어난 사건이라고 말하기도 한다. 다음 진술은 그런 어려움에 관한 것이다.

> 유연: 그리고 사회가 그렇게 자료가 많을 줄도 처음 알았고, 처음으로 역사도 재미있었어요. 그런데 역사는 제가 생각하기에는 구분하기가 어려워요. 시대적 배경이 딱딱 나와야 되는데 그게 전혀 안 떠올라요.

그래서 교원은 학생들이 이처럼 혼동하지 않게 하기 위해서 각 단원에서 다루는 사건이 어느 시대의 일이며, 같은 시대라고 하더라도 어느 것이 먼저 일어난 사건인지를 학생들에게 알려준다. 예를 들면 살수 대첩은 앞서 배운 삼국 시대의 사건이며, 그것도 김유신이 활약하기 이전의 사건임을 학생들에게 알려준다. 그리고 그러한 설명은 새로운 단원이 시작할 때마다 이루어지고, 그때마다 학생들은 이전에 배운 사건이나 인물 사이사이에 새로 배운 사건과 인물을 끼워 넣어서 다시 정리해야 한다. 그리고 교원은 학생들로 하여금 연대표를 만들도록 하여서 전체적인 흐름을 파악하게 하기도 한다.

2) 민족 의식

교원들이 학생들에게 가르쳐야 한다고 생각하는 다른 하나는 민족 의식이다. 교원들이 말하는 민족 의식은 우리 민족에 대한 긍지나 자부심을 가리킨다. 하미선 교원은 요즘 학생들은 영화나 그 밖의 여러 매체를 통하여 서구의 문물을 자주 접하면서 서구의 문명을 동경하고 서구화되어 가고 있다고 본다. 그 반면에 우리나라는 서구의 강대국들에 비하여 왜소하고, 하잘것없는 나라로 여긴다고 본다. 특히 과거에 우리나라는 지금보다 훨씬 더 미개하고 가난해서 대다수 국민들이 아프리카 난민들처럼 헐벗고 굶주렸을 것으로 여긴다고 생각한다. 그래서 하미선 교원은 학생들에게 과거의 우리 조상들은 지금보다 훨씬 큰 나라를 형성하기도 했고, 다른 나라의 침략을 슬기롭게 물리쳐 왔으며, 서양보다 뛰어난 과학 기술을 발전시키기도 했다는 사실을 가르침으로써 학생들로 하여금 우리 민족의 우수성을 인식하도록 하고, 민족의 자부심을 느끼게 해야 한다고 생각한다.

하미선: 요즘 애들은 서양 것이면 다 좋은 줄 알고 우리 것은 무시하고 그러잖아요. 외제 물건을 막 사서 쓰고요. 그렇지만 사실은 측우기나 물시계 이런 것을 보면 과학 기술이 우리 조상들이 더 발전했잖아요. 그런 것을 보면 우리 조상들이 뛰어났다는 것을 알게 되고, 우리 조상에 대해서 긍지를 갖게 되지요. 고구려도 그렇고. 그러니까 뭐 거창한 것은 아니고 우리 민족에 대한 긍지나 자부심 같은 거지요.

그런데 교원들은 그것은 역사의 흐름과 별도로 가르칠 수 있는 것이 아니라, 역사의 흐름을 가르치는 가운데 학생들에게 심어줄 수 있다고 생각한다.

하미선: 애들이 결국 알아야 되는 게 우리나라의 역사, 반만년의 역사와 거기에 대해서 우리나라의 민족 의식이 제일 큰 거 같아요. 얘네들은 워낙 풍족한 생활을 하다 보니까 민족 의식이 전혀 없는 것 같아요. 별로 느끼지도 못하고 오히려 우리 때보다 더 없는 것 같아요. 그러니까 반만년 역사의 흐름이 고조선부터 좍 이렇게 이끌어져 나왔다는 대략의 흐름을 알고, 그 다음에 거기에 오면서 여러 가지 국난 극복의 과정을 가르치면서 우리나라의 민족 의식이 어떻다 그런 거를 좀 심어주고 싶더라고요. 저 같은 경우는.

그리고 교원들은 교과서가 민족 의식을 가르치는 데는 소홀히 하고 있고, 특히 기존의 역사가 일제에 의해서 왜곡되었기 때문에 교과서에 있는 것만 가르쳐서는 학생들에게 민족 의식을 심어 줄 수 없다고 생각한다. 그래서 교원들이 의도적으로 가르쳐야 한다고 생각한다.

하미선: 교원으로서 민족 의식을 일깨워 줘야겠다는 생각을 좀 하고 있어요. 그런데 교과서에 있는 내용만을 가르치다 보면은 그런 거는 소홀하기가 쉽죠. 근데 분명히 여기서는 이걸 가르쳐라 그런 말은 나오지는 않는 것 같은데 우리 교원들이 좀 그런 점에 중점을 두고 가르쳐야 될 것 같애요. 그건 제 생각이에요.

김성순: 글쎄 저는 내가 학생이라면 일단은 유홍준 교수처럼 답사를 많이 해 보고 민족 의식을 가진 다음에 공부를 하는 게 좋지 않을까 생각해요. 역사에서 저는 제일 중요한 게 너무 편협한지 몰라도 민족 사관이라고 생각해요. 우리나라 역사가 너무 일제에 의해서 잘못 쓰여졌다고 하잖아요. 그러니까 바로 잡아줄 필요가 있다고 생각해요, 교원으로서. 그러니까 너무 교과서에 맹종하지는 말아야죠.

요컨대, 교원들은 학생들에게 역사의 흐름을 가르치는 가운데 학생들로 하여금 우리 민족의 우수성을 인식하게 하고, 우리 민족의 후손으로 태어난 데 대하여 자부심을 갖도록 해야 한다고 생각한다. 그리고 그것은 교과서에 있는 내용만 가르쳐서는 학생들에게 심어줄 수 없으므로 교원이 의도적으로 가르쳐야 한다고 생각한다.

3) 공부하는 방법

교원들이 학생들에게 가르쳐야 한다고 생각하는 또 다른 하나는 공부하는 방법이다. 여기서 공부하는 방법은 자기에게 주어진 문제를 해결하기 위해서 스스로 여기저기 찾아보는 능력을 가리킨다.

하미선: 저는 많이 외우고 하는 것보다는 공부하는 방법을 길러주는 게 좋은 것 같아요. 여기저기 찾아보고 하는 방법, 그러니까 자기가 알고자 하는 걸 여기저기서 참고해서 찾아보고 자기가 스스로 문제를 해결하는 거죠. 스스로 문제를 해결하고, 여러 가지를 조사해 나가면서 여러 가지 책을 참고해서 찾아보기도 하는 그런 능력을 기르는 게 좋은 것 같아요.

교원들이 사회과에서 공부하는 방법을 가르쳐야 한다고 생각하는 것은 사회과는 학생들이 실지로 가서 해보고 조사하는 교과라고 생각하기 때문이다.

김성순: 저는 이렇게 생각해요. 사회라는 단원이 지식에 국한되는 게 아니라, 실지로 행동하고 가서 보고 듣고 경험하는 거라고 생각해요. …… 사회과라는 게 요즘에 옛날과 달라서 외우는 수업이 아니라 실제로 가서 해보고 조사해 보고 그런 수업을 많이 해야 될 것 같은데…….

과거에 교원들은 교과서의 내용을 요약해서 칠판에 적어 주고, 그 내용을 설명하는 방식으로 수업을 했지만, 근래에 들어서는 그런 방식의 수업은 학생의 학습에 별 도움이 안 되며, 교원 자신도 그런 수업에는 관심이 없다고 말한다. 교원들은 사회과 수업을 토의식으로 하는 것은 당연하다고 말한다.

김인순: 그전에는 그랬어요. 책 한 번 읽고, 선생님이 판서를 해주고 그 다음에 이것은 이렇고 이렇고 설명식으로 그렇게 했는데, 지금은 그것을 못 해요. 그리고 그것이 흥미가 없어. 나 자신도 그런 수업을 할 필요가, 그게 무슨 효과가 있는가 하는 생각도 들고, 나 스스로 그게 안 되더라고. 어차피 공부는 애들이 하는 거니까. …… 사회과 수업이라는 게 그렇게 해야 하지 않나 싶어. 조사 토의학습 중심으로. 그렇게 수업을 전개해야 되는 것이 애들이 학습하는 태도가 아닌가? 나는 그렇게 생각하고 수업을 해요.

즉 교원들은 사회과는 학생들이 직접 가서 보고, 듣고, 경험하는 교과이므로 수업도 학생들로 하여금 직접 가서 보고, 듣고, 경험하도록 해야 한다고 생각한다. 그리고 그렇게 하기 위해서는 학생들이 조사하고 찾아보는 능력을 갖추고 있어야 하며, 그런 능력은 교원이 일방적으로 설명해서는 가르칠 수 없으므로 학생들로 하여금 직접 해보도록 해야 한다는 것이다.

4) 역사 학습의 의미와 교육 정책

태산초등학교 6학년 교원들이 학생들에게 가르쳐야 한다고 생각하는 것 가운데 역사의 흐름과 민족 의식은 국가 교육과정이나 교과서의 내용과 무관하게 교원들이 중요하게 여기는 것이다. 특히 역사의 흐름에 대한 강조는 교과서를 집필한 사람들의 의도와는 부합하지 않는다. 교과서 집필자들은 역사상의 사건들을 주제별로 선정하고, 그 주제 안에서 시간의 흐름에 따라서 사건들을 배치했다. 이것은 학생들로 하여금 역사를 단순한 과거 사건의 나열로서만 인식하지 않고 동일한 주제의 과거 사건 속에서 그 주제와 관련된 시사점을 얻기를 기대한 결과이다.

그러나 태산초등학교 교원들은 과거에 학생들에게 역사를 가르쳐 본 경험에 비추어 볼 때 학생들에게 그러한 학습을 기대하는 것은 무리이다. 학생들이 그러한 학습을 하려면 각 사건의 맥락을 알아야 하고, 그 맥락 가운데 중요한 것이 시간이다. 그런데 학생들이 각 사건들 사이의 시간상 선후 맥락을 파악하지 못한 상태에서 역사적 사건들을 대하면 현실과 동떨어진 가상의 사건을 대하듯이 하게 된다. 그것은 결국 소설 속의 사건들을 소재로 삼는 것과 다르지 않게 되고, 그로부터 도출된 시사점 역시 공허하게 된다. 태산초등학교 교원들은 이런 문제를 피하기 위해서 학생들이 역사의 흐름은 반드시 알아야 한다고 생각한 것이다.

그 점은 학생들이 역사 수업을 통해서 민족 의식을 형성하는 것이 중요하다고 생각하는 것과도 연관되어 있다. 학생들이 교과서가 제시하는 바대로 역사를 학습하면 우리 역사의 유구한 흐름을 인식하는 데 한계가 있고, 그에 따라서 학생들 자신이 그러한 역사의 흐름 속에 존재한다는 인식을 하기 어렵게 된다. 그 대신 과거의 사건을 소재로 삼아서 현재 자신의 문제에 더 주목해서 시사점을 얻도록 하는 데 치중하도록 한다. 그것은 학생들로 하여금 자신이 민족의 일원이며 역사적 존재라는 인식을 하기 어렵게 하는 것이기도 하다.

이런 이유에서 태산초등학교 교원들은 학생들이 배워야 할 것으로서 역사의 흐름과 민족 의식을 강조한다. 이것은 역사 학습의 의미와 목적에 관한 교원들의 사고가 반영된 것이기도 하다.

이에 비해서 태산초등학교 교원들이 학생들에게 공부하는 방법을 가르쳐야 한다고 생각하게 된 것은 중앙 정부의 교육 정책의 변화와 관련이 있다. 교육청이나 교육구청에서는 교육 개혁 정책의 당위성과 방향을 교원에게 홍보하기 위해 각종 연수를 실시하고, 교원들은 거기에 의무적으로 참여해야 한다. 연수를 통하여 교원들은 미래 사회에 대비하기 위해서는 학생들에게 단순히 지식을 외우게 하기보다는 학습하는 방법을 가르치고 실지로 가서 해보도록 해야 한다는 주장을 듣는다. 그리고 교원은 상급 기관에서 지시하는 각종 교육 개혁 시책을 거부할 수 없다. 상급 기관에서는 각 학교에 일제 고사를 폐지하고, 열린 수업을 하고, 한 달에 한 번씩 현장 학습을 가라고 지시한다. 학교와 교원은 그 지시에 따른다. 그러는 가운데 교원들은 점점 교육은 미래 사회에 대비하는 일이므로, 학생들에게 현재의 지식이 아닌 공부하는 방법을 가르쳐야 한다고 믿게 된다.

특히 상급 기관의 지시 중에서 교원으로 하여금 공부하는 방법을 가르쳐야 한다는 생각을 하도록 결정적 조건을 제공한 것은 일제 고사의 폐지 지시이다. 서울시교육청에서는 1994년에 초등학교 1, 2학년은 일제 고사를 보지 말고, 나머지 학년은 한 학기에 한 번씩만 보도록 지시했다. 뒤이어 1995년에는 초등학교에서는 모든 종류의 일제 고사를 없애도록 지시했다.

그런 지시가 있기 전까지 서울 시내 대부분의 학교에서는 적어도 한 학기에 두 번 전 학년이 같은 날에 전 과목을 대상으로 일제 고사를 치뤘으며,[1] 그런 시험이 없는 달에는 "월말 고사"[2] 또는 "산수 경시 대회"[3]를 치뤘다. 그리고 시험을 마치면 학교에서는 성적이 우수한 학생을 표창했으며, 표창받는 학생이 많은 반의 담임 교원은 우수한 교원으로 인정받았다. 또한 교장은 학급별로 성적을 통계내어 그 결과를 교원의 근무 성적을 평가하는 자료로 삼고, 성적이 저조한 학급의 담임 교원을 질책하기도 했다. 이런 상황에서 각 학급의 담임 교원들은 시험이 다가오면 상업적 출판사에서 무료로 제공되는 시험지로 모의 시험을 보았으며, 수업도 시험을 대비하는 방식으로 했다. 다음은 그 한 예이다.

김인순: 옛날에는 시험 보고 전체적으로 성적을 비교하고 그랬잖아요. 그러니까 애들 주입을 안 시킬 수 없어. 왜냐하면 우리 반 학력을 높여야 하

---

1) 학기 중간에 실시하는 중간 시험과 학기 말에 실시하는 기말 시험을 가리킨다.
2) 매월 말에 전 과목을 대상으로 실시하는 지필 평가이다.
3) 산수 과목만 대상으로 치르는 지필 평가이다.

> 니까. 그래 가지고 집중적으로 시키고 외우고 그런 경우가 많았는데, …… 그전에 시험봤을 때는 이렇게 안 했거든요. 그냥 과제 학습을 주고 잘 외워오라는 식으로 하면서 암기식도 같이 하는 거지. 예를 들면 쪽지 시험을 본다든지, 책을 잘 읽어보라고 해서 괄호 넣기를 쭉 한다든지 그런 식으로.

위의 인용문에서 알 수 있듯이 일제 고사를 폐지하기 전에는 많은 교원들이 학생들로 하여금 거의 맹목적으로 교과서의 내용을 외우게 하는 방식으로 수업을 했다. 서울시교육청은 그런 방식의 수업을 통해서는 미래 사회에 대비하는 교육을 할 수 없다는 판단하에 그 문제를 해결하는 방안으로 각 초등학교에서 일제 고사를 폐지하고, 주관식 평가나 수행평가를 하도록 지시한 것이었다.

서울시교육청의 그러한 지시가 있고 난 뒤 초등학교의 교원들은 학생들과 함께 시험의 압박에서 벗어날 수 있었고, 주관식 평가나 수행평가를 하기 위해서는 교과서의 내용을 외우게 하는 대신 공부하는 방법을 가르쳐야 한다는 생각을 하게 되었다. 물론 교원들은 일제 고사가 폐지되기 전에도 공부하는 방법을 가르쳐야 한다는 생각을 하고 있었지만, 수업 시간에 그것을 실지로 가르치지는 않았다. 그러다가 일제 고사가 폐지됨으로 인해서 공부하는 방법을 가르쳐야 한다는 생각은 실제 수업에도 반영되게 되었다. 김인순 교원의 다음의 진술은 이 점을 확인해 준다.

김인순: 제일 큰 계기는 시험이 없어진 거예요. 만약에 지금도 여전히 시험을 본다면 내가 애들을 주입식으로 안 가르칠 수가 없지. 시험이 없어졌고 시험 볼 필요가 없으면 내가 내 맘대로 수업을 전개할 수가 있지. 시간의 제약을 받지 않고. 예를 들면 단원이 늦어지더라도. …… 시험이 없어지고 시험 보는 횟수가 한두 번이다 그러면 내가 진도를 늦게 가더라도 내가 차근차근 연차적으로 가지. 만약에 진도가 있다고 하면 우리 교원들이 그렇잖아요, 예를 들면 세 시간 공부해야 할 것을 한 시간에 몰아칠 수 있잖아요. 그런 것이 제일 큰 계기가 된 것 같아요.

이처럼 태산초등학교 교원들은 중앙 정부나 교육청의 교육 정책의 변화에 따라서 학생들에게 교과서의 내용을 맹목적으로 암기하게 하는 대신 공부하는 방법을 가르쳐야 한다는 생각을 더욱 강하게 하게 되었다.

2. 재미있게 해야 한다

태산초등학교 6학년 교원들이 사회과 역사 단원 수업을 통해서 실현하고자 하는 또 다른 이상은 수업을 재미있게 해야 한다는 것이다. 학교에서 교원이 교과를 가르쳐야 하는 대상은 학생이다. 그런데 현재 학교의 환경에서 학생들은 자신에게 재미가 없거나, 힘들거나, 복잡해 보이면 어떤 교과의 수업이건 관심을 보이지 않는다. 학생들은 수업 시간에 교원 혼자서만 설명하면 지루해하고, 교원이 자신을 존중하지 않는다고 생각한다. 그리고 학생들은 교원이 수업을 재미없게 하기 때문에 자신이 수업에 집중하지 않는다고 말하며, 수업을 재미있게 해달라고 교원에게 요구한다.

1) 이야기

학생이 사회과에 재미를 느끼게 하기 위한 방안 중의 하나는, 교원이 학생들에게 재미있는 이야기를 들려주듯이 수업하는 것이다. 교원들은, 학생들이 교과 내용을 배우는 것은 싫어하지만 일상생활에서 일어나는 일에 관한 이야기나 옛날이야기를 좋아하므로, 학생들에게 재미있는 이야기를 들려주듯이 수업을 하면 학생들이 사회 수업에 재미를 느낄 것이라고 생각한다.

송혜선: 나는 항상 사회과는 재밌게 이야기식으로 하는 것을 좋아한다고요. 사회과 1학기는 역사잖아요, 재미있는 옛날이야기식으로 가르치고 싶은데 정말 그러면 얼마나 재미있어요.

이 밖에도 교원들은 사회 교과를 재미있게 가르치기 위해서 학생들이 재미있어하는 이야기, 사례, 농담 등을 수업의 내용에 포함시키기도 한다.

2) 발표

태산초등학교 교원들이 사회 교과를 재미있게 가르치기 위한 또 다른 방안은 수업 시간에 학생들로 하여금 발표할 수 있는 기회를 많이 줌으로써 학생들로 하여금 다양하고 참신한 이야기를 서로 주고받도록 하는 것이다. 그렇게 함으로써 수업의 분위기가 밝아지고 웃을 수 있는 기회도 많아지게 한다. 아래는 그와 관련된 내용이다.

김성순: 그리고 애들이 선생님보다 창의성이 더 좋아요. 그래서 항상 발표를 시키다보면 제가 요구한 답보다도 더 한 답이 나와요. 그러다보면 학습 분위기가 좋아지죠. 웃기는 얘기도 나오고, 참 기발한 얘기도 나오고.

특히 학생들이 자신의 생각을 말할 수 있는 방식으로 수업을 함으로써 학생들이 사회과 수업을 재미있는 시간으로 여기고 적극적으로 학습하게 되기를 기대한다. 한 학생은 그 점을 다음과 같이 말한다.

탐구자: 유연이는 어떤 점 때문에 사회가 재미있냐?

유 연: 토론하고 애들이 얘기하는 거요. 그런데요 5학년 때는요, 맨날 사회를 외워놓고서 시험 보고, 외워놓고 시험 보고 하니까요 정말 재미없었거든요. 지루하고요. 요즘은요 자기 생각을 토론하고 그러니까 재미있어요. 머리에 쏙쏙 들어와요.

요컨대, 교원들은 수업을 재미있게 해야 한다고 생각한다. 그러기 위해서는 교원이 학생들에게 재미있는 이야기를 자주 들려주거나 학생으로 하여금 발표를 많이 하도록 해야 한다고 생각한다. 그렇게 함으로써 학생들로 하여금 사회과 수업에 적극 참여하고 교원이 가르치고자 하는 것을 배울 수 있기를 기대한다.

3) 학생의 요구와 국가의 요구

학생에게 교과를 가르쳐야 하는 처지에 놓여있는 교원은 학생이 수업에 집중할 때 비로소 수업이 가능하다는 것을 알기 때문에, 학생이 우선 교과에 관심을 갖게 하기 위해서 학생의 요구와 흥미를 파악하고 그 요구를 수용할 수 있는 방식의 수업을 모색하게 된다. 그리고 교원은 학생이 재미있는 이야기를 좋아하고 각자의 의견을 발표할 수 있기를 바란다는 것을 여러 경로를 통해서 알게 되고, 학생이 재미있어하는 이야기를 수업 중에 들려주고 학생들로 하여금 자주 발표하게 해서라도 수업에 관심을 보이게 해야 한다고 생각한다. 즉 교원은 학생에게 교과를 가르치려면 재미있게 해야 한다고 생각한다.

교원들이 수업을 할 때 학생들이 재미있게 해야 한다는 생각은 사회과 수업을 할 때 더욱 두드러진다. 교원들은 학생들과의 면담, 학년 초에 학생의 실태를 파악하기 위해서 반별로 실시하는 간단한 설문 조사 등을 통하여 학생 중에 사회과를 싫어하는 학생이 많다는 사실과, 그 이유가 학생들 대부분이 사회과는 암기 과목이라고 생각하기 때문이라는 사실을 알게 된다. 그래서 교원은 학생들이 사회과를 좋아하게 하기 위해서는 사회과가 암기 과목이 아니라는 인식을 심어주어야 하고, 그러기 위해서는 교원이 수업을 재미있게 해야 한다고 생각한다. 그 점을 교원들은 다음과 같이 말한다.

송혜선: 애들이 아직 초등이고 지금 역사 교과서는 수박 겉핥기잖아요. 깊이 아는 것보다 '역사 교과는 재미있는 거다' 이걸 심어주는 게 제 목표거든요. 왜냐하면 그걸 싫어하는 애들이 있거든요. 암기 과목이다 그렇게 생각해 가지고, '딸딸딸 외우는 거다' 이렇게 인식할까봐 그거를 고쳐줄려고요. 역사를 이야기책처럼 공부하면 외우는 부담이 없으니까요.

……

탐구자: 역사를 가르치면서 아이들에게 가르쳐주고 싶은 게 있다면 그게 뭡니까?

송혜선: 역사란 재밌게 공부하는 것이다.

하미선: 역사는 재미있는 거다. 역사 공부는.

그런데 재미있게 해야 한다는 생각은 학생의 요구뿐만 아니라 국가의 요구와도 관련되어 있다. 교원이 학생의 흥미를 고려해야 한다는 주장은 오래전부터 학교 안팎에서 제기되었지만 최근 들어서는 그것이 더욱 강조되고 있다. 초등학교 교육과정만 두고 보면, 제4차 교육과정과 제5차 교육과정에서는 학생의 '발달 정도'와 학교 또는 지역 사회의 실정에 알맞게 교육과정 운영 계획을 세우고, 학생을 지도할 때는 교육과정과 교과용 도서를 지역 사회 및 학교의 실정과 학생의 '수준'에 알맞게 재구성하여 활용하도록 하고 있다. 그런데 1995년부터 부분적으로 시행된 제6차 교육과정에서는 학교 교육과정을 편성하는 데 있어서 학생의 능력과 '요구' 등을 고려하고 지역 사회의 실태 및 특수성, 학부모의 '요구' 등을 반영하도록 명시하고 있다. 그리고 교육 개혁 방안에서는 여기서 한 걸음 더 나아가 "수요자 중심의 교육"을 선언하고, 교원으로 하여금 학생과 학부모의 요구를 더욱 적극적으로 따르도록 홍보하고 지시한다.

국가의 이러한 지시에 의해서 교육의 "수요자"인 학생의 요구는 더욱 적극적으로 표면에 드러나고, 교원은 국가에 의해서 "공급자"로서의 역할을 강요당한다. 이런 상황에서 교원들은 수요자인 학생이 원하는 것이 무엇인지 살피고, 그들이 요구하는 바를 그들이 요구하는 대로 재미있게 가르치는 방법을 다양하게 모색하게 된다. 아래는 그와 관련된 사례들이다.

이성숙: 재미있게 해야 되는데 어떻게 할 수가 없어요. 그래서 그냥 애들 배역 정해가지고 줄거리 녹음했어요. 녹음하고 들려주고. 삽화를 크게 그려가지고 그냥 그렇게만 했지요. 자료가 없어가지고. 국어 수업은 대개 좀 재미가 없어요.

……

배정우: 구르기에는 앞구르기, 뒤구르기, 다리 벌려 앞구르기 등 여러 가지가 있거든요. 이번에는 첫 차시니까 지 마음대로 그냥 굴러다니고, 앞구르기도 해보고, 뒤구르기도 해보고, 다리벌려구르기도 해보고

그런 식으로 하게 했어요. 그리고 인제 모둠별로 경쟁을 시켜서 재미있게 할려고 했고. 그 앞뒤로 노래와 춤을 집어넣었는데, 그 우리 반이 항상 하던 거 그냥 앞뒤로 정리 운동으로 노래와 춤을 집어넣었습니다.

김수민 교감: 우리가 교단에 있어가지고 아이들에게 그 성취 동기가 많이 나올 수 있도록 그런 것들을 많이 좀 만들어 주어야 되지 않겠느냐 그런 생각을 좀 해봅니다. …… 하여튼 아이들이 재미없게 가르친다든지 그래 가지고는 안 되지 않겠느냐 봐지고.

이처럼 태산초등학교 교원들은 사회과를 싫어하고 수업을 재미있게 해달라는 학생의 요구와 학생의 흥미를 존중해야 한다고 강조하는 정부의 정책적 요구 등을 고려하여 수업을 재미있게 해야 한다는 생각을 가지게 되었다.

3. 편해야 한다

1) 수업 준비

태산초등학교의 고학년 교원들이 사회과 수업을 할 때 중요하게 생각하는 또 다른 생각은 편해야 한다는 것이다. 그 점은 태산초등학교 6학년 교원들이 사회 수업을 모두 토의식으로 하게 된 계기를 살펴보면 알 수 있다.

서울에 소재한 공립 초등학교에서는 대부분 1교시가 끝나면 약 10분간 동학년 교원들끼리 "티타임" 시간을 비공식적으로 갖는다. 이 시간은 각 학년의 부장 교원이[4] "간부 회의"[5] 또는 "부장 회의"[6]의 결과나 지시사항을 교원들에게 전달하고, 동학년에서 결정할 사항을 의논하기 위해서 교원들이 모이던 중 굳어진 시간이다. 그 시간에 교원들은 차를 마시기도 하고, 준비해 온 간식으로 출근길에 시달리느라고 허기진 배를 채우기도 하면서, 학교 업무와 관련된 이야기, 교과 지도와 관련된 이야기, 그리고 가정사에 관한 이야기 등을 주고받는다.[7]

태산초등학교 6학년 교원들의 경우에는 이 시간에 학생을 지도하면서 부딪히는 어려움을 하소연하거나, 자신이 사용하는 효과적인 교수 방법과 교수 자료를 다른 교원에게 소개하기도 한다. 하미선 교원이 "토의식 수업"을 다른 교원들에게 소개한 것도 바로 그런 자리에서였다.

하미선: 티타임 시간에 그냥 제가 제의를 했어요. 저는 이렇게 할 건데 필요하시면 말하라고 하니까, 다 하신다고 그러더라고요. 근데 지금 다 하시

---

4) 학교에서는 1996년부터 기존에 사용해 오던 "주임" 대신에 "부장"이라는 호칭을 사용한다.

5) 간부 회의는 매일 수업 전 8시 30분에서 9시 사이에 교장, 교감, 교무부장, 연구부장이 교장실에 모여서 하는 회의이다.

6) 부장 회의는 매주 목요일 오후에 교장, 교감, 교무부장, 연구부장, 윤리부장, 환경부장, 과학부장, 체육부장, 각 학년부장이 참석한 가운데 하는 회의이다.

7) 나는 1995년 12월과 1996년 2월에는 매일, 1996년 3월부터 9월까지는 매주 3~4회 이 자리에 참석했다.

고 계시거든요. 그런데 뭐라고 할까, 편하다고 하시더라고요.

탐구자: 어떤 점에서 편하다는 거죠?

하미선: 우선 일일이 과제 학습을 낼려면 선생님들이 다음 과제 나갈 것을 미리미리 해가지고 다 찾아보고 적어주고 해야 되는데, 그게 한 달분 이렇게 미리 나가니까, '몇 차시 조사' 하면 애들이 그거 보고 조사해 오니까.

김지선: '나한테 이런 자료가 있으니까 필요하신 분은 말씀하세요' 그래서, 모두 '주세요' 그래 가지고 쓰게 됐어요. 그거 가지고 나눠주면 1년이 편하다. 솔직히 말해서, '숙제 내주기 편하다' 그래서 같이 쓰기로 했어요.

위의 말에서 알 수 있듯이 하미선 교원이 다른 교원들에게 토의식 수업을 소개하면서 좋은 점으로 먼저 내세운 것이 "숙제 내주기 편하다."는 점이었으며, 다른 교원들도 바로 그 점 때문에 토의식 수업을 하게 됐다. 그리고 이러한 사실로부터 교원들이 수업할 때 '숙제 내주기에 편한가'의 여부를 중요하게 고려한다는 것을 알 수 있다.

그런데 여기서 "숙제 내주기 편하다"는 말은 단순히 '숙제 내주는 일'이 편리하다는 것만을 가리키는 것은 아니다. 교원들은 보통 매 수업 시간의 말미나 종례 때 교과서, 교사용 지도서, 교원용 참고 도서인 "새교실"이나 "교육자료" 등을 보고 다음 시간에 학생들이 숙제로 해야 할 것을 지시해 준다. 그리고 이와 동시에 다음 시간에 무엇을 가르쳐야 할지도 함께 파악한다. 여기에 소요되는 시간은 보통 짧게는 5분에서 10분 정도이다. 그런데 만일 모든 과목을 이런 방식으로 한다면 교원은 매일 적어도 30분에서 1시간 정도는 이런 일을 하는 데 할애해야 한다. 그런데 매일 "화장실에 갈 틈도 없이 바쁜" 교원들에게 이 시간은 상당히 긴 시간이다. 그리고 거기에는 시간만 소요되는 것이 아니라 교원의 노력까지도 함께 소요된다. 따라서 교원들이 수업할 때 고려하는 편해야 한다는 생각은 수업을 준비하는 데 드는 교원의 시간과 노력을 절약해야 한다는 것을 가리킨다고 보아야 한다. 이러한 점은 다음의 진술을 통해서도 알 수 있다.

배화영: 전에 있던 학교에서는 OHP의 투시판 위에 투명한 필름을 깔아놓고 거기에다 직접 쓰고 지우고 하니까 편하더라고요. TP자료를 만들지 않아도 되니까요.

즉 배화영 교원은 TP자료를 만드는 대신 OHP의 투시판에 직접 글씨를 씀으로써 수업에 필요한 자료를 준비하는 데 별도의 시간과 노력을 들이지 않으려고 하고 있다. 그리고 이 밖에도 교원들은 TP자료를 불가피하게 만들 경우에는 과거처럼 펜으로 쓰는 대신 교과서의 한 부분을 복사해서 쓰는 방법을 택하고 있다. 이런 점들은 모두 교원이 수업 방식을 선정할 때 편해야 한다는 생각, 특히 수업을 준비하는 데 시간과 노력을 적게 들여야 한다는 생각을 따르고 있음을 보여준다.

2) 수업 진행

그리고 편해야 한다는 생각은 수업을 준비하는 데뿐만 아니라 수업을 진행하는 데도 교원의 시간과 노동력을 적게 들여야 한다는 것을 가리키기도 한다. 하미선 교원은 학생들이 토의하는 동안 자신의 책상 앞에 앉아서 토의하는 장면을 물끄러미 바라보거나 자신의 일을 하는 경우가 많았으며, 그 점은 유사한 방식으로 수업을 하는 다른 교원의 경우도 마찬가지이다. 이러한 사실은 토의식 수업을 할 경우에 학생들끼리 토의하는 동안에 교원은 쉬거나 다른 일을 함으로써 시간과 노동력을 확보할 수 있음을 뜻한다. 이러한 사실은 근래에 들어서 많은 교원들이 OHP를 자주 사용하며, 그 이유 중의 하나가 앉아서 수업할 수 있기 때문이라고 말하는 데서도 드러난다. 교원들은 수업 중에 OHP를 사용하면 앉아서 수업할 수 있고, 앉아서 수업하면 서서 수업하는 것보다 힘이 덜 들기 때문에 OHP를 자주 사용하는 것이다.

요컨대, 하미선 교원을 비롯한 여러 교원들은 수업 방식을 선정할 때 편해야 한다는 생각을 중요시하며, 편해야 한다는 것은 '수업을 준비하거나 진행하는 데 교원이 별도로 시간과 노동력을 들이지 않아야 하고, 가능하다면 그것을 줄일 수 있어야 한다.'는 것을 가리킨다.

그런데 태산초등학교 교원들이 편해야 한다는 생각을 가지고 수업 방식을 선정하고, 수업을 진행한다고 해서 그것이 교원 자신의 편리만을 목적으로 하는 것은 아니다. 교원들은 토의식 수업을 하기 위해서는 조사하는 방법, 말하는 방법, 듣는 방법과 태도 등을 학생들에게 가르치는

'불편'을 감수했다. 실지로 하미선 교원은 학년 초에 학생들에게 토의 방법을 가르치기 위해서 많은 노력을 했으며, 학생들이 토의에 많이 참여하게 하려고 상벌 제도를 마련해 두기도 했다. 그리고 그 점은 다른 반 교원들도 마찬가지이다. 만일 교원이 자신의 '편리'만을 고려한다면 그러한 불편한 노력은 하지 않았을 것이다.

3) 근무 여건과 사회적 여건

교원들이 이처럼 수업을 하면서 편해야 한다는 생각을 가지게 된 것은 국가의 요구에 의해서 형성되는 초등학교의 근무 여건, 그리고 교과나 국가에서 요구하는 대로 수업을 할 수 없는 현실적 여건과 관련되어 있다. 초등학교 교원들은 교과를 가르치는 가운데 상급 기관에서 지시하는 업무를 처리해야 하기도 하지만, 상급 기관에서 지시하는 업무를 처리하는 가운데 교과를 가르쳐야 하기도 한다.

그런데 알뜰매장의 예에서 보았듯이 상급 기관에서 지시하는 업무를 처리하는 데는 그와 관련된 여러 가지 일이 있게 마련이다. 그리고 교원들은 상급 기관의 지시 사항을 거부할 수 있는 처지가 못 된다. 또한 초등학교 교원들은 국어 교과를 가르치기도 하고 수학 교과를 가르치기도 한다. 그리고 국어 교과를 가르치기 위해서 교원들은 경영록을 작성하고, 교재를 연구하고, 숙제를 검사하고, 평가하고, 그 결과를 처리하는 등의 일을 해야 한다. 교원들이 만일 이런 일을 소홀히 할 경우에는 교장으로부터 주의를 받거나 상급 기관으로부터 징계를 당하기도 한다.

그러므로 교원들은 이상의 일 중 어느 하나도 소홀히 할 수 없다. 이런 상황에서 교원은 특정한 업무나 교과에 시간과 노력을 집중하기보다는, 제한된 시간과 체력을 각각의 일에 고르게 분산시킬 수 있는 방법을 모색한다. 예를 들면 교원들은 사회과를 제대로 가르치기 위해서는 학생들을 데리고 사회과에서 소재로 다루고 있는 현장에 가서 보고 조사해야 한다. 그런데 직접 가서 조사할 만한 곳이 마땅치 않은 데다가, 현장에서는 학생을 반기지 않는다. 그리고 만일의 사고가 발생할 경우에는 교원이 모든 책임을 져야 한다. 그리고 교원이 이러한 어려움을 모두 감수하고 현장 학습을 가려고 해도 현장 학습을 가기까지에는 계획서를 작성해서 교장의 결재를 받는 등 복잡한 절차를 거쳐야 한다. 그리고 무엇보다 현장 학습으로 손실된 수업 시간을 보충하기 위해서 교원은 별도의 시간과 노력을 들여야 한다. 그런데 그것은 사회 수업을 위해서 다른 교과의 수업 또는 다른 업무를 처리하는 데 요구되는 시간과 노력을 할애해야 함을 뜻한다.

따라서 교원들은 학교의 이러한 근무 여건과 사회적 여건 등에 대처하기 위해서 수업이 편해야 한다고 생각한다. 이때 편해야 한다는 생각은 특정한 교과를 소홀히 하기 위한 것이라기보다는, 모든 교과를 고르게 가르치기 위한 것이다.

이상에서 살펴본 바와 같이 태산초등학교의 6학년 교원들은 수업과 관련하여 '가르쳐야 한다.', '재미있게 해야 한다.', '편해야 한다.'는 생각을 지니고 있다. 교원들은 수업을 통해서 학생들에게 역사의 흐름, 민족 의식, 그리고 공부하는 방법을 가르쳐야 한다고 생각한다. 그런 점들을 가르치기 위해서 수업 시간에 학생들에게 재미있는 이야기를 들려주고, 학생들로 하여금 발표를 많이 하게 해서 수업이 학생에게 재미있어야 한다고 생각한다. 그리고 이런 수업을 하기 위해서 준비하거나 진행하는 데 교원의 시간과 노력을 적게 들여야 한다고 생각한다. 즉 교원들은 자신이 가르쳐야 한다고 생각하는 것을 학생에게 재미있고, 자신에게 편리한 방법으로 가르칠 수 있는 수업을 이상적인 수업이라고 생각한다. 이것은 교원들이 학교의 현실 속에서 형성한 수업의 이상, 즉 수업의 현실적인 이상이다.

제4장

교원의 수업 실천

태산초등학교 6학년 교원들은 사회과 역사 수업을 하는 동안 '가르쳐야 한다.', '재미있게 해야 한다.', '편해야 한다.' 등의 수업에 관한 자신의 이상을 실현하고자 한다. 앞서 살펴본 토의식 수업은 교원들이 자신의 이상을 실현하기 위한 방안이라고 볼 수 있다. 그런데 학교의 환경은 교원들이 수업에 관한 이상을 실현하는 데 적합하도록 갖추어져 있지 않다. 또한 교원 자신도 그 이상을 실현하는 데 필요한 실력을 다 갖추지 못하고 있다.

교원들이 학교의 현실 속에서 수업에 관한 자신의 이상을 실현하기 위해서는 이러한 문제들을 해결해야 한다. 교원들은 그 문제들을 해결함으로써 토의식 수업을 할 수 있게 되고, 토의식 수업을 통해서 수업에 관한 이상을 실현할 수 있게 된다. 이하에서는 태산초등학교 6학년 교원들이 이상적인 수업을 실현하고자 할 때 어떤 문제 상황에 놓이게 되며, 교원들은 그 문제 상황을 어떻게 해결함으로써 수업의 이상을 실현하는지를 분석하고 추론하여 파악한다.

1. 교원의 문제 상황

1) 이상의 실현

태산초등학교 6학년 교원들은 사회과 역사 단원의 수업을 통해서 학생들에게 역사의 흐름, 민족 의식, 공부하는 방법 등을 가르쳐야 한다고 생각한다. 그것을 학생들에게 재미있으면서 자신에게 편하게 가르치고자 한다. 이것은 태산초등학교 6학년 교원들이 수업을 통해서 실현하고자 하는 수업의 이상이다. 교원들은 이와 같은 이상을 관념으로만 가지지 않고 일상 수업 속에서 실제로 현실화하기 위해서 애쓴다.

그 첫걸음은 그것을 어떤 수업의 방법으로 구체화할 것인지를 결정하는 것이다. 수업은 교원과 학생 사이에 이루어지는 특수한 형태의 상호작용이다. 학교의 수업에서 교원이 가르쳐야 하는 대상으로서 학생은 학교장에 의해서 배정된다. 교원이 가르쳐야 하는 내용과 수준과 양과 속도와 시간 등은 교육과정에 의해서 규정되어 있다. 이와 달리 교원이 학생들에게 교과를 가르치는 방법은 교원에게 상대적으로 자율적인 영역으로서 허용되어 있다. "교원은 가르치는 방법의 전문가다."라는 말은 이 점을 두고 하는 것이다. 교원들은 교과의 내용을 학생들에게 구두로 설명하여 전달할 수도 있고, 학생들이 스스로 조사하여 학습하도록 할 수도 있고, 현장의 체험을 통하여 학습하도록 할 수도 있다. 수업의 방법에 따라서 교원과 학생이 수업 중에 수행하는 활동이 달라지고, 그에 따라서 수업의 형태도 달라진다. 교원이 어떤 수업의 방법을 선택하는가에 따라서 교원은 수업의 이상을 용이하게 실현할 수도 있고 그렇지 않을 수도 있다.

태산초등학교 6학년 교원들은 토의식 수업에 의해서 수업에 관한 그들의 이상을 실현하고자 한다. 토의식 수업은 학생들의 발표와 토의를 중심으로 이루어지므로 학생들은 발표하는 과정에서 수업에 주도적으로 참여하게 된다. 그 과정에서 학생들은 자신이 존중받는다고 생각하고 발표하고 토의하는 일에 재미를 느끼기도 한다. 또한 학생들은 그 과정에서 교원이 가르치고자 하는 것을 간접적으로 학습하고, 교원은 수업 시간 내내 교과의 내용을 학생들에게 설명하느라고 힘들이지 않아도 된다. 그런 점에서 토의식 수업은 수업에 관한 교원의 이상을 실현하는 적절한 방법이다.

그런데 교원들이 토의식 수업을 선택하는 것만으로 수업의 이상을 실현할 수 있는 것은 아니다. 토의식 수업 역시 아직은 교원의 관념 속에 머무르는 것이다. 그것을 학교의 현실 속에서 일상적인 수업으로 구체화하는 것은 그것을 관념으로서 가지는 것과는 질적으로 다른 종류의 일이다. 그것은 머릿속에 관념으로서 존재하는 삼각형을 눈에 보이는 모습으로 구체화하는 것은 삼각형을 관념 속에서 상상하는 것과는 질적으로 다른 종류의 일인 것과 마찬가지다.

관념으로서의 삼각형은 세 개의 직선으로 이루어진 도형을 머릿속에서 상상하는 것만으로 존재하지만, 그것이 눈에 보이도록 하기 위해서는 작도라는 구체적인 행위를 해야 한다. 그리고 그 작도 행위를 하기 위해서는 몇 가지 실제적인 문제들을 해결해야 한다. 어디에 그릴 것인지, 어떤 필기구를 사용할 것인지, 어떤 자를 이용할 것인지, 언제 그릴 것인지, 어디에서 그릴 것인지 등과 같은 문제들을 해결해야 한다. 이런 문제들에 대한 해답은 주어진 현실의 조건 속에서 찾아야 한다. 그리고 무엇보다도 여러 도구들을 이용하여 삼각형을 그릴 줄 알아야 한다.

이와 마찬가지로 교원이 자신의 관념 속에 존재하는 수업의 이상을 토의식 수업의 방법에 의해서 현실의 수업이 되도록 하려면 수업의 과정에서 교원과 학생이 토의식 수업에 알맞도록 활동해야 한다. 그리고 그렇게 할 수 있으려면 적어도 다음 세 가지 문제를 해결해야 한다.

첫째는 교원이 수업의 이상을 실현하는 데 적합하도록 교실 밖의 환경에 어떻게 대처하고 구성할 것인가의 문제이다. 교원은 학교에서 학생들에게 교과를 가르치는 일을 하도록 고용된 공무원이지만, 교원이 학교에서 수업만 할 수 있는 것은 아니다. 교원은 학교에서 학생의 입학, 전학, 졸업, 지도 계획 수립, 평가, 생활기록부 작성 등과 같은 학사 업무와 각종 공문 작성 등의 행정적인 업무를 처리해야 한다. 그리고 수업 외에 현장 학습, 체육 대회, 학예회 등과 같은 행사를 준비하고 운영하기도 해야 한다. 이런 일상적인 업무 외에도 교육청이나 교육부가 하달한 정책 업무도 이행해야 한다. 연구학교나 시범학교인 경우에는 관련 업무를 나누어 맡아서 해야 하기도 한다. 그 밖에도 학부모나 지역 사회의 요구를 듣고 반영해야 하기도 한다.

이러한 학교의 현실은 교원으로 하여금 수업에만 전념할 수 없게 만들고, 그만큼 교원은 수업의 이상을 실현하기 어렵게 된다. 그러므로 교원이 수업에 관한 자신의 이상을 실현하려면 수업에 전념할 수 없도록 하는 외부의 환경에 적절히 대처함으로써 안정적으로 수업할 수 있는 환경을 구성해야 한다.

둘째는 교원이 실현하고자 하는 이상적인 수업의 방법에 알맞도록 학생이 참여하고 활동하도록 하려면 어떻게 해야 하는가의 문제이다. 수업은 교원의 교수 활동만으로 이루어지지 않는다. 교원의 교수 활동의 짝으로서 학생의 학습 활동이 적절히 연결될 때 수업이 이루어진다. 그러므로 교원이 이상적인 수업을 실현하려면 학생의 학습 활동이 이상적인 형태로 이루어져야 한다. 특히 토의식 수업은 학생들이 학습해야 하는 내용을 교원이 언어적으로 설명하여 전달하는 대신 학생들이 토의 활동을 통해서 학습하도록 한다. 이런 토의식 수업을 통해서 교원의 이상을 실현할 수 있으려면 학생들이 토의 활동에 적극적이고 적절하게 참여할 수 있어야 한다. 학생들이 토의의 주제나 초점을 적절히 선정하고, 그와 관련해서 타당한 근거를 제시하는 가운데 자신의 주장을 논리적으로 제시할 수 있어야 한다.

그런데 교원이 토의식 수업의 방법을 선택했다고 해서 학생들이 토의식 수업에 알맞도록 수업에 참여하고 활동할 수 있는 것은 아니다. 학생들은 아직 토의하는 일에 서투르고, 자신의 주장을 적극적으로 제시하는 데에 주저하기도 한다. 그러므로 교원은 토의식 수업을 하기 위해서 학생들로 하여금 토의 활동에 적절히 참여하고 활동하도록 하려면 어떻게 해야 하는지의 문제를 해결해야 한다.

셋째는 교원이 추구하는 이상적인 수업을 실현하는 데 필요한 실력을 갖추려면 어떻게 해야 하는가의 문제이다. 태산초등학교 6학년 교원들은 수업을 토의식으로 함으로써 수업에 관한 이상을 실현하고자 한다. 그런데 교원이 토의식 수업 방법을 선택하는 일과 그것을 적절히 운영하는 것은 별개의 일이다. 토의식 수업을 통해서 이상적인 수업을 실현하려면 교원이 거기에 알맞은 교수 활동을 할 수 있어야 한다. 토의식 수업은 교원 중심의 설명식 수업과 달리 학생의 토의 활동이 중심이 된다. 따라서 수업 중에 수행하는 교원의 역할이 기존의 설명식 수업과는 다르다. 그중의 핵심은 교원이 학생들에게 토의하는 방법과 절차 등을 적절히 안내하고 지도해야 한다는 것이다. 그것을 안내하고 지도할 수 있으려면 교원 자신이 먼저 토의의 방법과 절차 등을 알고 있고 할 수 있어야 한다. 그와 함께 사회과 역사 단원의 수업에서 토의의 주제나 소재가 되는 역사에 관해서도 잘 알고 있어야 한다. 그 밖에 학생들을 재미있게 할 수 있어야 하고, 학생들이 적극적으로 참여하도록 유도할 수 있어야 한다. 또한 학생들 사이의 토의가 적절히 이루어질 수 있도록 조정할 수도 있어야 한다.

그런데 교원들은 그동안 토의식 수업을 해 본 경험이 많지 않다. 그 자신이 본격적인 토의를 해 본 경험도 많지 않다. 학교의 회의는 대부분 지시를 전달하는 자리이고, 토의나 토론이 이루어지는 경우는 아주 드물다. 6학년을 처음 지도하는 교원은 역사와 관련된 지식이 풍부하지 않기도 하다. 그러므로 교원이 토의식 수업을 통해서 수업의 이상을 실현하고자 한다면 자신이 토의식 수업을 적절히 운영할 수 있는 교원이 되려면 어떻게 해야 하는지의 문제를 먼저 해결해야 한다.

요컨대 태산초등학교 6학년 교원들이 자신이 생각하는 이상적인 수업을 토의식 수업의 방법에 의해서 현실화하기 위해서는 교실 밖 학교의 환경을 그 이상을 실현하는 데 알맞도록 구성하고, 학생들이 이상적인 수업에 부합하도록 참여하고 활동할 수 있어야 하며, 교원 자신도 이상적인 수업에 알맞도록 활동할 수 있어야 한다. 교원은 이러한 문제를 해결함으로써 수업에 관한 자신의 이상을 현실화할 수 있다.

2) 역설적 문제 상황 (1)

토의식 수업을 통해서 이상적인 수업을 실현하고자 하는 교원의 관점에서 보면 그가 근무하고 있는 학교나 담당하고 있는 학급은 그 이상을 실현하는 데 적합한 환경을 제공하지 않고 있다. 학교는 교원으로 하여금 수업 외의 다른 일을 하지 않을 수 없도록 요구하고, 학생들은 토의할 수 있도록 준비되어 있지 않다. 또한 교원 자신도 토의식 수업을 하는 데 필요한 능력을 충분히 갖추고 있지 못하다. 그러함에도 불구하고 교원은 토의식 수업을 통해서 자신의 이상을 실현하고자 한다.

이러한 상황은 아이가 아직 자전거를 탈 줄 모르고 자전거도 없으면서 잡다한 물건이 널려있는 좁은 마당에서 자전거를 타고 싶어 하는 것과 닮아 있다. 자전거를 탈 줄 모르면서 자전거를 타고 싶어 하거나, 자전거가 없으면서 자전거를 타고 싶어 하거나, 자전거를 탈 장소가 없는데도 자전거를 타고 싶어 하는 것은 논리상으로는 모순이다. 자전거를 탈 줄 모르거나, 자전거가 없거나, 자전거를 탈 장소가 없다면 자전거를 타고 싶어 하지 않아야 하기 때문이다. 그렇지만 실제로는 자전거를 탈 수 없음에도 불구하고 자전거를 타고 싶어 할 수는 있다. 또한 아이가 자전거를 마련하고, 자전거 타는 법을 익히고, 자전거를 탈 수 있도록 마당을 정리한다면 자전거를 탈 수 있게 되기도 한다. 그러므로 자전거를 탈 줄 모르거나, 자전거가 없거나, 자전거를 탈 장소가 없는데도 자전거를 타고 싶어하는 것은 논리적으로는 모순이지만 실제로는 가능하다는 점에서 역설적인 문제 상황이다.

이러한 역설적 문제 상황은 두 가지 방식으로 해결 가능하다. 하나는 기술적 해결(技術的 解決)의 방식이다. 이것은 문제를 해결하는 데 필요한 실력을 형성하는 대신 문제 상황을 해소하는 데만 초점을 둔 해결의 방식이다. 자전거를 탈 줄 모르는 아이가 자전거를 타고 싶어 할 때 다른 사람의 자전거 뒤에 타거나 자전거 타는 것을 포기하는 것이다. 다른 하나는 성찰적 해결(省察的 解決)의 방식이다. 이것은 문제를 해결하는 데 필요한 실력을 형성함으로써 문제를 해결하는 방식이다. 자전거 탈 줄 모르는 아이가 자전거를 탈 수 없는 것은 자신이 자전거를 탈 줄 모르기 때문이라는 것을 인정하고, 자전거 타는 법을 익혀서 자신이 직접 자전거를 타는 것이다.

이와 마찬가지로 태산초등학교 6학년 교원들이 현재의 학교 환경 속에서 토의식 수업을 통해서 수업의 이상을 실현하고자 하는 것은 역설적 문제 상황이다. 교원들이 토의식 수업을 하는 데 필요한 실력을 충분히 갖추지 못한 가운데 수업에만 전념할 수 없는 학교의 환경에서 토의할 준비가 되어있지 않은 학급의 아이들과 함께 토의식 수업을 통하여 수업의 이상을 실현하고자 하는 것은 논리상 모순이다. 교원이 토의식 수업을 하는 데 필요한 실력을 갖추지 못했거나, 학생들이 토의할 준비가 되지 않았거나, 학교가 교원으로 하여금 수업에 전념할 수 없게 한다면 토의식 수업을 시도하지 않아야 하기 때문이다.

그렇지만 실제로는 교원이 토의식 수업을 할 수 없는 상황임에도 불구하고 토의식 수업을 시도할 수는 있다. 또한 교원들이 토의식 수업에 필요한 능력을 갖추고, 학생들이 토의할 줄 알도록 지도하고, 교원이 수업에 전념할 수 있도록 학교의 환경을 변화시킬 수 있다면 토의식 수업을 할 수 있게 되기도 한다. 그런 점에서 태산초등학교 6학년 교원들이 학교의 환경과 학생의 준비와 자신의 실력 등이 모두 갖추어지지 않은 상태에서 토의식 수업을 통해서 수업의 이상을 실현하고자 하는 것은 논리적으로는 모순이지만 실제로는 역설적인 문제 상황이다.

태산초등학교 6학년 교원들은 이러한 역설적 문제 상황을 기술적으로 해결할 수도 있고, 성찰적으로 해결할 수도 있다. 기술적으로 해결하는 경우는 현재 학교의 환경과 학생의 수준과 자신의 실력이 허용하는 범위 내에서 자신의 수업의 이상을 실현하는 것이다. 그것은 자신이 실현하고자 하는 수업의 이상 가운데 일부만 또는 표층적으로만 실현하는 것이기도 하다. 다른 면에서 보면 그것은 자신이 실현하고자 하는 수업의 이상을 축소하거나 변경하는 것이기도 하다. 성찰적 해결은 수업에 관한 자신의 이상을 실현하고자 하는 과정에서 자신에게 부족한 점을 인식하고 그와 관련하여 자신의 실력을 형성하는 것이다. 토의식 수업을 통해서 수업의 이상을 실현하고자 할 때 자신에게 부족한 점이 무엇인지 인식하고 그것을 형성하거나 개선하는 것이다. 그렇게 형성한 새로운 실력에 의해서 학교의 환경이나 학생의 수준의 문제를 해결함으로써 수업의 이상을 실현하는 것이다.

요컨대 태산초등학교 교원들은 현재의 학교 환경 속에서 토의식 수업에 의해서 수업의 이상을 실현하고자 함으로써 역설적 문제 상황에 놓이게 된다. 그들이 수업의 이상을 실현하고자 한다면 이러한 역설적 문제를 해결해야 한다. 태산초등학교 교원들은 이 문제를 기술적인 방식으로 또는 성찰적인 방식으로 해결함으로써 수업에 관한 자신의 이상을 현실 속에서 실현해 가고자 한다.

3) 문제 해결 전략

태산초등학교 6학년 교원들이 토의식 수업을 통해서 자신이 추구하는 이상을 실현하기 위해서 해결해야 하는 문제들은 세 가지 서로 다른 대상과 주로 연관되어 있으며, 교원들은 그 대상에 따라서 서로 다르게 대처한다.

교원이 수업의 이상을 실현하는 데 적합하도록 교실 밖의 환경에 대처하고 구성하기 위해서는 학교장이나 교육청, 그리고 교육과정이나 정부 등을 대상으로 삼아야 한다. 이들에 대해서 교원은 순응하거나 타협하는 방식으로 대처함으로써 문제를 해결한다. 관리자나 상급 기관의 지시에 순순히 따르거나 표면상으로만 또는 부분적으로만 지시에 따르는 것이다. 기술적인 방식으로 문제를 해결하는 것이다.

교원이 교실 안에서 학생들과 함께 토의식 수업을 운영하기 위해서는 학생들을 대상으로 삼아야 한다. 이들에 대해서 교원은 적응하도록 요구하거나 타협하는 방식으로 대처함으로써 문제를 해결한다. 한편으로는 교원이 수업의 방식을 결정하고 학생들에게 따르도록 요구하고, 다른 한편으로는 학생들의 요구를 수용하거나 학생들의 수업 참여가 다소 기대에 미치지 못하더라도 눈감는 것이다. 역시 기술적인 방식으로 해결하는 것이다.

한편 교원이 토의식 수업을 운영하는 데 필요한 실력을 갖추기 위해서는 자신을 대상으로 삼아야 한다. 이 경우에 교원은 자신에 대해서 성찰하고 성장을 도모함으로써 문제를 해결한다. 자신이 역사적 지식이나 상식이 부족하고 지도 방법이 서투르다는 것을 인정하고 그것을 보완하기 위해서 애쓰는 것이다. 즉 문제를 성찰적으로 해결하는 것이다.

교원들이 이처럼 대상에 따라서 다른 방식으로 대처하는 데는 다음 세 가지 점에 대한 고려가 반영되어 있다.

하나는 자신과 대상 사이의 권력 관계에 대한 고려다. 교원들이 순응하는 방식으로 대처하는 대상은 학교장이나 교육청, 교육과정과 정부 등이다. 교원은 이들의 지시와 감독하에 학급의 학생들에게 교과를 가르친다. 교원들이 순응하는 까닭은 정부에 의해서 고용되었기 때문이기도 하지만 그들에 비해서 절대적이라고 할 만큼 약한 권력을 가졌기 때문이다. 만약 교원이 학교장이나 정부보다 더 강한 권력을 가졌다면 자신의 수업 이상을 실현하는 데 알맞도록 학교나 교육과정 등의 변화를 요구했을 것이다. 그 점은 교원이 학생들에 대해서는 교원이 결정한 토의식 수업의 방법에 따라서 학습하도록 요구하는 데서도 알 수 있다. 교원이 학생들의 의견을 묻지 않고 수업의 방법을 토의식으로 결정하고 학생들에게 따르도록 요구할 수 있는 것은 상대적으로 더 강한 권력을 가졌기 때문이다.

그런데 교원은 자신보다 강한 권력을 지닌 학교장이나 정부에 대해서뿐만 아니라 자신보다 약한 권력을 지닌 학생과 타협하기도 한다. 그 타협의 목적은 자신이 추구하는 이상적인 수업을 실현하는 데 있다. 학교장이나 정부의 지시나 요구에 대해서 모두 순응하는 방식으로 대처하면 자신이 추구하는 이상적인 수업을 실현하는 데 필요한 시간과 노력을 확보할 수 없다. 그렇다고 해서 그것을 모두 거부하면 공무원으로서의 역할을 부정하는 셈이 되고, 그것은 어떤 수업도 하지 못하게 되는 결과를 초대한다. 그런 까닭에 학교장이나 정부의 지시나 요구를 표면상으로만 또는 부분적으로만 이행함으로써 비록 충분하지는 않지만 이상적인 수업을 실현하는 데 필요한 시간과 노력을 확보하는 것이다.

교원이 자신보다 상대적으로 약한 권력을 지닌 학생들과 타협하는 것도 같은 이유다. 학교에서 교원은 학생보다 강한 권력을 지니고 있으므로 학생들에게 지시하거나 요구할 수 있다. 그런데 토의식 수업은 학생들이 자발적으로 토의에 참여해야 성공적으로 이루어질 수 있다. 교원이 학생들에게 일방적으로 지시하거나 요구하기만 해서는 교원이 추구하는 이상적인 수업을 실현할 수 없다. 그래서 교원은 학생의 요구를 수용하기도 하고, 부족한 점을 눈감아 주기도 함으로써 학생들이 자발적으로 토의에 참여하도록 한다.

다른 하나는 문제를 해결하는 데에 허용되는 시간에 대한 고려다. 학교에서 교원은 중앙 정부가 정한 교육과정에 따라서 학생을 지도해야 한다. 공무원인 교원은 이 규정을 따라야 한다. 교원은 그 규정에 따라서 정해진 내용을 정해진 시간 동안 학생들에게 가르쳐야 한다. 교원에게 시간이 무한정 주어진 것이 아닌 것이다. 특히 학교의 시간은 연간 진도 계획과 주별 시간표에 따라서 기계적으로 흘러간다. 그에 따라서 새로운 할 일이 규칙적으로 주어진다. 교원이 처리해야 하는 업무에는 기한이 정해져 있으며, 학생에게 가르쳐야 하는 내용에 할애된 시간도 정해져 있다. 교원에게 시간이 충분히 주어져 있다면 지시나 업무를 표면상으로만 또는 일부만 처리하지 않을 것이다. 학생들이 토의하기 위해서 발표하는 내용이 부실하거나 토의가 요식에 치우친다는 것을 알면서도 눈감고 넘어가지 않을 것이다. 만약 업무를 충실하게 처리하고, 학생의 부족한 점을 하나하나 지도하여 수정하고자 한다면 교원은 정해진 시간 내에 교육과정에 주어진 교과의 내용을 학생들에게 가르칠 수가 없게 된다. 교원이 학교장이나 정부뿐만 아니라 학생들과도 타협의 방식으로 문제를 해결하는 것은 이러한 시간을 고려하지 않을 수 없기 때문이다.

또 다른 하나는 현재 주어진 시간과 상대와의 권력 관계 속에서 문제를 해결하는 데 필요한 실력을 자신이 적절히 갖추고 있는지의 여부에 대한 고려다. 학교에서 교원이 이상적인 수업을 실현하는 과정에서 당면하는 문제를 해결하기 위해서는 상대에게 자신의 이상을 관철할 수 있는 권력과 충분한 시간이 주어지는 것만으로는 충분하지 않다. 그것은 필요조건이지 충분 조건은 아니다. 그러한 조건이 주어졌다고 해도 교원 자신이 현재 그 문제를 해결하는 데 필요한 정보, 기술, 방법, 안목 등을 알고 있지 못하면 적절히 대처하고 해결할 수 없다. 그것은 마치 아이가 자전거도 있고 적당한 공터가 있어도 자전거 타는 방법을 모르면 자전거를 탈 수 없는 것과 마찬가지다.

그러므로 교원은 문제 해결에 앞서 자신이 그 문제를 해결하는 데 필요한 실력을 갖추고 있는지의 여부를 살피지 않을 수 없다. 그것의 유무나 정도에 따라서 문제와 관련된 상대에게 다르게 대처하고 문제를 해결

한다. 자신이 문제 해결에 필요한 실력을 갖추고 있다고 인식할 때는 자신의 수업 이상을 실현하기 위해서 상대에 대해서 적극적으로 행위하지만, 그렇지 않을 경우에는 타협하거나 자신의 성장을 도모하는 방식으로 대처한다. 교원이 토의식 수업을 하기로 결정하고 학생들에게 발표하거나 토의하도록 요구하는 것이 전자의 예라면, 자신이 먼저 역사에 대해서 공부하고 연수를 통해서 지도 방법을 익히는 것은 후자의 예다. 결국 교원은 자신의 실력에 대한 인식의 한계 내에서 문제 해결의 방식을 결정하는 것이다.

이처럼 태산초등학교 6학년 교원들은 토의식 수업을 통해서 수업의 이상을 실현하고자 할 때 당면하는 문제들에 대처하고 해결하는 과정에서 문제와 관련된 상대와의 권력 관계, 시간, 자신의 실력 등을 고려한다. 그리고 그 결과 문제와 관련된 상대에 따라서 순응하기도 하고, 타협하기도 하고, 요구하기도 하고, 성찰하고 성장을 도모하기도 한다. 즉 기술적인 방식으로 문제를 해결하기도 하고 성찰적인 방식으로 문제를 해결하기도 하는 것이다.

2. 환경의 구성

1) 명예퇴직

교원들은 저마다 자신이 추구하는 수업의 이상을 지니고 있다. 교실이나 학교의 환경이 그 이상을 실현하는 데 적합할 경우에는 그것을 어려움 없이 실제의 수업으로 구현한다. 예를 들면 과거에 교원들이 교과의 내용을 학생들에게 일방적으로 설명하고 학생들에게 그것을 외우도록 요구할 수 있던 것은 학교나 교실의 환경 등이 그렇게 수업하는 데에 적합했기 때문이다. 그러한 환경에서 교원들이 추구하는 이상적인 수업이란 학생들이 이해하기 쉽고 재미있게 교과의 내용을 설명하여 전달하는 것이었다.

그런데 학교나 교실의 환경이 변화함에 따라서 그와 같은 수업의 방식은 적합하지 않은 것이 되었다. 이런 상황에서 교원은 자신의 수업의 이상에 알맞도록 학교나 교실의 환경을 변화시키거나 또는 변화된 학교나 교실의 환경에 알맞도록 자신을 변화시켜야 한다. 그러나 전자는 상상하기도 어렵다. 남은 가능성은 후자이지만, 일부 교원들에게는 후자마저도 쉽지 않다. 이런 상황에서 일부 교원들은 교직을 그만둠으로써 이 문제를 해결하기도 한다.

한동안 교원들 사이에는 학교 시설의 낙후성을 지적하는 말로 "19세기 교실에서 20세기 선생님이 21세기 학생들을 가르친다"는 말이 회자되었다. 그런데 최근 들어서는 그 말이 "21세기 학생을 20세기 교실에서 19세기 선생님이 가르친다"는 말로 바뀌었다. 그것은 최근 몇 년 사이에 국가에서 교육 개혁 사업의 일환으로 모든 교실을 멀티미디어실로 만든다는 계획하에 녹음기, VTR, OHP, 실물 환등기 등을 비치했고, 앞으로 연차적으로 고성능 컴퓨터와 교육용 프로그램을 보급할 계획으로 있기 때문이다. 그리고 국가에서는 교원들에게 수업 중에 첨단 시청각 기기를 사용하고 열린 수업 등을 하도록 계속 요구하고 있다. 이런 까닭에 교원들은 과거의 19세기 교실은 20세기 교실 또는 21세기를 지향하는 교실로 바뀌었지만, 자신들만 시대에 뒤떨어진 사람으로 남게 되었다고 생각하는 것이다. 특히 60세 이후의 원로 교원들은 새로운 교수법 등에 익숙하지 못하고, 교육 개혁 정책에서 요구하는 대로 좇아가기가 어려운 까닭에 하루 빨리 교직을 그만두어야 한다고 생각한다. 실지로 태산초등학교에서는 1996학년도에 4명의 교원이 명예퇴임했다. 50대 중반의 한 남자 교원은 다음과 같이 말한다.

유남근: 나같은 늙은이는 빨리 그만둬야 돼. 요즘 세상은 박 선생처럼 젊은 사람이 자꾸자꾸 올라와서 물갈이를 해야 돼. 나는 60까지만 할텨. 늙어가지고 자리만 차지하고 있으면서 정년 채우면 뭐해.

교직을 그만두겠다는 생각을 하는 것은 30대 후반 또는 40대 초반의 교원들도 마찬가지이다. 이들은 학교에서 가장 많은 일을 맡아서 하는 연령층인 까닭에 업무를 처리하느라고 항상 시간에 쫓긴다. 그런데 요즘 들어서는 업무가 전에 없이 많아지고, 학생들 또한 예전처럼 교원의 지시에 잘 따르지 않기 때문에 50세가 되기 전에 그만두어야겠다는 말을 자주 한다. 예를 들면 하미선 교원은 학생들이 잘못을 저지를 적마다 저마다 소중한 자식이라는 생각에서 체벌을 하지 않고 대화하면서 충고하지만, 근래에 들어서는 대부분의 학생들이 교원의 충고조차 무시하는 까닭에 교직을 그만두고 싶다고 말한다.

하미선: 근데 요새 애들이 말이 안 먹혀들어 가요. 전체적으로 충고를 한다든지 그러면은 딴생각하고 있어요. 그걸 제가 아는데도, 잔소리를 하거든요. 그러니까 요새는 아휴 진짜 '그만둬야지'하는 생각부터 난다니까요.

요컨대, 교원들은 최근 들어서 계속되는 국가의 요구에 자신이 제대로 좇아가지 못 하는 데다가, 학생들마저 전에 없이 교원의 말을 잘 듣지 않으므로 그만두어야겠다는 생각을 자주한다. 그리고 정년퇴임을 몇 해 남겨두지 않은 교원들 중에 상당수는 실지로 명예퇴직을 신청하기도 한다.

2) 실적 우선

태산초등학교 6학년 교원들이 토의식 수업을 통해서 수업에 관한 자신의 이상을 실현하고자 할 때 실제로 가장 먼저 해야 하는 일은 교실의 수업을 둘러싸고 있는 학교의 환경을 수업하기에 적합한 것으로, 또는 적어도 수업을 방해하지 않는 것으로 만드는 것이다. 외부의 환경이 적절히 갖추어질 때 교원은 교실에서 학생들과 함께 안정적으로 수업의 이상을 실현할 수 있기 때문이다. 교원들은 외부의 요구에 대해서 소극적으로 대응함으로써 그러한 환경을 구성하기도 한다.

교원은 교육법이나 그 밖의 규정에 의해서 매일 9시에 출근해서 오후 5시에 퇴근하며, 하루 종일 학생들과 같은 교실에서 생활하면서 7, 8개의 교과를 매주 30시간 가까이 가르쳐야 한다. 그리고 교원들은 수업을 하는 것 외에 경영록을 작성하고, 교재를 연구하고, 숙제를 내주고 검사하고, 평가하고 그 결과를 처리하는 등의 일을 해야 한다. 그런데 거기에다가 상급 기관에서는 부서간에 경쟁적으로 새로운 업무를 만들어서 학교에 지시하고, 교원들은 상급 기관에서 지시하는 각종 행사나 업무를 추진하기 위해 계획을 세우고, 실행하여, 정기적으로 지정된 기한 내에 교육구청에 보고해야 한다. 이런 상황에서 교원들은, 업무를 제때 처리하지 못하면 상급 기관으로부터 추궁당하므로, 우선 수업 시간을 할애해서라도 업무를 먼저 처리하고 그 결과를 교육청에 보고하지 않을 수 없다.

그래서 교원들은 가능하면 교원의 시간과 노력을 최소화하는 가운데 일을 처리하는 방안을 모색한다. 그중의 하나가 상급 기관에서는 학교에서 실지로 어떤 일이 이루어지고 있는가 하는 점보다 문서상으로 보고된 내용에 더 관심이 많다는 점을 이용하는 것이다. 예를 들면, 나는 1996년에 체육부장직을 처음 맡으면서 첫 학기에는 거의 매일 공문을 처리하는 데 많은 시간을 소모했다. 그러다가 차츰 상급 기관에서 지시하는 것을 곧이곧대로 실천하는 것이 불가능하다는 것을 깨닫고, 다른 부장 교원들과 마찬가지로 반드시 해야 할 일과 그렇지 않은 일, 다른 일로 대체할 수 있는 일과 그렇지 않은 일, 지난해에 보고한 사항을 고쳐서 보고할 수 있는 것과 그렇지 않은 것, 그리고 때로는 보고하지 않아도 되는 것 등을 구분하기에 이르렀다.

그 한 예로, 1996년에는 2002년 월드컵 축구 대회 개최를 기념하여 "2002년 월드컵 축구 꿈나무 육성을 위한 축구 대회"가 처음으로 신설되었다. 그 대회의 목적은 4, 5학년 남학생을 대상으로 축구에 소질이 있는 학생을 조기 발굴하여 축구 선수로 육성하는 것이었다. 따라서 이 대회의 취지에 충실히 따르기 위해서는 시간을 할애해서 매 경기마다 내가 심판을 보거나 관전하는 가운데 학급별 축구 대회를 개최하여 우수한 학생을 선발해야 했다. 그러나 태산초등학교는 운동장도 좁은 데다가 선수 선발을 위한 경기를 위와 같은 방법으로 개최하는 것이 무리여서 특정 학년에서 희망하는 학생을 중심으로 선수를 선발했다.[1)] 내가 이렇게 할 수 있는 것은 상급 기관에서는 각 학교에서 선수를 선발하는 과정보다는, 학교별 경기 결과와 교육구청의 대표를 선발하는 데만 관심이 있다는 것을 간파했기 때문이다.

이처럼 업무를 처리하는 데에 그 시행 과정이나 절차보다는 결과가 중요하다는 암시는 상급 기관에서 적극적으로 내보이기도 한다. 예를 들면 서울시교육청에서는 몇 년 전부터 학생들의 야영 수련을 의무화하고, 그 추진 계획과 실적을 분기별로 상급 기관에 보고하도록 되어있다. 이를 위해서는 교원들이 학생들을 인솔하여 산이나 들에 가서 텐트를 치고 야영해야 하지만, 현실적으로 그게 어려우므로 학생들이 자비를 들여서 민간 수련장에서 야영 수련을 하도록 하고 있다. 그런데 민간 야영 수련장마저 부족하므로 상급 기관에서는 전국의 민간 야영 수련장 현황을 공문을 통하여 학교에 알린다. 이는 결국 민간 야영 수련 시설의 이용을 권장하는 결과가 된다. 그리고 그것은 교원들로 하여금 학생과 함께 버스를

---

1) 내가 이렇게 한 데는 '과연 학교에서 이런 일을 해야 하는가?'라는 의문이 있었기 때문이기도 하다.

타고 수련장에 가서 특별히 하는 일 없이 하루나 이틀 밤을 자고 와서 그것을 실적으로 보고하는 것을 아무렇지도 않게 생각하도록 만든다.

그리고 서울시교육청에서는 1996년에는 월 1회 이상, 그리고 1997년에는 월 2회 이상 의무적으로 현장 학습을 가고 그 결과를 보고하도록 지시하고 있다. 그런데 이렇게 할 경우에 실질적인 수업 시수가 줄게 되어, 교원들이 수업 시간에 지도해야 할 분량이 많아진다.[2] 그렇다고 해서 교원들은 현장 학습을 가지 않을 수가 없으므로 가능한 한 현장 학습에 힘을 덜 들일 수 있는 방법을 택하게 된다. 그래서 교원들은 다음과 같이 말한다.

> 김원화: 현장 학습을 6 · 3 빌딩으로 갈려면 거기 버스를 불러서 오라고 하는 게 편해. 애들 데리고 시내버스 타려면 힘들어. 버스를 부르면 거기서 다 알아서 해 주잖아. 우리는 따라다니기만 하면 돼.

요컨대 매일 5, 6시간씩 수업을 하는 것만도 벅찬 교원들에게는 상급 기관에서 요구하는 지시 사항을 그 취지에 맞게 모두 따른다는 것은 무리이다. 따라서 교원들은 가능하면 교원의 시간과 노력을 적게 들이고도 업무를 처리할 수 있는 방안을 모색한다. 그 방안 중의 하나가 업무를 처리하는 내용과 과정의 타당성보다는 실적을 중요시하는 것이다. 교원들은 그렇게 함으로써 업무를 처리하는 데 드는 시간과 노력을 최소화

2) 실지로 5학년을 담당하고 있는 배정우 교원은 월 2회씩 현장 학습을 가느라고 진도가 늦어져서, 6월 초인데 아직 5월 초 진도를 나가고 있다고 하소연하기도 했다.

하고 학생들을 지도하는 데 필요한 시간과 노력을 조금이라도 더 확보하고자 한다. 그 점은 다음과 같이 교원들이 스스로 어려움을 감내하면서 학생들의 학력을 향상시키기 위해서 주기적으로 평가하는 데서도 알 수 있다.

3) 직무 수행

교원들은 최근 몇 년 사이에 더 학생들이 공부에 관심을 갖지 않게 된 원인 중의 하나가 일제 고사의 폐지에 있다고 생각한다. 서울시교육청에서는 1994년부터 사지택일 형식의 일제 고사를 폐지하는 한편, 수시로 주관식 평가를 실시하라고 초등학교에 지시하고 있다. 이러한 지시는 학생들을 시험의 부담으로부터 벗어나게 하고, 교원들로 하여금 학생에게 단편적인 "지식"을 암기하도록 하는 대신 학습 방법 등을 가르치고 그것을 평가하도록 하기 위한 것이었다. 이러한 지시에 따라 태산초등학교에서는 1994년부터 저학년의 경우에는 일제 고사를 보지 않고, 고학년은 연 2회 주지 과목을 중심으로 일제 고사를 치렀으며 시험 결과는 가정에 알리지 않았다. 그리고 1995년에 이르러서는 일제 고사를 전면 폐지했다.

그런데 그 결과 학생들은 시험을 보지 않으니까 공부를 하지 않아도 된다고 생각하고, 부모에게는 자신이 공부를 잘한다고 이야기를 한다. 그리고 부모는 자녀의 말만 믿고 학생들에게 공부하라고 채근하지 않는다. 그래서 실지로 한솔반의 한 학생은 자신이 반에서 1등 했다고 부모에게 거짓으로 말해서, 그 학생의 어머니가 그 사실을 확인하기 위해 교원에게 전화를 하는 경우도 있었다.

하미선: 그리고 여기 애들 공부 안 하는 이유를 알았어요. 엄마들한테 성적이 안 나가요. 그게 몇 년 동안 그렇게 나가다 보니까…….

송혜선: 애들이 집에 가서 속여요. 통지표가 이런 식으로 나가더라도 시험지만 내보내면 엄마들이 알거든요. 근데 시험지도 안 내보내니까 아주 만고강산이더라고요. 여기 애들이.

그래서 태산초등학교의 6학년 교원들은 이런 문제를 해결하기 위해 산수과의 경우에 매 단원이 끝날 때마다 학년 전체가 단원 평가를 실시했다. 교원들은 이런 종류의 시험을 보는 것은 명백히 시교육청의 지시에 위배되는 것임을 안다. 그리고 시험을 보면 교원들은 채점을 하고, 학생들이 많이 틀리는 문제를 다시 가르치고, 조를 다시 편성하는 등 그 뒤처리를 하는 데 많은 시간과 노력을 들여야 한다. 그렇지만 교원들은 그렇게라도 해서 학생들이 공부를 하게 해야 한다고 생각한다.

송혜선: 단원 평가를 안 할 수가 없어요. 시험을 안 보면 애들 학력이 너무 떨어져요. 시험을 안 보면 공부를 안 해도 되는 줄 알아요 애들이. 물론 평가를 안 할 수도 있어요. 그러면 나도 편하지요. 그렇지만 그것은 직무유기라고 볼 수밖에 없어요.

교원들은 일제 고사를 보지 않음으로써 학생을 시험의 부담으로부터 벗어나게 하는 것도 좋지만, 그렇다고 해서 학생이 공부를 하지 않도록 방치하고 결과적으로 학생의 학력을 저하시켜서는 안 된다고 생각한다. 교원들은 단순히 국가의 요구를 따르는 것만이 직무를 수행하는 것이라고 생각하지 않으며, 오히려 국가의 요구를 따르는 것이 학생의 실질적인 학력을 저하시키는 것이라면 그것이 바로 교원으로서의 직무를 유기하는 것이라고 생각한다.

요컨대, 오늘날 초등학교 교원들은 교직을 그만두고 싶을 정도로 많은 어려움을 느낀다. 그런 상황에서 태산초등학교 교원들은 국가의 요구에 소극적으로 따름으로써 자신이 추구하는 수업을 실현하는 데 적합하도록 주변의 환경을 구성하고, 교원으로서 학생에게 가르쳐야 한다고 생각하는 것을 가르침으로써 교원으로서의 직무를 수행하기도 한다.

3. 수업의 운영

1) 토의식 수업

초등학교 교원들은 국가에 의해서 임용되었으므로 국가의 지시와 감독을 받아야 한다. 국가가 교원에게 기본적으로 요구하는 것은 40여 명의 학생에게 7, 8개 교과를 매일 5, 6시간씩 가르치는 일이다. 초등학교 교원들에게는 이 일을 제대로 하는 것만도 벅차다. 그런데 국가는 교과를 가르치는 일과는 무관하거나, 관련이 있다고 하더라도 교과를 충실히 가르치는 것만으로 충분한 일들을 별도의 행사를 만들어서 학교에 시행하라고 지시한다. 최근 들어서 국가는 교육 개혁 정책의 일환으로 새로운 교수 기기와 교수 방법을 학교에 들여오고, 열린교육과 같은 새로운 교수법을 강제로 권장한다. 또한 학생들은 공부에는 관심이 없으면서 교원이 자신들을 존중하는 가운데 수업을 재미있게 해주기를 요구하고 교원의 말을 무시하기까지 한다. 이들의 요구는 수요자 중심의 교육을 강조하는 국가의 요구에 의해서 더욱 강화된다. 국가는 국가가 요구하는 사항을 교원들이 따르고 있는지 감독하고, 그 지시에 따르지 않을 경우에는 주의를 주거나 징계를 하기도 한다.

이러한 환경에서 상당수의 교원들은 교직을 그만두어야겠다는 생각을 하며, 일부 원로 교원들은 실지로 명예퇴직을 하기도 한다. 그러나 태산초등학교 6학년 교원들은 위와 같은 환경 속에서도 교원으로서의 직무를 수행해야 한다고 생각한다. 즉 자신이 중요하다고 생각하는 것들을 학생들에게 가르쳐야 한다고 생각한다. 그리고 그 일을 학생들에게 재미있고 자신에게 편한 방법으로 해야 한다고 생각한다. 교원들은 토의식 수업이 그 일을 하는 데 적합하다고 생각하고, 토의식 수업을 통해서 수업에 관한 자신들의 이상을 실현하고자 한다.

실지로 토의식 수업은 교원들이 추구하는 수업의 이상을 실현하는 적절한 방법이라고 볼 수 있다. 토의식 수업의 과정에서 학생들은 교원이 제시한 주제와 관련된 내용을 조사하고 발표하고 토론한다. 이 과정에서 학생들은 기존의 설명식 수업과 달리 주도적으로 수업에 참여함으로써 수업에 재미를 느낀다. 또한 토의 과정에서 사회자로서 진행을 맡을 때는 자신이 주인공으로서 존중받고 있다고 느끼기도 한다. 이것은 학생이 요구하는 재미와 국가가 요구하는 수요자 존중을 모두 수용하는 것이기도 하다. 한편 40분의 수업 시간 가운데 30분 내외의 시간 동안 학생들이 발표하고 토의하므로 교원은 그 시간 동안 쉴 수 있어서 편하다. 무엇보다도 이런 토의식 수업을 통해서 학생들은 교원이 가르치고자 하는 역사의 흐름, 민족 의식, 공부하는 방법 등을 교원이 설명하여 전달할 때보다 더 효과적으로 학습하게 된다.

2) 당근

토의식 수업이 원활하게 이루어지도록 하는 데에 가장 필요한 것은 학생들이 적극적으로 참여하는 것이다. 교원이 제시한 주제에 알맞은 내용을 학생들이 조사하고 수업 중에 그것을 적절히 발표할 수 있을 때 기대하는 대로 토의식 수업이 이루어질 수 있다. 그런데 학생들은 그동안 교원의 설명을 듣고 그 내용을 외우는 방식의 수업에 길들어 있는 까닭에 발표에 소극적인 경우가 대부분이다. 교원은 토의식 수업이 적절히 이루어지도록 하기 위해서 이 문제를 먼저 해결해야 한다.

십여 년 전까지만 하더라도 이런 경우에 교원들은 학생들이 수업에 적극적으로 참여하도록 하기 위해서 체벌하기도 했지만, 요즘엔 교원들 사이에 체벌은 옳지 못하다는 생각이 일반화되어 있다. 그리고 학생을 체벌할 경우에 체벌을 당한 학생의 부모가 즉각 교장이나 교육청에 전화해서 항의하기 때문에 교원들은 가능하면 체벌하지 않으려고 한다. 실지로 태산초등학교에 이웃하고 있는 대양초등학교의 한 교원은 운동장에서 체육수업을 하고 있는 자리에 다른 반의 학생이 허락 없이 들어와서 공을 줍자 그 학생을 불러서 나무랐고, 다음에도 역시 허락 없이 들어와서 공을 주워가자 그 학생을 체벌했다고 한다. 그러자 그 학생의 부모는 교장에게 항의를 해서 사과할 것을 요구했고, 그 교원은 여러 학생이 보는 앞에서 그 학생에게 사과를 했다고 한다. 이런 까닭에 교원들은 체벌이 아닌 방법으로 학생이 수업에 집중하고 참여하게 할 수 있는 여러 가지 방안을 모색한다.

그 가운데 하나가 발표를 많이 한 학생에게 상을 주는 것이다. 학생별로 발표한 횟수를 기록하고 발표를 많이 한 학생에게 상을 줌으로써 학생들이 적극적으로 자신의 생각을 발표하도록 권장하는 것이다. 그래서 하미선 교원은 "발표력을 기릅시다"라는 기록판을 교실 뒷칠판에 걸어두고, 학생들에게 수업이 끝날 때마다 그 시간에 발표한 횟수를 각자 기록하도록 했다. 그리고 매 월말에 발표를 많이 한 학생을 선정하여 연습장 등을 상으로 주었다. 하미선 교원은 이 방법이 효과가 있다고 한다.

탐구자: 그러면 그 상을 계기로 해서 발표하는 아이들이 더 많아졌어요?

하미선: 어떤 애가 많아졌냐면 상에 눈이 먼 애들. 다른 애들이 막 나와요. 공부 잘하는 애들이 아니라 좀 떨어지는 애들도 그냥 뭐 발표를 많이 해요. 양이 많아지는 거지. 미진이 같은 애는 고정적인 애고, 그 외 특히 남자 애들은 계속 많이 바뀌어요.

그런데 이렇게 할 경우에 학생들은 발표하는 데만 관심을 가지고 토의하는 데 필요한 내용을 충실하게 조사하지 않기도 한다. 그래서 교원은 수업을 하기에 앞서 교과서와 교사용 지도서를 참고하여 학생들에게 토의할 주제와 문제를 제시한다. 학생들은 전과나 문제집 등을 참고하여 그 주제와 문제에 대한 해답을 조사해서 공책에 적어 온다. 학생들이 참고하는 도서들은 대부분 교과서와 교사용 지도서를 표준으로 삼아서 제작되었기 때문에 교원이 제시하는 토의 주제와 문제, 그리고 그에 대한 해답이 동일하게 제시되어 있다. 그래서 학생들이 각각의 문제에 대한 답을 찾아 읽는 것은 어렵지 않다. 그런데 학생들은 발표하는 데만 관심을 가지고 발표할 내용을 조사해서 공책에 적는 것은 싫어한다. 그래서 일부 학생들은 전과를 오리거나 문제집을 복사해서 공책에 붙이고, 어떤 학생은 아예 숙제를 하지 않고 발표도 하지 않기도 한다. 그와 반대로 일부 학생들은 백과사전의 내용을 그대로 적어오기도 한다.

김인순: 뭣에 대해서 조사해 와라 그러면 그냥 백과사전 한 쪽을 쫙 복사해서 딱 붙여놓기도 하고, 백과사전에 많잖아요, 그걸 죄다 하나도 빠짐없이 적어서 공책 두 쪽 세 쪽이 되게 해오는 애도 있고 그래요. 근데 그게 사실은 공부는 안 되거든요. …… 과제 학습을 주면은 애네들이 일목요연하게 잘 해와요. 잘 해오는데 자기가 뜻도 모르고 전과를 다 베껴온대는 거예요. 자기가 설명을 못 해. 아주 잘 해오지요, 요점만. 요점 정리된 것을 딱 써가지고 오니까. 전과라는 것이 전문한 사람들이 만들기 때문에 그 답이 정말 잘 돼 있어.

교원들은 이처럼 학생들이 토의를 위한 발표 자료를 준비하는 데 들이는 시간과 노력을 줄이고 부담 없이 발표하도록 하기 위해서 발표에 필요한 참고 도서를 교실에 가지고 와서 그것을 보고 발표하도록 하기도 한다. 그 점을 김성순 교원은 다음과 같이 말한다.

김성순: 그리고 조사해 오는 대신에 그냥 책을 가지고 오라고 해요, 백과사전이나 전과나. 그래서 직접 찾아서 거기서 들고 그냥 발표하라고 해요. 왜냐하면 쓰는 게 너무 많고, 애들도 학원도 많이 다니고. …… 오히려 발표를 더 잘 하게 되더라고요. 책 가지고 읽으라고 하니까. 남자 애들 중에는 쓰기를 참 싫어하는 애들이 있거든요. 그래 가지고 조사해 오라고 하면 안 써가지고 와요. 그러니까 발표가 잘 안 되는데, 그냥 읽으라고 하면 잘해요. 쓰는 게 아니니까.

한편 학생들은 이와 같이 발표할 경우에 자신이 발표하는 내용이 무엇을 뜻하는지도 모르는 채 더듬거리면서 발표하고, 다른 학생들 역시 발표하는 내용에 별로 귀를 기울이지 않는다. 다만 다른 학생이 발표한 내용이 자신이 조사한 내용과 어떤 점에서 같은지, 혹은 다른지만을 확인할 뿐이다. 이렇게 해서는 토의가 이루어질 수 없다. 그렇지만 교원들은 학생들의 발표가 서투르거나 발표 내용의 뜻도 모르는 채 발표해도 학생이 발표하는 데에 자신감을 가지도록 하기 위해서 간섭을 자제한다.

하미선: 저는 중간에 참견을 좀 안 하거든요. 참견을 하면 아이들이 발표를 못

> 해요. 위축이 돼 가지고. '아, 저거는 발표를 안 했으면 좋겠는데' 하는 생각이 있어도 저는 그냥 참견을 거의 안 해요. 제가 지적을 안 해도 애들이 찾아내는 경우도 있고.

이렇게 함으로써 교원은 학생들이 발표하는 데 관심을 가지고 수업에 적극적으로 참여하도록 한다. 그렇게 해서 수업 중에 여러 학생들이 발표를 하게 하면 다양하고 재미있는 이야기를 하고 함께 웃는 일이 잦게 된다. 그 결과 수업 분위기가 좋아지고 학생들은 사회과 수업에 재미를 느끼고 관심을 가지게 된다.

3) 잔소리

태산초등학교 6학년 교원들이 수업에서 발표를 많이 한 학생에게 상을 주고, 학생들이 참고서의 내용을 뜻도 모르고 발표해도 간섭하지 않음으로써 수업에 적극적으로 참여하게 되기는 했지만 그와 함께 또 다른 문제가 발생하게 되었다. 그것은 학생들이 발표를 많이 해서 교원으로부터 상을 받거나 다른 친구들로부터 공부를 잘 하는 학생으로 인정받는 데만 관심을 둔다는 것이다. 학생들은 대부분 같은 출판사에서 발행한 참고서를 보고 조사하기 때문에 늦게 발표하면 다른 학생이 이미 발표한 것을 또 발표하게 된다. 그런 경우에는 발표로서 인정받지 못하게 된다. 그래서 학생들은 남보다 먼저 손을 들어서 사회자에게 지명받으려고 애쓰고 지명되지 못하면 사회자를 원망한다. 몇몇 학생들은 다른 학생이 구하기 어려운 책을 보고 조사하거나, 거기에 적힌 내용을 문제로 출제해서 자신이 공부를 잘하는 학생으로 인정받으려고 한다.

탐구자: 주로 그걸 보고 하는 이유가 있을 텐데, 왜 주로 그걸 보고하니?

도 현: 그 문제은행이요 동아전과 그런 것보다 좀 더 다르게 나와 있거든요. 다른 애들이 조사한 것하고 내용이 달라요. 그래서요 애들이 시킬 때도 보충 같은 것도 하고요. 발표를 많이 할 수 있잖아요.

선 민: 그 내용을 발표할 수 있으니까.

도 현: 다른 애들이 하지 못한 내용을요 발표할 수 있으니까.

탐구자: 그러니까 결국은 발표할 수 있기 때문에 좋은 거구나. 발표하면 어떤 점이 좋아?

도 현: (멋적은 듯이) 발표를 하면 좋은 점은요 스티커를 많이 붙여서 상을 받을 수 있고요. 친구들이 제걸 듣고 '음, 음' 그러는데요, 그래서 애들이 저를 인정하는 거 같아서 좋아요.

선 민: 친구들이 인정해 주고.

도 현: 예, '재는 공부를 잘하는구나.' 그렇게 알 수 있잖아요. 사실 이렇게 어려운 말을 하면서 막 지식이 많은 것처럼 하면 공부를 잘하는 것처럼 보이잖아요. 그러니까 발표를 많이 하면요 애들한테 잘 보이고 그래서요.

탐구자: 응, 그러니까 발표를 할려면 일단은 다른 애들이 모르는 내용을 발표해야 되겠구나.

도 현: 예. 보충할 때도요 발표한 애들 거랑요 똑같은 게 나오면 경고 돼서

벌을 받아요.

교원들은 이런 점을 잘 알고 있으며, 이런 문제를 해결하기 위해서 학생들이 토의하는 중간중간에 끼어들어서 학생이 발표한 내용의 뜻이 무엇인지 묻기도 한다. 그렇게 할 경우에 공부에 관심이 없는 학생들도 적어도 다른 학생이 발표하는 내용을 듣기라도 하게 되며, 수업에 참여하는 학생은 자신이나 다른 학생이 발표하는 내용이 무슨 뜻인지 생각하게 되기 때문이다.

송혜선: 나는 사회 시간에 끼어들어서 탈이야. 못 참아요. 하미선 선생님은 잘 참죠? 나는 못 참아요. …… 전혀 뜻을 알지 못하고 그냥 넘어가는 경우, 아니면 인제 보충을 하라고 했는데 보충을 못 하는 경우에 막 끼어들어요. 그냥 중간에 인정사정없이 끼어들어요. 수업자한테도 막 질문을 막 해대니까. …… 참았다가 나중에 정리할 때 말해주면 좋은데, 선생님이 막 끼어들고 그래야지 애들이 정신을 안 놔요. 안 그러면 그냥 멍청하게 앉아 있다가 그러고 지나가는 애들이 있더라고요. 내가 막 끼어들고 아무나 시키는 것을 아니까 일단은 정신을 똑바로 차리고 있어요. 눈에 띄는 대로 시켜버리니까.

한편 교원들은 학생들로 하여금 공부에 관심을 갖게 하기 위한 방안의 하나로 수업 시간에 '재미있는' 이야기를 해주기도 하지만, 학생들은 그 이야기를 "재미있는" 이야기로 듣지 않는 경우가 많다. 그래서 교원은 심지어 자신이 설명하는 내용을 알아달라고 학생들에게 애원하기도 한다. 그러나 학생들은 여전히 교과의 내용에는 별 관심이 없으며, 교원은 자신의 말이 늘 독백에 머무름을 알고 무력감에 빠진다. 예를 들면 다음과 같은 경우다.

송혜선: 저는 사회과를, 1학기는 역사잖아요, 재미있는 옛날이야기식으로 가르치고 싶은데 애들이 기본적인 상식이 없어요. …… (기본적인 상식이) 없으니까 안 통해요. 아무리 내가 재미있게 설명을 해줘도.

하미선: 너무 모르지?

송혜선: …… 결국은 내가 물어보고, 내가 대답해요. "알았어? 인제!" 그러고 넘어가는 거죠. …… "이거는 알아야 되는 거야. 너희-." 그러고서 "도대체 제발 부탁하는 거야, 알아달라고. 이건 좀 알아줘, 알아줘 제발!" 그러고. 어휴-.

하미선: 답답한 것은 교원이지, 뭐.

송혜선: 제가 소련말 한다니까요, 혼자서 공부시간에.

하미선: 같은 고통을 겪고 있는 거예요.

교원들은 학생들이 수업에 관심을 보이지 않고, 교원이 학생들에게 들려주는 이야기를 재미있어하지 않으며, 뜻도 모르는 채 발표하는 데만 급급한 이유가 학생들에게 "기본 상식"이 없기 때문이라고 생각한다. 그리고 기본 상식을 갖추기 위해서는 책을 많이 읽어야 한다고 생각하고, 교실에 많은 책을 비치하여 학생들에게 읽도록 권장한다.

송혜선: 토의식 수업은 뭐 우리가 하는, 요즘 많이 하잖아요. 토의 주제 주고, 모둠별로 토의하고, 발표하고. 근데 이 토의식 수업의 가장 바탕이 바로 기본적인 상식이에요. 사실은. 그러니까 토의를 할려면 알아야 뭐 말을 한다고. 그러니까 갑에 대해서 말할라면은 갑이 가지는 성격이라든지 또는 갑이 가지고 있는 문제점을 알아야지 발표를 하든지 서로 의논을 하든지 해결을 하죠. 그걸 모르면 무슨 토의를 하겠어요. 조사해 온 것 서로 하나씩 말해서 베끼는 것밖에 없지.

탐구자: 그러면 사회과의 그 어려운 점을 어떻게 해결했어요? 어떻게 해결할려고 했어요?

송혜선: 독서! 저는 "결론은?" 그러면 애들이 알아요. "독서".

하미선: 저도 그래요. 독서량이 너무 부족해요. 그리고 만화책이랑, 추리 소설이랑, 명랑 도서 이런 걸 주로 읽으니까 도움이 되는 책이 안 읽혀지는 거예요. 더 이상.

송혜선: 위인전을 많이 읽어야 되는데.

그 밖에도 교원들은 공부를 하지 않는 학생들을 수업이 끝난 뒤에도 교실에 남겨두고 가르치기도 한다. 교원과 학생들은 이것을 "나머지 공부"라고 부른다.

김성순: 아이, 근데 오늘 같은 날도 남겨가지고 나머지 공부를 시키고 그래요.

김인호: 아니, 근데 애들 그 학교에서 풀다가 못 푸는 거 내버려두면은 안 해요.

김인순: 안 해요. 그냥 말어.

김인호: 그냥 내버려두면 그 다음날 또 그냥 오니까. 집에서 전혀 안 하니까 학교에서 시켜서 보낼 수밖에 없다고.

김인순: 끝까지 해서 막 그냥 해서 보내야 돼.

이처럼 교원들은 한편으로는 학생들이 발표하는 데 부담을 느끼지 않도록 하기도 하지만, 다른 한편으로는 학생들의 발표 내용에 관하여 직접 질문하기도 하고, 학생들이 꼭 알아두어야 하는 내용은 이야기를 곁들여 설명하면서 강조하기도 한다. 또한 학생들이 발표하는 내용의 의미를 이해하는 데 필요한 배경 지식을 형성하도록 독서를 권장하고, 방과 후에 별도로 개별 지도를 하기도 한다. 이렇게 함으로써 학생들이 토의식 수업을 통하여 역사를 학습하도록 한다.

4. 실력의 형성

1) 상식

태산초등학교 6학년 교원들은 토의식 수업에 의해서 자신이 추구하는 수업의 이상을 실현하고자 한다. 이를 위해서 학생들이 수업에 관심을 가지고 적극 참여하도록 유도하고, 학생들의 발표가 요식에만 머무르지 않고 내용의 의미를 이해하도록 하기 위해서 잔소리하기도 한다. 그런데 이 일이 효과적으로 이루어지려면 교원이 적절한 방법을 알고 있어야 한다. 그런데 교원들 역시 토의식 수업을 처음 해보는 것이므로 그와 관련된 방법을 잘 알지 못한다. 그러므로 교원들은 이러한 자신의 문제를 먼저 해결해야 한다.

교원들은 역사를 재미있게 가르치는 방법 가운데 하나는 학생들에게 야화나 일화 등과 같은 재미있는 이야기를 많이 들려주는 것이라고 생각한다. 그러기 위해서 교원들은 아는 게 많아야 한다. 그런데 교원들은 아는 게 별로 없다고 생각한다. 그래서 가르치는 데 자신이 없다고 말한다. 그렇지만 그렇다고 해서 학생들을 가르치지 않거나 엉터리로 가르칠 수는 없다. 교원들은 학생들을 가르치되 이상적인 수업을 실현하는 방향이 되도록 해야 한다. 그러기 위해서는 교원이 공부를 해야 한다고 생각한다.

김지선: 가르치는 데 자신이 없어요. …… 여러 가지로 자신이 없어요. 일단은 교원은 대개 잡식성으로 많이 알아야 될 것 같은데 그렇지 못하고, 가르치는 기술도 많이 쌓이지 못했고. 그런 부분이지요. 그리고 생활 지도 같은 면에서도 많이 부족하고.

하미선: 그러니까 교원이 공부를 많이 해야 된다 이거죠 결국은. 교원들이 시간이 많이 남는 거는 잘못된 거 같아요.

교원들이 많이 알아야 한다고 생각하는 것 중의 하나는 학생들에게 들려줄 수 있는 재미있는 이야기이다. 교원들은 그것을 흔히 "상식"이라고 부르고, "교원은 상식이 풍부해야 한다."고 말한다. 여기서 상식은 '현대의 일상생활에 관련된 지식'뿐만 아니라 '교과서의 내용과 관련된 세부적인 사항'을 함께 가리킨다. 예를 들면 다음과 같은 것이다.

송혜선: 제가 언젠가는 사회과 수업을 하면서 돌궐족의 침략에 대해서 설명하는데 갑자기 어떤 애가 손을 들더니 "돌궐족은 누가 통일을 해서 하나의 나라를 형성시켰습니까?" 그러는 거예요. 그것도 공개 수업에서요. 야 완전히 그냥 등골이 오싹하더라고요. 그러니까 인제 그때 나한테는 그 상식은 없었어요. 근데 한 녀석이 "제가 발표하겠습니다" 하더니 그걸 해결해 주고 앉는데 진짜 구세주예요.

특히 6학년 교원들은 학생들에게 역사를 재미있게 가르치기 위해서는, 교과서에 소개된 사건과 관련된 주변 사건이나 야화, 그리고 주요한 인물에 얽힌 일화 등을 많이 알아야 한다고 생각한다. 그렇지만 자신은 그런 이야기들을 많이 알고 있지 못하기 때문에 사회과 수업을 하기가 어렵다고 말한다.

하미선: 어려워-, 수업이 다 어려운데, 글쎄요, 사회 수업이 어려운 거는 저는 인제 제가 너무 아는 게 많이 없다는 게 좀 어렵고. 수업 진행하는 데서 어렵다는 것보다는 제가 모르는 게 너무 많기 때문에 어려워요. 공부를 많이 해야 되겠다는 생각 때문에 특히 제가 부담감을 많이 느껴

요. 제가 너무 아는 게 부족해 가지고. …… 어떠한 주제가 나왔을 때, 예를 들면 독립협회가 나왔다면, 옛날에 우리 조상들이 독립 운동한 여러 가지 사례들이 많을 거 아니예요. 그런 이야기들을 들려주고 싶은데, 그게 그런 게 딸린다고요. …… 조사 학습해서 막 물어보니까 제가 모르는 게 너무 많아 가지고 무식이 폭로돼. 미안해 죽겠어.

거기에다가 교원들은 세월이 흐를수록 과거에 알고 있던 것조차 잊어버리게 되어서 학생들을 가르치기가 점점 더 어려워진다고 말한다.

탐구자: 혹시 선생님이 역사를 과거에 공부할 때나 아니면 지난 한 학기 동안 가르치면서 선생님 자신이 가지는 질문 거리, 문제 거리는 없었어요?

송혜선: 왜 없어요. 설명하다가 막혀요 이제. "어!, 선생님이 그거 알고 있었는데, 어느새 내 머리 속에서 날라갔지?" 그래요.

그래서 교원들은 수업이 시작되기 전에 교사용 지도서나 "새교실", "교육자료" 등에 소개해 놓은 참고 자료 중에서 학생들에게 들려줄 만한 이야기가 무엇인지를 찾아본다. 그리고 "이야기 한국사"(교양국사연구회, 1984)와 같은 책을 교실에 두고 틈틈이 읽고서 관련 단원이 나오면 학생들에게 들려주기도 한다.

하미선: 그러니까 교사용 지도서를 보면 보충 설명이 참 많거든요. 그걸 갖다가 애들한테 다 가르치라고는 하지 않고 교원이 참고할 만큼만 나와

있어요. 근데 제가 보기에는, 제가 참고하기에는 교사용 지도서가 좀 부족하고 애들한테 그거 일러주기에는 너무 많은 것 같고, 그렇거든요. 그러니까 교사용 지도서 외에 것을 더 보충하기 위해서 제가 여러 가지 참고서, 참고 도서를 많이 봐야 되겠다는 생각을 했어요.

그 밖에도 송혜선 교원은 학생들에게 매일 등교하기 전에 신문을 읽고 오라고 학생들에게 과제를 내주고, 수업이 시작하기 전 아침에 그날 신문에 난 기사에 관하여 학생들과 함께 이야기를 주고받기도 한다.

2) 지도 방법

교원들은 수업 시간에 재미있는 이야기를 들려주는 것은 학생의 관심을 끌고 재미있게 공부하게 할 수는 있지만 학생들에게 공부하는 방법을 알게 하지는 못한다고 생각한다. 학생들이 공부하는 방법을 알려면 이 책 저 책 찾아보면서 문제를 스스로 해결할 수 있는 능력을 길러야 하는데 재미있는 이야기를 듣기만 해서는 안 된다는 것이다. 거기에다가 학생들은 과제를 제시해 주고 집에서 관련 도서를 참고하여 조사해 오라고 하지만 잘 따르지 않는다. 그래서 교원은 그런 학생들이 스스로 조사하고 발표를 잘 할 수 있게 해야 한다고 생각한다. 그렇지만 자신이 그 방법을 모르기 때문에 "사회과가 수업하기 제일 어렵다."고 말한다.

배선희: 저는 사회과를 지도할 때 그게 어렵더라고요. 칠판에 판서해 가지고

애들한테 베끼게 하는 것도 안 좋고. 조사 학습을 통해서 구체적으로 애들이 재미있게 공부할 수 있게 하고 싶은데 그 방법이 참 어렵더라고요. 그런 게 아는 게 없어서 사회과 수업이 자신이 없어요. 재미있게 하는 그런 방법이 생각이 잘 안 나고-.

한정자: 나도 흥미는 있는데 방법을 잘 모르겠죠. 진짜 맨날 그런 걸 느껴. 어떻게 하면 이게 재미있게 할 수 있나. 그런 거를.

그래서 교원들은 학생들이 재미있게 공부하도록 가르칠 수 있는 방법을 공부해야 한다고 생각한다. 교원들은 교내 자율 장학의 일환으로 수업을 공개하는 다른 학년 교원의 수업을 주의 깊게 관찰하거나, 수업을 잘한다고 알려진 이웃 학교 교원의 수업을 참관하기도 한다. 그리고 교원 중에 일부는 방학 동안에 실시하는 교과별 자율 연수에 참여해서 교수 방법에 관한 강의를 듣기도 한다. 그 밖에 일상적으로는 동학년 회의 시간이나 티타임 시간에 같은 학생들을 가르치면서 겪는 어려움을 서로 하소연하고 자문하기도 하고, 효과적인 지도 방법을 다른 교원에게 소개하기도 한다.

배선희: 그러니까 힘드는 게 사회과라서, 저분이 어떻게 하실까 궁금해가지고 저는 주로 도덕이나 사회과 수업을 볼려고 노력하거든요. …… 사회과를 나왔는데 나와 놓고도 제일 어려운 수업이더라고요. 잘하고 싶은 욕심도 있는데 그건 좀 힘들고. 그래서 남들은 사회과 수업을 어떻게 하나 궁금해요.

김인호: 수업을 잘하려면 천상 남의 좋은 수업을 보는 수밖에 없어요. 시범학교 이런 데 하는 거 자꾸 보면은 조금씩 그래도 도움이 될 것 같애.

이 밖에도 교원들 중의 일부는 자비를 들여서 여러 가지 연수를 받기도 한다. 태산초등학교의 경우에 1996년에는 10명의 교원이 학교 앞의 컴퓨터 학원에서 자비를 들여서 컴퓨터를 배웠다. 그리고 7, 8명의 교원이 영어 강사를 학교로 초빙하여 자비로 영어 연수를 받았으며, 그 연수는 1997년에도 10명으로 늘어난 가운데 이어지고 있다. 그리고 1997년 4월부터는 20여 명의 교원이 자비를 들여서 외부 강사를 학교에 초빙하여 단소와 장구 연수를 받고 있다.

즉 교원들은 국가의 요구나 학생의 요구와 관계없이 교과를 학생에게 가르치는 것이 자신의 직무를 수행하는 것이라고 생각한다. 그런데 교원들은 자신이 아는 게 없고 재미있게 가르치는 방법을 모른다고 생각하기 때문에 책을 보거나, 다른 교원의 수업을 관찰하거나, 각종 연수에 참여한다. 그리고 상급 기관에서는 교원에게 필요한 연수 기회를 충분히 마련해 주지 못하고 있으며, 연수 기회가 마련된다고 하더라도 교원들은 시간을 내기가 어렵기 때문에 자비를 들여서 교내에서 연수를 하기도 한다.

근래에 초등학교 교원들은 학생들을 가르치는 가운데 교직을 그만두고 싶을 정도로 어려움을 느낀다. 최근 들어서 국가에서는 교육 개혁 정책의 일환으로 전에 없던 업무를 학교에 지시하고, 새로운 교육 기자재를 학교에 도입하며 새로운 교수법으로 학생을 가르치라고 요구한다. 국가의 이런 요구는 교원들로 하여금 지시한 업무를 수행하는 일뿐만 아니라 교과를 가르치는 것마저 어렵게 만든다. 그런데 거기에다가 국가에서는 교원에게 학생의 요구와 흥미를 존중하라고 지시하고, 학생을 시험의 부담으로부터 벗어나게 해준다는 이유에서 일제 고사를 폐지하도록 지시한다. 그런데 요즘 학생들은 공부보다는 이성 친구나 연예인, 전자 오락 등에 더 흥미를 느끼고, 공부를 하라는 교원의 충고를 무시하기까지 한다. 그리고 교원이 수업을 재미있게 해주지 않으면 교원의 설명에 귀를 기울이지 않는다.

이런 상황에서 교원들은 교직을 그만두어야겠다고 생각한다. 그렇지만 교원들이 당장 교직을 그만두는 것은 아니며, 설사 그만둔다고 하더라도 그 전까지는 교원으로서의 직무를 충실히 수행해야 한다고 생각한다. 특히 교원들은 일제 고사를 보지 않음으로써 학생을 시험의 부담으로부터 벗어나게 하는 것도 좋지만, 그렇다고 해서 학생이 공부를 하지 않도록 방치하고 결과적으로 학생의 학력을 저하시켜서는 안 된다고 생각한다. 그래서 교원은 그런 학생들을 가르치기 위해서 재미있는 이야기를 들려주고, 발표를 하게 하고, 잔소리를 하고, 상을 주고, 책을 읽도록 권장하고, 나머지 공부를 시키는 등 다양한 방법을 동원한다. 그러는 한편으로 교원들은 스스로 교원으로서 부족하다고 생각하고 자비를 들여 가면서까지 연수도 한다.

제3부

문화기술적 실천탐구

제1장 교원의 수업 이해

제2장 수업의 대안 실천

제3장 수업 변화의 실마리

제1장

교원의 수업 이해

태산초등학교 교원들은 수업에 관한 자신의 이상을 실현하고자 하지만 학교의 환경 속에서 교원들은 수업에 전념하기가 어렵고 학급의 학생들뿐만 아니라 자신도 토의식 수업을 할 수 있도록 준비되어 있지 않다. 이런 역설적인 문제 상황에서 교원들은 수업 외의 업무는 최소화한 가운데 교원으로서의 직무를 충실하게 이행하고자 한다. 그 구체적인 방안으로서 토의식 수업의 방법을 선택한다. 교원들은 학생들이 토의식 수업에 적극 참여할 수 있도록 학생들을 보상하기도 하고 잔소리를 하기도 한다. 그리고 연수를 통해서 자신의 부족한 점을 보완하고 수업에 반영하기도 한다. 그렇게 함으로써 학생들은 토의식 수업에 참여하는 과정에서 역사 학습에 흥미를 갖고 공부하는 방법과 태도를 익히게 된다.

그런데 교원들은 이와 같은 토의식 수업에 대해서 "짬뽕"이라고 말한다. 수업 중에 이루어지는 학생들의 토의나 학습이 교원들이 기대하는 바에 미치지 못하기 때문이다. 이하에서는 교원들이 어떤 점에서 토의식 수업이 짬뽕과 같다고 보는지, 토의식 수업이 왜 짬뽕과 같은 모습이 될 수밖에 없는지, 그러한 짬뽕으로서의 토의식 수업이 어떤 의미가 있는지를 추론하고 해석한다.

1. “짬뽕이죠, 뭐”

1) 조사 발표

태산초등학교 6학년 교원들은 사회과 수업 시간에 이루어지는 수업을 일상적으로는 “토의식 수업”이라고 부른다. 그런데 다른 한편으로는 수업을 공개한 후 이루어지는 협의회와 같은 공식적인 자리나 나와 면담하는 자리에서는 그런 수업은 ‘토의식 수업’이라고 볼 수 없다고 말하기도 한다. 아래 송혜선 교원의 말이 그 점을 잘 보여준다.

송혜선: 토의식 수업은 우리가 요즘 많이 하잖아요. 토의 주제 주고, 모둠별로 토의하고 발표하고.

송혜선: 무슨 토의를 하겠어요. 각자 조사해 온 것을 하나씩 말해서 베끼는 것 밖에 없지.

위에서 송혜선 교원은 자신의 수업을 “토의식 수업”이라고 부르면서도 실제로는 토의가 이루어지지 않고 있다고 말한다. 학생들이 토의하기 위해서 발표하는 것은 참고서에 적혀있는 것을 베껴서 말하는 것에 불과하다는 것이다. 그 점은 김인순 교원 역시 비슷하게 지적한다. 수업에서 실제로 이루어지는 토의는 학생들이 정답을 조사해서 발표하고 확인하는 데 머무른다는 것이다.

김인순: 실지로 얘네들을 시켜보면 잘 안 돼요. 그냥 답을 맞춰보는 거지 서로. "야, 그거 답이 뭐냐?", "야, 네 건 틀렸다", "그러면 뭐가 맞냐?", "야, 이게 맞는 거야." 그런 식으로 하더라고.

이런 이유에서 송혜선 교원은 토의식 수업에서 실제로 이루어지는 것은 토의가 아니라 '조사 발표 학습'이라고 규정한다. 토의식 수업이 제대로 이루어지려면 학생들이 정해진 주제에 대해서 처음부터 끝까지 토의를 해야 한다고 생각한다.

송혜선: 지금 하는 것은 조사 발표 학습이에요. 토의 학습은요 처음부터 토의예요. 주제만 정해주고 처음부터 끝까지 토의예요.

특히 하미선 교원은 토의식 수업은 학생들이 스스로 토의해서 공부할 문제를 찾아내고, 거기에 대해서 조별로 토의하고 의견을 정리해서 그 결과를 발표하는 수업이라고 말한다. 그렇지만 한솔반의 토의식 수업은 교원이 미리 선정해 준 문제에 관하여 학생들이 각자 조사해 온 내용을 발표하는 데 그친다. 수업의 외형은 토의식이지만 그 안에서 이루어지는 학생들의 활동 내용은 조사 발표인 것이다. 수업의 형태와 활동의 내용이 불일치하므로 토의식 수업이 아니라고 말하는 것이다. 그래서 하미선 교원은 그러한 수업에 대해서 "짬뽕"이라고 말한다.

탐구자: 그러니까 그 수업에 대해서 정확한 명칭을 붙인다면.

하미선: 짬뽕이죠, 뭐. 사실은…….

요컨대 태산초등학교 교원들이 생각하는 토의식 수업이란 "학생들이 스스로 토의 주제를 정하고 서로 의견을 주고받고 종합해서 정리하는 수업"이다. 그러나 실제로는 학생들이 정답을 조사하여 발표하고 그것이 맞는지 확인하는 방식으로 토의가 이루어진다. 교원들이 생각하는 이상적인 형태의 토의식 수업에는 미치지 못 하는 것이다. 이런 이유에서 태산초등학교 교원들은 자신의 수업을 "토의식 수업"이라고 부르면서도 '토의식 수업'이 아니라거나, "짬뽕"이라고 말한다.

2) 사실 기억

태산초등학교 교원들이 자신의 토의식 수업을 짬뽕이라고 생각하는 데는 학생들이 학습하는 내용과도 관련이 있다. 태산초등학교 교원들이 토의식 수업을 통해서 학생들에게 가르치고자 하는 것 가운데 하나는 역사의 흐름이다. 역사의 흐름을 안다는 것은 고조선 시대부터 삼국 시대를 거쳐서 고려 시대와 조선 시대 그리고 현대에 이르기까지 각 시대별로 어떤 주요한 사건들이 있었는지를 기억하는 것이다. 교원은 학생들이 역사의 흐름을 알도록 하기 위해서 각 시대별로 주요한 사건들과 관련하여 조사할 사항을 과제로 제시하고, 수업 시간에는 그 내용을 외워서 발표하도록 한다. 이와 함께 수업의 말미에 그 시간에 학습한 중요한 사항을 설명한 뒤에 "이거는 중요하니까 알아두세요." 또는 "이거는 꼭 기억해."라고 말하는 것으로 수업을 마친다. 그 결과 학생들은 각 시대별 주요한 사건을 기억할 수 있게 된다. 아래 보란이의 말이 그 점을 보여준다.

탐구자: 그러면 6학년에 올라와서 지금까지 사회 시간에 배운 것을 한마디로 정리해서 말한다면 뭐라고 얘기할 수 있을까?

보 란: 배운 거 많죠. 그거를 한마디로 정리를 한다면요 어떻게 해야 될지 모르겠어요. 그러니까 우리나라는요 삼국 시대에 불교를 들여왔고요. 그리고 백제의 왕인과 고구려의 담징은 일본의 불교 문화 향상에 많은 도움이 되었고요. 또한 고려 시대에는 불교가 활발했구요, 활발했으며 고려가 통일된 후에…….

탐구자: 응. 그럼 너 첫 시간에 배운 것부터 바로 어제 배운 것까지 다 얘기할려고?

보 란: 예.

위에서 보란은 사회 시간에 무엇을 배웠는지 묻는 내 질문에 대해서 삼국 시대부터 고려 시대까지 있었던 주요한 사건들에 대해서 나열하여 말한다. 이것은 교원이 기대하는 바대로 학생들이 토의식 수업을 통해서 역사의 흐름을 알게 된 것이라고 말할 수 있다. 그런데 교원들이 토의식 수업을 통해서 학생들이 기억하기를 기대하는 역사의 흐름은 과거의 사건에만 국한되지 않는다. 거기에는 현재 발생하는 사건들도 포함된다.

아래 송혜선 교원의 말이 그 점을 보여준다.

> 탐구자: 그러면 애들이 한 학기 동안 달라졌나요? 사회과에서, 역사를 배우고 나서.
>
> 송혜선: 많이 달라졌어요. 우선은 책을 많이 읽을려고 해요. 굉장히 많이 늘었어요 독서량이. 자기들끼리 문제도 내고, 신문도 보고. 사회 시간이 시작할 때 꼭 물어보거든요. “오늘 나온 신문은 100년 후의 역사야. 오늘 뭐 나왔어. 100년 후의 역사를 우리는 미리 공부하는 거야.” 그러면 인제 애들이 읽어 와요 쪼금씩.

위에서 송혜선 교원은 현재 일어나는 모든 사건이 미래에는 역사이므로 신문 기사에 관심을 가지도록 학생들에게 요구하고 수업 시간에 기사의 내용에 대해서 질문한다. 물론 이것은 학생들에게 다양한 종류의 독서를 권장하기 위한 것이다. 그렇지만 현재의 사건까지 역사에 포함시킴으로써 역사의 개념이 모호해진다. 그에 따라서 역사를 학습한다는 것의 의미도 혼란스럽게 된다. 결국 학생들은 역사를 학습한다는 것은 다양한 종류의 사건들을 사실로서 기억하는 것이라고 인식하게 된다. 앞에서 보란이가 사회 시간에 무엇을 학습했는지 묻는 질문에 대해서 자신이 기억하는 모든 사건을 시간의 흐름에 따라서 말하고자 한 것이 그 점을 보여준다.

3) 사실 확인

학생들이 토의를 위하여 조사하고 발표하는 방식 또한 태산초등학교 교원들이 자신의 토의식 수업을 짬뽕이라고 생각하는 것과 관련되어 있다. 태산초등학교 교원들이 토의식 수업을 통해서 학생들에게 가르치고자 하는 다른 하나는 공부하는 방법이다. 학생들이 공부하는 방법을 안다는 것은 교원이 사전 과제로 제시한 문제에 대한 해답을 스스로 찾을 줄 안다는 것을 뜻한다. 수업을 하기에 앞서 교원은 학생들에게 조사해야 하는 내용과 질문을 과제로 제시하고, 학생들은 그 과제를 이행하기 위해서 참고 도서나 백과사전 등을 찾아본다. 그 과정에서 학생들은 주어진 문제에 대한 해답을 스스로 찾기 위해서 참고 도서를 찾아보는 방법을 알게 된다.

그런데 학생들은 발표할 때 다른 학생이 발표하지 않은 것을 발표해야 하므로 조사할 때 다른 학생이 찾아보지 않는 도서를 찾아보거나, 다른 학생들이 관심을 가지지 않는 세부적인 사실을 찾느라고 애쓴다. 그리고 발표할 때 그렇게 찾아낸 세부적인 사실과 관련된 문제를 다른 학생들에게 제시한다. 아래는 그와 관련된 장면이다.

병규: 대동여지도는 가로 몇 센치 세로 몇 센치입니까?

학생들: (여기저기서) 야, 그걸 어떻게 아냐. 책에 나와 있어.

정하: 가로 28, 세로 38센치로 되어 있습니다.

도현: 그것은 한 단의 크기지.

위에서 병규는 김정호가 제작한 대동여지도의 전체 크기를 질문했다. 대동여지도는 121개의 목판으로 구성되었으며 전체 크기는 가로 360cm, 세로 684cm이다. 이것은 교과서나 학생용 참고서에는 제시되어 있지 않다. 대신 각 목판의 크기만 제시되어 있다. 그래서 다른 학생들은 121매로 구성된 목판 중 하나의 크기를 묻는 것으로 알고 잘못 대답했다. 그 점에서 병규의 의도는 성공한 셈이다.

이처럼 학생들은 남이 모르는 사실을 발표하기 위해서 다른 학생이 보지 않는 참고서를 보고, 다른 학생들이 대답하기 어려운 아주 세부적인 사실에 관한 문제를 낸다. 그리고 교원은 그런 학생을 우수한 학생으로 인정한다. 아래는 그와 관련된 진술이다.

하미선: 미진이보다 저 같은 경우는 동만이 같은 애들이 더 마음에 들어요. 참 폭이 넓어요. 미진이는 발표를 위한 조사를 많이 해오고. 동만이나 지운이 같은 경우는 남이 모르는, 남이 발표 안 한 거를 어떻게 하면 할 수 있을까 하고 구석구석에서 좀 찾아오는 스타일이고…….

이와 같은 상황 속에서 학생들은 시간이 지남에 따라서 다른 학생이 발표하지 않거나 다른 학생이 대답하기 어려운 사실과 관련된 내용을 조사하고 발표하는 데 관심을 가지고 주의를 기울이게 된다. 그래서 학생들은 점점 더 세부적인 사항들에 대해서 관심을 가지게 되고, 조사하는 일은 다른 학생들이 찾기 어려운 세부적인 사실을 찾는 일이 된다. 그리고 조사하는 과정에서 자신이 원하는 세부적인 사실들을 찾을 수 없을 때는 불만을 느끼기도 한다. 아래 학생들의 말은 그 점을 보여준다.

탐구자: 그러면 혹시 역사를 공부하면서 궁금했던 점은 없었냐?

동 만: 궁금한 게요, 사건이 일어났을 때요, 연도 같은 거 그런 거는 자세하게 나와 있는데요, 몇 시 뭐 그런 거 있잖아요. 그런 게 하나도 안 나와요. 책도 안 나와 있어요. 백과사전에도요. 다 찾아 봤는데 하나도 없어요.

지 운: 이렇게 이렇게 싸움을 하는데요 그 하는 도중을요, 도중에 이렇게 어떻게 교류도 하고 화해도 하자는 소리가 오갔을 텐데요 그런 게 없고 싸움에서는 그냥 승패만 나와요. 이렇게 가운데 사정이 아니고 처음과 끝만 나와요. 그래 갖고 우리 집에 있는 책이란 책은 다 뒤져봤는데요, 처음하고 끝밖에 안 나왔어요. 가운데는 하나도 안 나오고요. 예를 들면, 이렇게 옛날에 백제하고요 신라하고 저기 나당 연합군이 싸우는데요, 거기서 인제 계백 장군이 죽었다. 그리고 거기서 인제 백제군이 크게 패하였다. 그런 거밖에 안 나왔어요.

탐구자: 그러면 앞으로 어떻게 해?

지 운: 어떻게 좀 더 해 봐야지요. 찾아 봐야지요.

위에서 동만이와 지운이는 사건이 발생한 정확한 시각이나 사건이 전개되는 구체적인 과정 등에 관심을 가지고 찾아보려고 한다. 그것을 찾으면 다른 아이들이 발표하지 않은 것을 발표할 수 있게 되기 때문이다. 그러나 그와 관련된 사항은 어느 역사책이나 기록에도 제시되어 있지 않다. 그럼에도 불구하고 학생들은 그와 관련된 내용들을 찾아보려고 한다. 이런 활동을 통해서 학생들이 한편으로는 궁금한 것을 찾아서 확인하는 방법, 즉 공부하는 방법을 익히게 된다고 볼 수도 있다. 그렇지만 다른 한편으로는 발표를 위해서 세부적인 사항들에 관심을 가짐으로써 교원이 기대하는 역사의 흐름을 파악하는 데 방해가 되기도 한다. 나무를 자세히 보느라고 숲을 보지 못하게 되는 결과를 낳는 것이다. 그것을 두고 학생들이 토의식 수업을 통해서 공부하는 방법을 알게 되었다고 말할 수 있는지 의문인 것이다.

2. 짬뽕 수업의 이유

1) 토의식 수업의 개념

태산초등학교 교원들이 자신의 수업을 짬뽕과 같다고 말하는 데는 토의식 수업의 개념이 불명확한 것과도 관련이 있다. 교사용 지도서에서는 사회과 수업에 활용할 수 있는 학습 지도 형태 16가지를 소개하고 있다.[1)] 토의식 수업은 그 가운데 한 가지다. 그런데 토의는 사회과 수업의 한 형태로 제시되기도 하고, 다른 수업 형태의 한 부분으로 제시되기도

1) 그 16가지는 설명식 학습, 문답 학습, 토의 학습, 조사 학습(문헌 조사, 사례 조사, 표본 조사), 현장 학습, 인물 학습, 사료 학습, 자원 인사 초빙, 상황 분석, 융합적 모형, 과제 학습, 구안 학습, 분단 학습, 역할 놀이, 모의 놀이, 정보 처리 학습(버즈, 브레인 스토밍) 등이다.

한다. 예를 들면, 조사 학습, 현장 학습, 인물 학습, 사료 학습, 과제 학습 등을 각각 다른 수업 형태로 구분하고, 이들 수업 형태의 말미에 모두 토의의 과정을 제시한다. 그리고 그 밖의 다른 형태의 수업에서도 토의의 과정이 있을 수 있으며, 그 토의의 형태와 절차는 다양하다고 말한다.

또한 교사용 지도서가 제시하는 토의에 관한 설명 가운데에는 토의라고 보기 어려운 활동까지 포함되어 있다. 교사용 지도서는 토의 수업에 관하여 다음과 같이 설명하고 있다(교육부, 1992a: 20-22).

> 교실에서의 사회과 토의 수업은 사회 현상에 관한 학생 개개인의 의사 표현 능력을 신장시켜 줄 뿐만 아니라, 의사 교환을 통해 서로를 이해하고 존중하며 다양한 생각을 모아 당면한 사회 문제를 해결하거나 의사를 결정할 수 있는 기초적 능력을 길러주는 데 의의가 있다. 이를 위해 교원은 토의가 활발하게 이루어지도록 분위기를 조성하고 토의에 필요한 기초적인 능력을 학생에게 익혀주어야 한다. 토의는 교원이 중심이 되어 토의가 전개되는 '닫힌 토의'와, 학생이 주도가 되어 이루어지는 '열린 토의'로 구분할 수 있다. 토의의 형태는 일제 문답식, 대화식, 강단식, 자유 토의, 공개식, 대좌식, 원탁식, 배심 토의, 워크숍, 버즈, 브레인 스토밍 등 내용에 알맞는 운영 방식을 취할 수 있다.
>
> 토의의 절차는 주제나 토의 형태에 따라 달라질 수 있으나 일반적으로 다음의 절차를 따른다. 첫째, 토의가 이루어질 수 있는 문제 상황을 설정하고 그에 따른 주제를 정한다. 둘째, 토의 방식과 집단 그리고 각각의 역할을 결정한다. 셋째, 토의 주제를 확인하고 토의를 시작한다. 이때 소집단별 토의를 먼저 하고 뒤이어 전체 토의를 할 수도 있다. 넷째, 소집단별 토의 결과를 정리해서 발표한 뒤에 전체 토의를 거쳐 종합하여 정

리한다. 이때 교원은 토의 내용에 대한 결론을 내리지 않고 토의 과정에 대한 반성과 지도를 한다.

위의 설명을 다시 요약하면, 토의식 수업은 일반적으로 '토의 주제 선정 → 토의 방식 결정 → 토의 → 정리'의 순으로 이루어진다. 이 과정 중에서 토의는 수업의 내용에 따라서 일제 문답식, 대화식, 강단식, 자유토의, 공개식, 대좌식, 원탁식, 배심토의, 워크숍, 버즈, 브레인 스토밍 등 다양한 방식으로 이루어진다. 그런데 여기에 제시된 토의의 방식 가운데는 일제 문답식, 강단식, 워크숍 등은 토의라고 보기 어렵다.

이처럼 교사용 지도서는 토의를 수업의 한 형태로서 설명하기도 하고, 수업 형태의 한 부분으로서 설명하기도 한다. 그리고 토의라고 보기 어려운 활동까지 토의의 유형 가운데 하나로서 제시하고 있다. 교사용 지도서가 설명하고 있는 토의식 수업 또는 토의의 개념 자체가 혼란스러운 것이다. 태산초등학교 교원들은 이러한 개념을 기초로 토의식 수업을 준비하고 운영함으로써 그 실제 모습이 짬뽕과 같은 결과를 낳았다.

2) 발표와 보상

태산초등학교 교원들은 토의식 수업을 통해서 학생들에게 재미있으면서 자신에게 편하게 역사를 가르치고자 한다. 학생들이 역사를 재미있게 학습하도록 하기 위해서 한편으로는 학생들에게 역사와 관련된 재미있는 이야기를 들려주기도 하고 다른 한편으로는 학생들이 수업에 적극 참여할 수 있게 한다. 특히 토의식 수업은 교원의 설명보다는 학생들의 발표가 중심이 되므로 학생들의 참여가 중요하다. 그래서 교원들은 학생들의 참여를 유도하기 위해서 수업 시간에 발표한 횟수를 기록하고, 발표를 많이 한 학생에게 상을 준다. 학생들은 상을 받기 위해서뿐만 아니라 자신이 발표를 많이 했다는 것을 다른 학생에게 과시하기 위해서라도 발표하기 위해서 애쓴다.

그런데 학생들의 모든 발표를 허용하거나 인정하면 수업 내용과 관련이 없는 것을 발표하게 된다. 즉 발표만을 위해서 발표하는 일이 발생한다. 이런 문제를 해결하기 위해서 교원들은 학생들이 발표해야 할 내용을 미리 정해준다. 교원이 학생들에게 제시하는 과제 학습이 그것이다. 학생들은 과제 학습에 제시된 내용과 관련된 사항을 미리 조사하고 그 내용을 발표한다. 이렇게 함으로써 학생들은 수업 내용과 관련이 없는 사항은 발표하지 않게 된다.

그런데 이렇게 할 경우에 학생들이 조사하기 위해서 참고하는 자료들이 한정되어 있기 때문에 조사의 결과가 서로 동일하므로 다른 학생이 이미 발표한 것을 중복해서 발표하는 일이 발생하게 된다. 이런 문제를 해결하기 위해서 교원들은 학생들에게 다른 학생이 발표하지 않는 내용을 발표할 때만 발표로 인정한다는 조건을 제시한다. 그렇게 함으로써 학생들은 다른 학생보다 먼저 손을 들어서 사회자로부터 지명받기 위해서 애쓴다. 또한 다른 학생이 발표하지 않을만할 내용을 조사하기 위해서 애쓴다. 그 결과 학생들은 역사적 사건이 발생한 정확한 시각, 정확한 장소, 구체적인 전개 과정 등을 알아내기 위해서 이 책 저 책 찾아보게 된다.

이렇게 함으로써 학생들은 시간이 지날수록 점점 더 다양한 자료를 찾아보고 세부적인 사실을 조사하는 데 관심을 쏟는다. 그 결과 학생들은 한편으로는 궁금한 것을 찾아보고 조사하는 태도와 습관을 형성하기도 한다. 그렇지만 다른 한편으로는 마치 숨은그림찾기나 보물찾기하듯이 역사 학습을 하게 된다. 교원이 학습하기를 기대하는 역사의 흐름에 대한 관심으로부터 멀어지게 된다. 학생들의 발표를 조장하기 위해서 만든 보상 제도와 조건이 이러한 결과를 낳게 한 것이다. 교원들은 그런 모습을 두고 짬뽕과 같다고 말하는 것이다.

3) 수업의 구성

토의식 수업에서 학생들이 주제를 중심으로 서로의 의견을 주고받기보다는 단순한 사실을 발표하고 정답을 확인하는 데 머무르거나, 역사의 흐름을 파악하기보다는 세부적인 사실을 확인하는 데 더 관심을 가지게 되는 것은 수업의 구성과도 관련이 있다. 태산초등학교의 토의식 수업은 학생들이 과제 학습을 하는 것으로부터 시작된다. 학생들은 교원이 사전에 제시한 과제 학습의 내용에 따라서 수업 시간에 발표할 내용을 조사한다. 수업 시간에는 먼저 모둠별로 한 학생이 사회를 보는 가운데 각자 조사한 내용을 돌아가면서 발표하고, 이어서 전체 학생이 참여하는 가운데 사회자의 지명을 받아서 조사한 내용을 발표하거나 문제를 제시하고 정답을 말한다.

이 과정에서 학생들이 발표하는 내용은 학생들이 조사하는 내용에 따라서 결정되고, 학생들이 조사하는 내용은 교원이 과제 학습으로 제시하는 내용에 의해서 결정된다. 예를 들면, "독립협회의 조직 목적과 활동 내용 알아보기", "대한제국의 탄생과 한 일", "조선 말기 자주 독립 운동의 의의와 교훈 알기" 등이 그것이다. 하미선 교원이 역사 관련 단원을 가르치면서 학생에게 제시한 문제는 총 135개이며, 그중에서 116개가 인물의 업적이나 사건의 전개 과정에 관하여 묻는 질문이고, 10개는 사건의 발생 원인을 묻는 질문, 나머지 9개는 사건의 의의를 묻는 질문이었다.

그런데 인물의 업적은 사건을 달리 지칭하는 말이고, 사건의 발생 원인 역시 사건과 관련된 질문이라는 점을 고려하면 135개의 질문 중에서 126개의 질문이 과거의 사건을 확인하는 질문이라고 볼 수 있다. 과제 학습의 내용이 이러하므로 학생들의 조사 내용은 과거의 사건을 사실로서 확인하는 데 국한되고, 사건의 의의를 묻는 질문에 대해서조차 교과서나 참고서에 적힌 내용을 베낀 것이 된다. 그에 따라서 수업 중에 이루어지는 학생들의 발표 역시 사실을 말하는 일이 되며, 토의는 그 사실이 정답인지의 여부를 확인하는 일이 된다.

이런 상황에서 학생들이 과거의 사건에 관하여 의견을 제시하고, 그 의견의 타당성을 두고 서로 검토하는 토의를 하기를 기대하기 어렵다. 거기에다가 발표를 많이 한 학생에게는 상을 주고, 다른 학생이 발표한 것을 다시 발표하면 경고하거나 벌을 줌으로써 학생들은 지엽적이고 세부적인 사실에 더 관심을 가지게 된다. 결국 위와 같은 과제 학습을 중심으로 이루어진 수업의 구성이 교원의 기대와는 다르게 학생들로 하여금 토의하기보다는 사실을 조사하여 발표하고 확인하는 길로 나아가도록 한 것이다.

4) 역사와 역사 학습

태산초등학교 교원들이 구성한 토의식 역사 수업에는 역사와 역사 학습에 관한 특정한 사고가 전제되어 있다. 그것은 역사는 과거의 사건에 대한 기록이고, 역사를 학습하는 것은 과거의 사건들을 사실로서 기억하는 일이라는 것이다. 그러므로 교원들은 과제 학습을 통해서 학생들에게 과거의 사건들을 조사하여 발표하도록 요구하고, 수업 중에는 그것을 기억하라고 강조한다. 그 점은 교원의 다음 말을 통해서도 알 수 있다.

탐구자: 그러니까 아이들에게 박물관에 직접 가서 조사하도록 하는 것은 흔하지 않은 숙제거든요, 그렇게 하는 특별한 이유가 있습니까?

김성순: 사람의 기억력이 제일 오래 기억되는 것이 직접 보는 것, 두 번째가 영상 이런 식으로 쭉 나오잖아요. 그러니까 가서 보는 게 제일 기억이 되죠. 기억도 되고, 그게 어떤 기회가 돼 가지고 거기서 파생되는 모든 걸 다 자기가 알아볼 수 있고 조사 근거를 마련해 주는 것 같아요.

위에서 김성순 교원은 학생들에게 박물관에 가는 숙제를 내주는 이유가 박물관이나 기념관 등에 직접 가서 보고 조사하면 그 내용을 오래 기억할 수 있기 때문이라고 말한다. 그 말은 역사는 기억의 대상이라는 사고를 전제로 한다. 이때 기억의 대상이 될 수 있는 역사는 다름 아닌 과거의 사건들이다. 태산초등학교 교원들은 과거의 사건들을 시간의 흐름에 따라서 나열한 것을 "역사의 흐름"이라고 부르고, 토의식 수업을 통해서 학생들에게 그것을 알게 하려고 하는 것이다.

태산초등학교 교원들은 이런 사고를 바탕으로 학생들에게 과제 학습을 제시하고, 학생들은 조사한 결과를 모둠 토의와 전체 토의를 통해서 발표하고, 교원이 주요한 내용을 다시 강조하여 설명하는 방식으로 수업을 구성한다. 학생들은 이런 수업에 참여함으로써 과거의 사건들을 기억하게 되고, 교원이 직접 언급하지 않았음에도 불구하고 "역사는 조상의 발자취"라고 나름대로 정의 내리게 되었다. 그것은 교원이 학습하기를 기대한 "역사의 흐름"을 다르게 표현한 것이다. 이러한 사실은 비록 교원이나 학생이 의식하지는 못하더라도 토의식 역사 수업의 이면에는 모종의 역사관이 가정되어 있으며, 토의식 수업의 과정을 통해서 그 역사관이 학생에게 전수되었음을 짐작할 수 있게 한다.

요컨대, 토의식 수업은 역사는 과거의 사건에 대한 기록이라는 사고를 전제로 삼고 있다. 교원은 그 역사관을 토대로 하여 학생에게 역사의 흐름과 공부하는 방법을 가르쳐야 한다고 생각하고, 과거의 사건을 확인하는 질문을 제시하며, 학생은 그 질문에 답하기 위해서 과거의 사건을 기록해 놓은 책을 조사하고, 다른 학생이 모를 만한 내용을 찾아서 발표한다. 그리고 교원은 학생들에게 외워서 발표하라고 지시하고, 학생들은 외워서 발표한다. 이런 행위들은 모두 역사는 과거의 사건에 대한 기록이며 역사를 학습한다는 것은 과거의 사건을 사실로서 기억하는 일이라는 사고가 구체적으로 구현된 것이다. 그 모습을 두고 태산초등학교 교원들은 짬뽕이라고 말하는 것이다.

3. 짬뽕 수업의 의미

1) 미완

어떤 대상 안에 여러 가지 요소들이 질서나 일관성 없이 뒤섞여 있을 때 우리는 보통 그것을 비하하거나 얕잡아 보는 의미로 "짬뽕"이라고 말한다. 그 점에 비추어 보면 태산초등학교 교원들이 자신의 토의식 수업을 짬뽕이라고 말한다는 것은 토의식 수업에 여러 가지가 뒤섞여 있다는 것과 토의식 수업을 만족스럽게 여기지 않는다는 것을 뜻한다고 유추할 수 있다. 앞서 살펴본 바와 같이 토의식 수업에는 여러 가지가 섞여 있다. 교원들은 그중 일부에 대해서는 긍정적으로 바라보고, 다른 일부에 대해서는 부정적으로 바라본다.

태산초등학교 교원들은 토의식 수업을 통해서 역사 흐름과 민족 의식과 공부하는 방법 등을 학생들에게 재미있고 자신에게 편리하게 가르치고자 했다. 학생들이 초기에는 교원이 제시하는 과제 학습과 관련하여 조사하고 발표하는 데에 서툴렀지만 시간이 지날수록 조사와 발표에 익숙해지고 수업에 적극 참여하게 되었다. 그 결과 학생들은 주요한 역사적 사건들을 시간의 흐름에 따라서 기억할 수 있게 되고, 조상의 역사에 대해서 자부심을 느끼게 되었다. 이와 함께 과거의 사건들과 관련하여 궁금한 점들을 조사하여 찾아보는 과정에서 공부하는 방법을 익힐 수 있게 되었으며, 학생들끼리 사회를 보고 발표하면서 교원의 간섭 없이 자율적으로 학습하는 습관도 형성하게 되었다.

학생들의 이러한 변화는 교원이 토의식 수업을 통해서 이루고자 한 수업의 이상을 실현한 것처럼 보인다. 학생들은 역사 학습에 재미를 느끼고 역사에도 관심을 가지게 되었다. 또한 교원들은 수업 시간에 학생들에게 역사의 내용을 힘들여 설명하지 않아도 되며, 학생들에게 억지로 설명을 듣도록 강요하지 않아도 되었다. 오히려 수업 시간에 틈틈이 다른 업무를 할 수도 있게 되었다. 즉 토의식 수업을 통해서 학생의 재미와 교원의 편리도 동시에 충족하게 되었다.

그렇지만 교원들이 보기에 학생들이 수업 중에 보이는 토의는 기대한 것과는 거리가 있다. 교원들이 기대하는 토의는 학생들이 과거의 사건과 관련하여 자신의 의견을 제시하고 그 의견을 함께 검토하는 것이다. 그에 비해서 학생들의 조사는 단편적이고 세부적인 사실을 확인하는 데 집중되어 있고, 발표와 토의는 참고 도서에 적힌 내용을 되풀이해서 말하고 그것이 정답인지의 여부를 확인하는 데 머무른다. 이것은 교원들이 머릿속에서 그리는 토의식 수업이 아니다.

이처럼 태산초등학교 6학년 교실에서 이루어지는 토의식 수업은 긍정적인 면도 있고 부정적인 면도 있다. 교원들이 실현하고자 하는 수업의 이상에 비추어 보면 긍정적이지만, 토의식 수업의 이상에 비추어보면 부정적이다. 수업의 이상은 실현했지만, 토의식 수업의 이상은 실현하지 못한 것이다. 태산초등학교의 토의식 수업에는 이러한 두 가지 모습이 섞여 있으며, 그 점에서 교원들이 추구하는 이상적인 수업으로서는 미완인 것이다. 이러한 미완으로서의 토의식 수업을 교원들은 짬뽕이라고 은유적으로 말하는 것이다.

2) 모순

태산초등학교 교원들이 자신의 토의식 수업을 짬뽕이라고 말하는 것은 토의식 수업에 모순이 있음을 자인하는 말이기도 하다. 토의식 수업에 섞여있는 여러 가지 모습이 서로 모순되는 관계에 있다는 것이다. 학생들이 조사한 내용을 발표하고 정답 여부를 확인하는 일을 토의라고 부르거나, 학생들이 스스로 생각해서 대답해야 하는 질문들에 대해서도 참고서에 적혀있는 내용을 베껴서 말하거나, 수업의 구성 방식이 학생들로 하여금 토의할 수 없도록 함에도 불구하고 토의하기를 기대하는 것 등이 그것이다.

앞서 확인한 것처럼 태산초등학교의 토의식 수업의 구성 방식 안에서는 학생들이 토의하는 일이 불가능하다. 태산초등학교의 토의식 수업은 역사와 역사 학습에 관한 특정한 사고를 전제로 하고 있다. 그것은 역사는 과거의 사건에 대한 기록이고, 역사 학습은 과거의 사건을 기억하는 일이라는 것이다. 학생들이 사전에 수행하는 과제 학습, 모둠별 토의, 전체 토의, 교원의 추가 설명 등은 이러한 사고를 전제로 하는 가운데 이루어진다. 또한 학생의 참여를 조장하기 위해서 보상하고, 무분별한 발표를 방지하기 위해서 동일한 내용을 발표하지 못하게 벌을 준다. 그렇게 함으로써 학생들은 과거의 사건을 세부적인 사항까지 조사하여 발표하고 그것이 정답인지의 여부를 확인하고 기억하는 데 집중하게 된다. 이런 수업의 구성 방식 안에서 학생들이 과거의 사건에 관하여 자신의 의견을 말하고 서로 검토하기를 기대하는 것은 모순적이다. 또한 그런 수업을 토의식 수업이라고 부르는 것 역시 모순이다. 토의식 수업이 짬뽕이라는 말은 바로 이런 모순을 지적하는 말이라고 볼 수 있다.

또 다른 모순은 토의식 수업을 짬뽕이라고 생각하면서 토의식 수업을 계속 한다는 점이다. 태산초등학교 교원들은 자신의 토의식 수업을 바람직하게 여기지 않는다. 그렇다면 그러한 토의식 수업을 하지 않거나 개선하기 위해서 애써야 한다. 짬뽕과 같은 토의식 수업을 하고 있는 자신에 대해서 또는 그런 수업을 할 수밖에 없는 현실을 개선하기 위해서 애써야 할 것이다. 그러나 교원들은 그와 관련된 별도의 노력을 기울이지는 않는다. 토의식 수업이 아니라거나 짬뽕이라고 말하는 것이 전부이다. 그러면서 여전히 일상적으로는 토의식 수업을 한다. 언어적인 논리로만 생각해 보면 이것은 모순적이다. 토의식 수업이 바람직하지 않다면 그것을 하지 않아야 하고, 토의식 수업을 일상적으로 하려면 그것을 부정하지 않아야 한다. 그러나 그들은 토의식 수업을 부정하면서 일상적으로는 토의식 수업을 하고 있다.

교원이 이와 같이 모순적인 태도를 견지하는 것은 토의식 수업이 다른 한편으로는 학생들이 수업에 재미있게 참여하도록 하고, 교원이 편리하게 수업할 수 있도록 하기 때문이다. 만일 교원이 학생들로 하여금 본격적으로 토의하도록 하려면 역사와 역사 학습의 의미, 과제 학습의 내용, 학생들의 발표 내용과 그에 대한 검토의 방식과 태도 등등이 모두 달라져야 한다. 그렇게 하려면 교원 자신이 먼저 역사와 토의와 학생 지도법 등에 대해서 새롭게 공부해야 한다. 지금보다 훨씬 많은 시간과 노력을 들여서 학생들을 지도하고 안내해야 한다. 그 과정에서 학생들은 새로운 것을 익히느라고 역사 학습에 흥미를 잃고 교원과의 관계도 악화될 수도 있다. 그러나 당장 교육과정에 따라서 학생들 지도해야 하는 교원으로서는 그 일을 할 수 없다. 결국 교원은 현재 학교의 환경과 자신과 학생이 할 수 있는 범위 내에서 토의식 수업을 함으로써 모순적인 상황을 지속하고 있는 것이다. 토의식 수업이 짬뽕이라는 말은 이러한 모순적인 상황에 놓인 교원 자신의 처지를 함축적으로 말하는 것이라고 볼 수 있다.

3) 희망

태산초등학교 교원들의 토의식 수업이 짬뽕과 같다고 말하는 것은 토의식 수업의 한계와 부족한 점을 자인하는 것이기도 하지만, 다른 한편으로는 희망을 함축하는 것이기도 하다. 교원들은 현재의 제한된 학교와 교실의 환경 속에서 자신이 생각하는 수업의 이상을 실현하기 위해서 기존의 교과서 해설식 수업과는 다른 수업의 형태의 수업을 시도했다. 그 결과가 비록 짬뽕과 같은 모습이라고 할지라도 그것은 교원들이 당면한 문제를 해결하기 위한 나름의 시도였다. 그런 수업에 대해서 "짬뽕이죠, 뭐."라고 말하는 것은 그것이 불만족스럽다는 것을 뜻하기도 하지만, 교원들이 이상적인 토의식 수업을 마음 속에 그리고 있으며 수업이 그 방향으로 나아지기를 희망한다는 것을 뜻하기도 한다. 그것은 마치 처음으로 밥 짓기를 시도해서 삼층밥을 지은 아이가 "삼층밥 지었어요."라고 말하는 것은 밥을 잘못 지었음을 뜻하기도 하지만, 마음 속으로는 잘 된 밥을 그리고 있으며 다음에는 잘 된 밥을 짓기를 희망한다는 것을 뜻하는 것과 마찬가지다.

태산초등학교 교원들이 자신의 수업이 짬뽕이라고 말하는 것이 희망을 함축하고 있다는 점은 학생들의 변화된 모습에서 찾을 수 있다. 학생들은 토의식 수업을 통해서 역사 학습에 재미를 느끼고 관심을 가지게 되었다. 그것은 마치 우동만 먹던 고객들에게 짬뽕이라는 새로운 요리를 제공함으로써 손님들이 자주 찾아오게 한 것과 유사하다. 그리고 그 관심은 학생들이 역사에 관하여 또 다른 궁금증을 가지고 해답을 찾아 나서도록 하기도 했다. 예를 들면 다음과 같은 경우다.

탐구자: 그러면 혹시 역사를 공부하면서 궁금했던 점은 없었냐?

미 진: 그러니까 이 책하고 저 책하고요 아주 중요한 내용은 똑같지만, 그 전이나 다음에 있었던 일 같은 거는요 조금씩 달라요. TV에서 하는 거하고 라디오에서 하는 거하고 책하고 내용이 조금씩 달라요. 그런데 어떤 거는 굉장히 작은 차이라도 나중에는 큰 저기가 되잖아요. 그런 것처럼요, 서로 맞지 않는 이야기가 있으니까요 그런 거를 읽을 때는 좀 어떤 게 맞는지 궁금해요.

탐구자: 그럴 때는 어떻게 했어?

미 진: 엄마한테 물어보고요 과외 선생님한테 물어보고, 그리고 그중에서 가장 정확하고 비슷한 답을 얻어서 그 책을 또 읽어보고 그러지요.

탐구자: 그러면 각각 다 다를 때는 어떻게 하니?

미 진: 그러면 비슷한 내용이 많은 것끼리 읽어야 되지 않을까요?

위에서 미진이는 과제 학습을 위해서 책뿐만 아니라 라디오나 텔레비전에서 소개하는 내용들을 함께 참고했다. 그런데 각각의 자료에서 제시하는 내용이 세부적인 사항에서 차이가 있다는 것을 알게 되었다. 미진이는 어떤 내용이 맞는지 알기 위해서 주변 사람들에게 묻기도 하고 다른 책을 찾아보기도 했다. 이 일은 역사를 탐구하는 학자가 사료의 진실성을 확인하기 위해서 다양한 사료를 함께 검토하는 일과 형식상 동일하다. 학생들은 이러한 과정을 통해서 과거의 사건에 관한 기록이 객관적이지 않을 수 있으며, 그 진실성은 자신이 스스로 판단해야 함을 간접적으로 알게 된다. 더 나아가서 역사의 학습이란 단순히 과거의 사건을 기억하는 일만이 아니라 그것을 토대로 사건의 의미나 의의를 이해하는 일임을 알게 될 수도 있다.

이러한 결과는 물론 교원이 의도한 것은 아니다. 모든 학생이 이와 같은 의문을 가지게 된 것도 아니다. 그렇지만 학생들 가운데 일부는 토의식 수업에 참여함으로써 위와 같은 의문을 가지고 나름대로 해답을 찾아보려고 했다. 그러한 태도와 습관은 이후의 역사 학습뿐만 아니라 다른 교과의 학습에도 반영될 가능성이 크다. 학생들의 이러한 모습이 태산초등학교 교원들의 짬뽕이라는 말에 함축되어 있는 희망을 보여준다.

제2장

수업의 대안 실천

1. 짬뽕 수업의 대안
2. 학생의 성장 방안
3. 교원의 성장 과제
4. 정부의 과제

태산초등학교 교원들은 자신의 토의식 수업이 짬뽕에 머무르지 않고 이상적인 토의식 수업이 되기를 희망한다. 교원들의 그 희망이 실현되기 위해서는 여러 가지 문제를 해결해야 한다. 무엇보다도 먼저 학생들이 토의식 수업에 필요한 탐구와 토의의 방법을 알아야 하지만 이것은 언어로 전달될 수 없으므로 워크숍의 과정을 통해서 익히도록 해야 한다. 이와 함께 수업이 학생이 탐구와 토의의 방법으로 역사를 학습할 수 있도록 구성되어야 하고 교원의 역할도 전달자나 진행자가 아니라 매개자로서 변화되어야 한다. 그와 함께 역사의 학습과 탐구와 토론 또는 토의의 의미를 새롭게 형성해야 한다.

한편 교원들이 이러한 토의식 수업을 할 수 있으려면 현재의 국가 교육과정의 운영 체제가 달라져야 하며, 워크숍의 과정을 통해서 교원들이 학생들에게 탐구와 토론의 방법으로 역사를 학습하는 방법을 익히도록 적절히 매개하는 방법을 익힐 수 있게 해야 한다. 이하에서는 태산초등학교 교원들이 이상적인 토의식 수업을 할 수 있으려면 학생과 교원, 그리고 정부가 각각 무엇을 어떻게 해야 하는지를 윤곽의 수준에서 간략히 제안한다.

1. 짬뽕 수업의 대안

1) 토의식 수업의 이상

태산초등학교 교원들이 자신의 교실에서 이루어지는 토의식 수업을 짬뽕이라고 말하는 것은 그것이 자신이 생각하는 이상적인 토의식 수업에 미치지 못하기 때문이다. 그들이 기대하는 이상적인 토의식 수업은 "정해진 주제에 대해서 처음부터 끝까지 토의"하는 수업 또는 "학생들이 스스로 토의 주제를 정하고 서로 의견을 주고받고 종합해서 정리하는 수업"이다. 간단히 말하면 '학생들이 주제에 대해서 서로의 의견을 주고받고 종합해서 정리하는 수업'이다.

교원들이 이상적인 것으로 생각하는 토의식 수업에서 핵심이 되는 것은 학생들이 의견을 주고받는다는 것이다. 그것은 정해진 주제와 관련하여 단순히 사실을 말하는 것이 아니라, 그 사실과 관련하여 자신의 주관적인 의견을 서로 말하는 것이다. 또한 학생들은 의견을 주고받기만 하는 것이 아니라 종합해서 정리하는 것이다. 그것은 서로의 의견이 정답인지 아닌지를 판단하는 일이 아니라 그 의견이 좋은지 나쁜지, 옳은지 그른지, 타당한지 아닌지 등에 관하여 서로 의견을 제시함으로써 좀 더 일리 있거나 타당한 의견을 종합하여 형성하는 것이다.

교원들은 이와 같이 주제와 관련하여 서로의 의견을 말하고 서로 검토함으로써 좀 더 타당한 의견을 종합하여 형성하는 일을 토의(討議)라고 생각하고, 이러한 토의가 활발하게 이루어지는 수업이 이상적인 토의식 수업이라고 생각한다. 이러한 토의식 수업이 이루어지기 위해서는 주제가 있어야 하며, 주제는 스스로 정할 수도 있고 교원이 정해줄 수도 있다. 예를 들면 다음과 같은 주제를 제시할 수 있다.

일제가 우리나라를 강제로 병합하자 우리 국민들은 나라를 되찾기 위

> 해서 많은 노력을 했습니다. 전국 각지에서 의병 활동을 하고, 이토오히로부미를 사살하고, 일본에 진 빚을 갚기 위해 국채보상운동을 전개하고, 국학을 연구하고, 학교를 세우고, 독립협회를 만들어서 운영했습니다. 여러분이 그 시대의 독립 운동가라면 여러분은 나라를 되찾기 위해서 무슨 일을 하겠습니까? 그 일을 왜 하려는지, 그 일을 어떻게 할 것인지 생각해 보기 바랍니다. 지금까지 다른 사람이 하지 않은 일을 생각해서 발표하기 바랍니다.

위에서 교원은 학생들에게 자신이 일제 침략기에 활동한 독립 운동가라면 나라를 되찾기 위해서 무슨 일을 할 것인지 생각해 보게 한다. 여기에 덧붙여서 기존에 알려지지 않은 일을 생각하고, 그 일을 왜 하려고 하는지, 그 일을 어떻게 할 것인지도 함께 생각하도록 요구한다. 학생들이 그 요구에 따르자면 창의적이고, 목적이 타당하고, 구체적인 일을 각자 생각해 내야 한다. 이 주제는 정답이 없으므로 학생들은 교원이 제시한 요건의 범위 내에서 자유롭게 자신의 의견을 말할 수 있다. 그리고 서로의 의견에 대해서 다양하게 의견을 말하거나 묻는 가운데 검토함으로써 좀 더 나은 의견을 종합하여 형성할 수 있다. 아마도 이 과정에서 학생들은 다양한 의견들을 제시하고, 서로의 의견에 대해서 활발하게 묻고 대답할 것이다.

2) 토의식 수업의 토대

토의식 수업이 위와 같이 이루어질 수 있으려면 학생들이 토의할 수 있어야 한다. 예를 들면 위에서 교원이 제시한 주제와 관련하여 교원이 제시한 요건에 부합하도록 각자의 의견을 서로 말하고 검토할 수 있어야 한다. 그러기 위해서는 우선 일제 침략기의 시대적 배경과 상황에 대해서 알아야 한다. 그것을 알아야 나라를 되찾기 위해서 무슨 일을 할 수 있는지, 어떻게 하는 것이 좋은지 생각해 낼 수 있다. 또한 그 당시에 독립 운동가들이 나라를 되찾기 위해서 무슨 일들을 했는지, 왜 그 일을 했는지, 어떻게 그 일을 했는지 알아야 한다. 그것을 알아야 새로운 일을 생각해 낼 수 있다. 또한 그것을 참고삼아서 자신이 왜 그 일을 하려고 하는지, 어떻게 하는 것이 좋은지 생각해 낼 수 있다.

이와 함께 교원이 제시한 주제와 요건에 알맞도록 자신의 의견을 구성해 낼 수 있어야 한다. 과거의 사건과 관련하여 자신의 의견을 구성해 내는 것은 과거의 사건에 관하여 아는 것과 연관되어 있기는 하지만 양자는 별개의 일이다. 그 일을 하려면 과거의 사건들에 관한 정보를 검토하고 종합한 것을 바탕으로 새로운 목적이나 새로운 활동을 도출해 내야 한다. 또한 목적과 활동 사이의 정합성도 고려해야 한다. 그리고 그 일의 구체적인 실현 방안도 모색해야 한다. 이러한 일들은 조사에 의해서는 할 수 없는 것들이다. 학생들이 직접 사고해야만 하는 것들이다. 즉 학생들이 토의하려면 이러한 사고를 할 수 있어야 한다. 그리고 그러한 사고의 결과를 다른 학생들에게 설득력 있게 전달할 수 있어야 한다.

또한 학생들이 토의할 수 있으려면 서로의 의견이 타당한지의 여부를 검토할 수 있어야 한다. 토의는 발표로만 이루어지지 않는다. 토의 활동의 중심은 의견을 발표하는 것이 아니라 의견을 검토하는 것이다. 서로의 의견을 검토함으로써 더 나은 의견을 함께 형성해 가는 것이다. 그러므로 토의를 잘 할 수 있으려면 타인의 의견을 잘 검토할 수 있어야 한다. 그러기 위해서는 타인의 의견을 정확히 듣고 이해할 수 있어야 한다. 그리고 그 의견의 타당성을 검토하고, 검토한 결과로서 자신의 의견을 타인에게 정확히 전달할 수 있어야 한다. 학생들은 이러한 검토의 과정을 통해서 서로의 의견을 좀 더 타당한 의견으로 수정하거나 보완할 수 있어야 한다.

요컨대 교원들이 기대한 바대로 토의식 수업이 이루어지려면 학생들이 토의 주제와 관련된 정보들을 충분히 알고 있어야 한다. 그러한 정보를 바탕으로 주제와 관련된 자신의 의견을 구성하고 다른 학생들에게 설득력 있게 전달할 수 있어야 한다. 그와 함께 다른 학생이 제시한 의견을 주제와 관련하여 타당한지 검토하고, 그 결과를 자신의 의견으로서 설득력 있게 제시할 수 있어야 한다. 이런 과정을 통해서 주제와 관련해서 좀 더 타당한 의견을 종합해서 형성할 수 있어야 한다.

3) 역설적 문제 상황 (2)

그런데 태산초등학교 학생들은 아직 위와 같은 토의를 할 줄 모른다. 위와 같은 토의의 세계가 있다는 것조차 알지 못한다. 그들은 과거의 사건을 사실로서 기억하는 일이 역사를 학습하는 일의 전부라고 알고 있다. 토의는 과거의 사건과 관련하여 자신이 조사한 내용을 발표하고 그것이 정답인지의 여부를 확인하는 것이라고 알고 있다. 그들은 과거의 사건을 세부적인 사항까지 알기 위해서 다양한 참고 자료를 찾아보고 발표하는 것이 역사 학습과 토의를 잘 하는 것이라고 알고 있다. 학생들은 이런 의미의 역사 학습에 재미를 느끼고 있다. 지금으로서는 이런 학생들이 교원이 기대하는 이상적인 토의식 수업을 하는 것은 불가능하다.

그렇지만 학생들이 영원히 이상적인 토의식 수업을 할 수 없는 것은 아니다. 교원들이 시도하기 이전에는 학생들은 조사 발표 학습마저도 제대로 할 수 없었다. 사회과 학습은 교원의 설명을 듣고 외우는 것이라고만 알고 있던 학생들이 미완의 형태로나마 토의식 수업을 할 수 있었던 것은 교원의 시도가 있었기 때문이다. 그와 마찬가지로 교원이 또 다른 시도를 하게 된다면 학생들은 이상적인 형태의 토의식 수업을 해낼 수 있을 것이다. 즉 학생들에게 과거의 사건과 관련하여 서로의 의견을 검토하고 더 나은 의견을 함께 형성할 수 있도록 적절히 안내하고 지도한다면 교원들이 바라는 이상적인 토의식 수업을 할 수 있게 될 것이다.

그런데 여기에는 또 다른 해결해야 하는 문제가 자리 잡고 있다. 그것은 교원 자신도 아직은 이상적인 형태의 토의식 수업을 할 수 없다는 점이다. 교원도 학생과 마찬가지로 역사를 학습한다는 것은 과거의 사건을 시간의 흐름에 따라서 기억하는 것이라고 생각한다. 그 과정에서 민족의식을 형성하고 공부하는 방법을 알게 되는 것이라고 생각한다. 과거의 사건과 관련하여 자신의 의견을 적극적으로 개진하고, 그 의견의 타당성을 두고 토의하거나 토론해 본 적이 없다. 토의하려면 어떤 사고의 과정을 거쳐야 하는지, 여러 사람의 의견을 종합해서 하나의 의견으로 정리하려면 어떻게 토의해야 하는지 등에 관해서는 구체적으로 알지 못한다.

교원 자신이 그런 방식으로 역사를 학습해 본 적이 없기 때문이다.

그런 점에서 학생들이 이상적인 형태의 토의식 수업을 할 수 있기를 바라는 교원의 희망은 이중적인 의미에서 역설적이다. 하나는 아직 토의를 할 수 없는 학생들이 토의식 수업을 할 수 있게 되기를 바란다는 점에서 역설적이고, 다른 하나는 아직 교원 자신도 토의를 할 수 없음에도 학생들이 토의를 할 수 있게 되기를 바란다는 점에서 역설적이다. 그것은 마치 앞으로 옆으로 걷는 어미 게가 역시 옆으로 걷는 새끼 게에게 앞으로 걷게 되기를 희망하는 것과 마찬가지다.

그러므로 태산초등학교 교원들이 이상적인 토의식 수업을 할 수 있게 되려면 두 가지 문제를 해결해야 한다.

하나는 학생들이 토의의 과정을 통해서 역사를 학습할 수 있도록 지도하고 안내하는 것이다. 학생들로 하여금 역사를 학습한다는 것은 과거의 사건을 거울 삼아서 현재의 우리를 비추어 보고 미래의 우리를 새롭게 모색하는 일이며, 토의는 그 일이 주관적인 독선에 머무르지 않도록 하는 일이라는 것을 인식하고 실제로 그렇게 할 수 있도록 지도하고 안내하는 것이다.

다른 하나는 교원 자신이 토의의 과정을 통해서 역사를 학습하는 것이다. 교원 자신이 과거의 사건을 거울 삼아서 현재의 우리를 비추어 보고 미래의 우리를 새롭게 모색해 보는 것이다. 그 일을 다른 사람과 토의의 과정을 통해서 함으로써 주관적인 의견에 머무르지 않고 우리 모두에게 타당한 의견이 되도록 하는 것이다. 교원 자신이 이러한 토의의 과정을 통해서 역사를 학습할 수 있을 때 역사 수업을 통해서 학생들이 학습하도록 해야 하는 것이 무엇인지 명확히 알 수 있으며, 학생들이 토의의 과정을 통해서 역사를 학습할 수 있도록 하려면 자신이 무엇을 어떻게 해야 하는지를 알 수 있다.

2. 학생의 성장 방안

1) 언어적 설명의 한계

학생들이 토의의 과정을 통해서 역사를 학습하기 위해서는 크게 두 가지를 알아야 한다. 하나는 새로운 역사 학습의 의미와 토의의 의미이고, 다른 하나는 새로운 역사 학습의 방법과 토의의 방법이다. 학생들이 새로운 역사 학습의 의미나 토의의 의미를 적절히 이해하고 있을 때 역사 학습이나 토의가 그 의미에 부합하는 방향으로 이루어질 수 있다. 새로운 역사 학습의 방법과 토의의 방법을 알고 있을 때 역사와 관련하여 의견을 적절히 제시하고 토의를 통하여 종합하고 정리할 수 있다. 그러므로 교원이 생각하는 이상적인 토의식 수업을 실현하려면 이 두 가지를 학생들이 알게 해야 한다.

그런데 그 의미나 방법은 언어로 전달되지 않는다. 교원이 새로운 역사 학습의 의미나 토의의 의미를 언어로 설명하여 전달하고 학생은 기억할 수는 있지만, 아직 그 의미를 알지 못 하는 학생들은 자신의 기존의 개념으로 해석하여 받아들일 수밖에 없다. 그 결과 학생들이 새로운 의미에 부합하는 대로 역사를 학습하고 토의하기보다는 자신이 해석한 기존의 의미대로 역사를 학습하고 토의하게 된다.

그 점은 새로운 역사 학습의 방법이나 토의의 방법 역시 마찬가지다. 교원이 학생들에게 새로운 역사 학습의 방법을 언어로 설명하여 전달하고 학생들은 그것을 언어로 기억할 수는 있지만, 학생들이 그것을 기억하고 있다고 해서 과거의 사건과 관련하여 자신의 의견을 체계적으로 정리할 수 있는 것은 아니다. 마찬가지로 교원이 학생들에게 새로운 토의의 방법을 언어로 설명하여 전달하고 학생들이 그것을 언어로 기억할 수는 있지만, 학생들이 그것을 기억하고 있다고 해서 타인의 의견을 검토하고 종합하여 더 나은 의견을 형성할 수 있는 것은 아니다.

요컨대, 학생들이 토의의 과정을 통해서 역사를 학습하도록 하려면 역사 학습의 의미와 토의의 의미를 새롭게 이해하고, 역사 학습의 방법과 토의의 방법을 새롭게 익혀야 하지만 그 일은 언어적인 전달의 방식으로는 이루어질 수 없다. 또한 먼저 역사 학습의 의미와 토의의 의미를 새롭게 이해한 다음에 역사 학습의 방법과 토의의 방법을 새롭게 익히도록 할 수도 없다. 오히려 역사 학습의 방법과 토의의 방법을 새롭게 익힘으로써 역사 학습의 의미와 토의의 의미를 새롭게 이해하도록 해야 한다.

2) 워크숍

일반적으로 학교 현장에서 학생들에게 새로운 활동을 하도록 하려면 교원이 그 활동의 방법을 먼저 설명하고, 학생들에게 그 설명대로 활동하도록 요구한다. 그런데 이렇게 할 경우 대부분의 학생들은 교원의 설명대로 하지 못하고 주저하거나 오류를 범하거나 교원에게 되묻는다. 학생들은 그렇게 몇 번 시행착오를 범한 다음에서야 비로소 교원이 제시한 새로운 활동을 할 수 있게 된다. 이러한 사실은 학생들이 교원의 설명을 듣고 이해함으로써 새로운 활동을 할 수 있게 되는 것이 아니라, 활동의 방법을 잘 모르는 가운데 시행착오를 범하는 과정에서 활동의 방법을 이해하고 할 수 있게 된다는 것을 알려준다.

그 점을 알 수 있는 전형적인 장면이 자전거를 타는 방법을 모르는 아이가 자전거 타는 방법을 알게 되는 것이다. 아직 자전거 타는 방법을 모르는 아이는 자전거 타는 방법에 관한 설명을 듣는다고 해도 그 말을 소리로만 들을 뿐 무엇을 의미하는지 알지 못한다. 그러므로 그 설명대로 곧바로 자전거를 탈 수 있게 되는 것은 아니다. 자신이 직접 자전거에 올라서 넘어지기도 하고 비틀거리기도 하는 과정에서 자전거 타는 방법을 터득함으로써 비로소 그 설명이 무엇을 의미하는지 알게 되고 자전거를 탈 수 있게 된다.

학생들이 새로운 역사 학습의 방법과 토의 방법을 익히는 일 역시 이와 마찬가지다. 학생들이 새로운 역사 학습의 방법과 토의 방법을 익히도록 하려면 학생들이 비록 새로운 역사 학습의 방법과 토의의 방법을 모른다고 해도 학생이 직접 새로운 방법으로, 정확히 말하면 기존과는 다른 방법으로 역사를 학습하고 토의하도록 해야 한다. 그 과정에서 학생은 자신이 알고 있는 기존의 방법으로 역사를 학습하고 토의하고자 함으로써 오류를 겪을 수밖에 없으며, 그것이 오류라는 것을 인식하고 오류를 해결하려고 노력하는 과정에서 새로운 역사 학습 방법과 토의 방법을 점차 익히게 된다.

그런데 학생이 시행착오의 과정을 통해서 새로운 역사 학습의 방법과 토의의 방법을 익히는 일은 시행착오의 과정을 통해서 자전거 타는 방법을 익히는 일과 중요한 차이가 있다. 자전거 타는 방법을 익히는 과정에서는 오류를 범할 경우에 비틀거리거나 넘어짐으로써 그것이 오류라는 것을 명확히 알 수 있다. 그러나 새로운 역사 학습의 방법이나 토의의 방법을 익히는 과정에서는 학생이 오류를 범한다고 해도 그것이 오류라는 것을 알지 못한다. 학생은 아직 새로운 역사 학습의 방법이나 토의의 방법이 무엇인지 아직 알지 못하기 때문에 그렇다.

그러므로 학생이 시행착오의 과정을 통해서 새로운 역사 학습의 방법과 토의의 방법을 익히기 위해서는 오류를 범할 경우에 누군가가 그것이 오류라는 것을 알게 해주어야 한다. 그리고 그 오류를 시정하기 위해서는 무엇을 어떻게 해야 하는지를 안내하거나 지도해 주어야 한다. 학교에서 이 일을 할 수 있는 사람은 바로 교원이다. 학생들이 새로운 역사 학습의 방법과 토의의 방법을 익히도록 하려면 교원은 학생들에게 새로운 역사 학습의 방법과 토의의 방법을 안내하고, 학생들이 새로운 방법으로 역사를 학습하고 토의하는 과정을 살펴보면서 어떤 오류가 있는지를 알려주고 새로운 시도를 통해서 오류를 스스로 해결해 가도록 지도해야 한다. 이러한 과정이 바로 워크숍이다. 워크숍은 새로운 기술이나 방법을 직접 해봄으로써 익히도록 하는 과정이다. 학생들은 이러한 워크숍의 과정을 통해서 새로운 역사 학습의 방법과 토의의 방법을 익힐 수 있다.

3) 수업의 구성 변경

학생들이 워크숍의 과정을 통해서 새로운 역사 학습의 방법과 토의의 방법을 익히고, 토의의 방법으로 역사를 학습할 수 있게 되려면 수업의 구성이 달라져야 한다. 태산초등학교 교원들이 기존에 운영한 수업은 학생들이 토의할 필요가 없도록 구성되어 있다. 교원은 수업에 앞서 학생들에게 과거의 사건을 조사하도록 과제 학습을 제시하고, 수업 중에는 조별로 또는 전체로 각자 조사한 내용을 발표하고 발표한 내용이 사실인지 아닌지를 서로 확인한다. 말미에는 과거의 사건과 관련하여 문제를 제시하고 문제에 대한 정답을 발표한다. 이러한 수업의 구성에서는 학생들이 자신의 의견을 제시할 수 있는 여지가 전혀 없다. 그러므로 그 의견이 타당한지 또는 적절한지 검토할 수도 없다. 수업의 구성이 토의를 불가능하게 하는 것이다.

토의식 수업이 이루어지려면 수업의 과정에서 학생들이 토의할 대상이 있어야 한다. 역사 수업에서 토의의 대상은 과거의 사건과 관련하여 학생들이 가지는 의견이다. 그 의견은 다양한 종류와 수준에서 제시될 수 있다. 과거의 사건이 발생한 원인과 관련된 것일 수도 있고, 과거의 사건이 미치는 영향과 관련된 것일 수도 있고, 과거 사건의 의미를 해석하는 것과 관련된 것일 수도 있고, 과거의 사건이 의의를 밝히는 것과 관련된 것일 수도 있고, 과거의 사건이 오늘날에 주는 시사를 도출하는 것과 관련된 것일 수도 있고, 과거의 사건에 관한 자신의 실천적 태도와 관련된 것일 수도 있다. 또한 각각의 의견은 단편적인 사실이나 가정에 근거하여 주관적인 견해의 형태로 제시될 수도 있고, 종합적이고 객관적인 사료에 근거하여 논리적인 주장의 형태로 제시될 수도 있다.

그러므로 역사 수업이 토의식으로 이루어지려면 먼저 학생들로 하여금 과거의 사건과 관련하여 자신의 의견을 가지도록 해야 한다. 학생들은 과거의 사건과 관련하여 각자의 관심에 따라서 서로 다른 종류와 수준의 의견을 가질 수도 있고, 교원이 질문이나 과제를 제시함으로써 의견의 종류나 수준을 지정할 수도 있다. 어느 경우건 학생들은 과거의 사건과 관련하여 의견을 가지려면 먼저 과거의 사건에 관하여 알아야 한다. 사건 자체뿐만 아니라 사회적인 배경, 전개 과정, 결말이나 결과 등에 대해서도 풍부하게 확인해야 한다. 그리고 그 사실을 바탕으로 학생의 현재 수준에서 가능한 범위 내에서 사건의 원인, 영향, 의미, 의의, 시사, 실천 방안 등과 관련된 자신의 의견을 구성해야 한다.

수업에 참여하는 학생들이 과거의 사건과 관련하여 각자의 의견을 구성했다면 본격적으로 토의하도록 해야 한다. 토의 과정에서 학생들은 과거의 사건과 관련하여 각자의 의견을 제시하고, 서로 그 의견이 타당한지 또는 적절한지 검토한다. 다른 학생의 의견이 원인이나 영향과 관련된 것이라면 인과 관계를 적절히 추론했는지, 의미와 관련된 것이라면 해석의 맥락이나 관점이 적합한지, 시사와 관련된 것이라면 현재의 문제와 적절히 연관되는지, 실천 방안과 관련된 것이라면 타당하고 실현 가능한지 등에 관하여 검토한다. 그리고 그 결과로서 다른 학생의 의견에 대하여 자신의 의견이나 질문을 말한다. 이런 과정을 통해서 학생들은 의견을 수정하고 보완함으로써 좀 더 타당하고 적절한 의견으로 종합해

간다.

한편 학생들이 이와 같이 과거의 사건과 관련하여 의견을 구성하고, 서로의 의견에 관하여 토의할 수 있으려면 그 일을 하는 데 필요한 시간이 충분하게 주어져야 한다. 학생들이 과거의 사건과 관련해서 사실적인 수준에서 조사하고 그 내용을 발표하고 확인하는 데는 많은 시간이 필요하지 않다. 학생들이 참고하는 자료가 제한적인 까닭에 학생들의 발표 내용과 시간 등이 예상 가능하다. 그러므로 수업의 운영 방안을 미리 계획하고, 그 계획대로 진행할 수 있다. 그러나 학생들이 과거의 사건과 관련하여 각자의 의견을 구성하는 데는 과거의 사건을 조사하는 데에 비해서 훨씬 더 많은 시간이 필요하다. 거기에다가 각 의견이 타당한지 또는 적절한지 검토하고, 그와 관련해서 의견이나 질문을 제시하고, 다시 그 의견이나 질문에 대해서 의견을 제시하는 등의 토의 과정까지 포함하면 필요한 시간은 더욱 늘어난다. 또한 토의의 내용이나 전개는 학생이 제시하는 의견에 따라서 달라지므로 교원이 수업의 과정을 미리 계획하고 그 계획에 따라서 수업을 진행하는 것도 불가능하다. 그러므로 교원은 토의 중에 학생들이 제시하는 의견에 따라서 수업의 방향도 조정해 가야 한다. 그렇게 하기 위해서는 수업의 시간뿐만 아니라 교육과정도 유연하게 운영할 수 있어야 한다.

요컨대, 토의식 수업이 교원들이 기대하는 바대로 이상적인 모습으로 이루어지려면 학생들이 새로운 방법으로 역사를 학습하고 토의할 수 있어야 하며, 그러기 위해서는 수업의 구성이 달라져야 한다. 그 구성의 핵심은 교원이 학생들로 하여금 과거의 사건과 관련하여 자신의 의견을 가질 수 있도록 학습 과제나 질문을 제시하거나 가지도록 하는 것이다. 즉 학생들로 하여금 과거의 사건을 단순한 사실로서 확인하고 기억하는 데 머무르도록 하는 것이 아닌 그것의 원인, 영향, 의미, 의의, 시사, 실천 방안 등을 생각하도록 해야 한다. 그리고 그 의견은 정답이 아니라 하나의 의견인 까닭에 그것을 일방적으로 발표하는 데 머무르지 않고, 토의의 과정을 통해서 그것이 타당하거나 적절한지를 서로 검토함으로써 좀 더 타당하고 적절한 의견으로 종합해 가도록 해야 한다.

이 일을 위해서 교원은 학생들이 각자의 의견을 가지고 서로의 의견을 검토하는 데 필요한 시간을 충분히 제공해야 한다. 이와 함께 교원의 수업 계획을 유보하고 학생들의 토의 내용에 따라서 수업을 유연하게 전개해야 한다. 그리고 교원이 그렇게 할 수 있도록 그에 따라서 교육과정도 유연하게 편성되어야 한다. 수업이 이처럼 구성될 때 학생들이 토의할 수 있는 장이 마련된다. 학생들은 그 장 안에서 새로운 방법으로 역사를 학습하고 토의할 수 있게 된다.

4) 교원의 역할 변경

수업에서 학생이 토의하려면 수업의 구성이 학생으로 하여금 의견을 구성하고 토의를 해야 하는 장으로서 변경되어야 한다. 그럴 때 학생들은 과거의 사건을 단순하게 확인하거나 기억하는 데 머무르지 않고, 그와 관련하여 자신의 의견을 구성하고 서로의 의견이 타당한지 검토하게 된다.

그런데 수업의 구성을 변경하는 것은 수업 중에 이루어지는 학생들의 활동을 변화하게 하는 데는 기여하지만, 그 활동을 충실하게 하도록 하는 데는 기여하지 못한다. 즉 수업의 구성이 변화함으로써 학생들이 사실을 기억하는 대신 자신의 의견을 구성하고자 애쓰기는 하지만 그 의견의 수준까지 높아지는 것은 아니다. 마찬가지로 학생들이 단순히 정답 여부를 확인하는 대신 의견의 타당성이나 적합성을 서로 검토하고자 하지만 그 토의의 수준까지 높아지거나 깊어지는 것은 아니다. 학생들의 현재 자신의 수준에서 의견을 구성하고 검토하고자 애쓰게 될 뿐이다. 예를 들면, 교과서나 참고서에 제시된 의견을 자신의 의견처럼 말하거나, 다른 학생의 의견이 정답인지 아닌지 만을 검토하는 것이다. 그것만으로는 토의식 수업이 이상적으로 이루어졌다고 말하기 어렵다.

토의식 수업이 이상적으로 이루어지기 위해서는 학생들의 활동이 변화할 뿐만 아니라 활동의 내용이나 수준도 함께 변화해야 한다. 그러기 위해서는 교원이 수업 중에 기존과는 다른 역할을 수행해야 한다. 과거의 사건을 설명하여 전달하거나 사전에 수립한 계획에 따라서 수업을 진행하는 사람이 아니라 학생이 각자의 의견을 구성하고 서로 검토할 수 있도록 매개하는 사람으로서의 역할을 수행해야 한다. 학생들이 교원을 매개로 삼아서 과거의 사건과 배경 등을 확인하고, 자신의 의견을 충실하게 구성하고, 자신의 의견을 설득력 있게 발표하고, 다른 학생의 의견을 적절히 검토할 수 있도록 역할을 수행해야 한다. 그 일을 하기 위해서 학생들이 자신의 의견을 충실하게 구성하도록 안내하거나 돕기도 해야 하고, 학생들이 오류를 범할 경우에 무엇이 오류인지 지적하고 수정 방안을 안내하기도 해야 한다. 또한 자신의 의견을 다른 학생들에게 어떻게 발표하는 것이 좋은지, 다른 학생의 의견을 어떻게 검토하고 그에 대한 자신의 의견을 어떻게 말하는 것이 좋은지도 안내하고 지도해야 한다.

교원이 이와 같은 매개자로서의 역할을 적절히 수행하려면 학생을 이해해야 한다. 학생이 과거의 사건과 관련해서 자신의 의견을 구성하기 위해서 어떤 참고 도서를 보는지, 그 참고 도서에 적힌 사건을 어떤 의미로 이해하는지, 그 사건과 관련하여 어떤 의견을 구성하는지, 어떤 사고 과정을 거쳐서 그런 의견을 구성하게 되었는지 등을 이해해야 한다. 교원이 그 점을 이해해야 어떤 점에서 오류가 있는지 뿐만 아니라, 그 오류를 수정하거나 보완하도록 안내하거나 지도하려면 교원 자신이 무엇을 어떻게 해야 하는지를 결정할 수 있다. 특히 동일한 과거의 사건과 관련하여 학생들의 의견이 서로 다르고, 동일한 의견이라고 해도 그 의견을 구성하는 과정이 서로 다를 수 있으므로 교원은 각각의 학생을 개별적으로 이해해야 한다. 그렇지 않으면 교원은 학생 각각에게 알맞은 매개자로서의 역할을 수행할 수 없다.

3. 교원의 성장 과제

1) 딜레마의 극복

이상에서 살펴본 바와 같이 태산초등학교 교원들이 이상적인 토의식 수업을 하려면 학생들이 워크숍을 통해서 역사 학습 방법과 토의 방법을 새롭게 익히도록 해야 한다. 그 일을 위해서 교원은 수업의 구성을 변경하고 학생들이 스스로 의견을 구성하고 토의할 수 있도록 매개자의 역할을 수행해야 한다. 그런데 교원이 그와 같이 하기 위해서는 먼저 교원이 처한 딜레마 상황을 해결해야 한다.

태산초등학교 교원들은 각 교과마다 가르쳐야 하는 것을 재미있고 편하게 가르치는 수업을 이상적인 수업이라고 생각한다. 사회과 역사 수업에서는 역사의 흐름과 민족 의식과 공부하는 방법을 학생들에게 재미있고 교원에게 편리하게 가르치기를 희망한다. 태산초등학교 교원들은 토의식 수업을 통해서 그 이상을 실현하고자 했다. 실지로 토의식 수업을 함으로써 학생들을 역사의 흐름과 민족 의식과 공부하는 방법 등을 재미있게 배울 수 있었고, 교원은 편하게 수업할 수 있었다. 그런데 그 토의식 수업은 단순히 사실을 조사하고 발표하고 확인하는 데 머무른다는 점에서 토의식 수업이라고 보기 어려웠다. 교원들은 그런 이유에서 자신의 수업을 스스로 짬뽕이라고 불렀으며, 그 말에는 이상적인 토의식 수업을 할 수 있기를 바라는 마음이 담겨있다.

그런데 태산초등학교 교원들이 이상적인 토의식 수업을 하려면 그동안 실현해 왔던 수업의 이상을 포기하거나 수정해야 한다. 수업 중에 학생들의 토의가 활발하게 이루어지려면 학생들의 역사 학습의 내용과 방법이 달라져야 한다. 과거의 사건을 사실로서 기억하는 데 머무르는 대신 그와 관련하여 자신의 의견을 가져야 하고, 과거의 사건을 조사하는 데 머무르는 대신 그와 관련하여 자신의 의견을 구성할 수 있어야 한다.

그런데 이러한 변화는 저절로 이루어지지 않는다. 교원은 학생들의 변화를 위해서 자신의 불편을 감수하며 적극적인 역할을 해야 한다. 그리고 학생 역시 기존에 자신들이 익숙하게 해왔던 공부의 방법을 벗어나서 새로운 공부의 방법을 익혀야 한다. 그 과정이 학생들에게는 재미없을 수 있다. 결국 교원은 이상적인 토의식 수업을 하려면 그동안 실현해 왔던 이상적인 수업을 포기해야 하며, 그동안의 이상적인 수업을 지속하려면 이상적인 토의식 수업을 포기해야 한다.

그렇지만 이러한 딜레마는 현재 교원과 학생의 역사 학습의 내용과 방법에 대한 인식을 고수할 때만 형성된다. 교원이 자신과 학생의 불편을 감수하고 학생들로 하여금 자신의 의견을 가지도록 하고 그 의견을 서로 검토할 수 있도록 안내하고 지도하면, 학생들은 과거의 사실을 단순하게 확인할 때와는 다른 차원의 재미를 느끼게 되고 교원 또한 편리하게 수업할 수 있게 된다. 그러기 위해서는 교원이 먼저 역사를 학습한다는 것이 무엇인지, 왜 토의의 방식으로 역사를 학습해야 하는지, 학생에게 수업은 어떤 활동의 장인지 등에 대해서 새롭게 이해할 필요가 있다. 물론 이러한 이해는 학생들의 경우와 마찬가지로 교원이 직접 토의의 방식으로 역사를 학습함으로써 충실하게 이루어질 수 있다.

2) 역사의 탐구와 학습

태산초등학교 교원들이 역사 학습의 의미를 새롭게 이해하는 데는 영국의 역사철학자 콜링우드(Collingwood, 1946)의 역사 이론이 도움이 될 수 있다. 콜링우드의 역사 이론에 따르면 역사에 대한 관점은 크게 세 가지로 나눌 수 있다. 하나는 상식적 역사관(common-sense theory of history)이고, 다른 하나는 가위와 풀의 역사관(scissors-and-paste history)이며, 마지막은 특수 과학으로서의 역사관(science of a special kind)이다.

상식적 역사관에서 역사적 인식이란 누군가가 어떤 사건에 관하여 진술한 내용을 사실로 믿는 것이다. 따라서 여기서 가장 핵심적인 것은 진술을 전거(典據, authority)로서 믿는 것이다.

풀과 가위의 역사관에서 역사적 인식은 사건에 관한 사료(史料, source)를 수집하고 그들의 진실성을 역사가가 판단하여 선택하고, 과거의 사건을 재구성하는 일이다. 여기서 사료는 그것의 진실성 여부가 역사가에 의해서 판단되어야 할 대상이라는 점에서 전거와는 다르다.

특수 과학으로서의 역사관에서 역사적 인식은 전거를 믿는다거나, 진실을 판단하는 일이 아니라 과거 사건의 의미를 이해하는 일이다. 그에 따르면 자연 현상과 달리 인간의 행위에는 표면(outside)만 있는 것이 아니라 이면(inside)에 해당하는 것도 있으며, 역사가가 과거의 사건을 탐구한다는 것은 그 사건의 이면을 이해하는 것이라고 말한다. 그리고 그가 말하는 사건의 이면은 사고(thought)이며, 그것은 역사가가 추론함으로써 이해된다.

그런데 이 경우에 역사적 인식이 사건 이면의 사고를 이해하는 일이라고 해서 사건의 표면을 발견하는 일이 불필요한 것은 아니다. 인간의 행위는 본래 이면과 표면이 통합된 것이며, 역사가의 인식은 사건의 표면을 발견하는 데서 출발할 수밖에 없다. 그 점에서 사건의 표면에 관한 진술은 믿어야 할 전거도, 진실 여부를 판단해야 할 사료도 아니다. 그것은 이면의 사고를 추론할 수 있게 하는 단서(端緖, evidence)로서의 중요한 의미가 있다.

특히 그가 역사학을 특수 과학으로서 규정한 이유는, 자연과학과 마찬가지로 역사학도 사건을 발견하는 것으로부터 출발해서 앞으로 나아간다는 점에서는 동일하지만, 자연과학이 사건의 표면에 머무른 상태에서 다른 사건과의 인과적 관련을 파악하여 법칙화하는 데 비해서, 역사학은 사건의 표면을 단서로 삼아 이면으로 들어가기 때문이다. 그리고 그는 이러한 역사학을 진정한 의미의 '역사학'으로 보고 있으며, 그에게 있어서 '역사'는 단순한 표면으로서의 사건이 아니라 사건의 이면, 즉 '사고'이다. 또한 그 사고는 역사가에 의해서 재연(re-enactment)될 수 있다는 점에서 현재 살아있는 과거이다.

물론 오늘날의 역사가들이 모두 특수 과학으로서의 역사학을 지지하는 것은 아니다. 그중에는 가위와 풀의 역사를 고수한 채 사료를 수집하고 진실성 여부를 판단하는 데 매달리는 역사가도 있고, 과학으로서의 역사관에 따라서 법칙을 발견하기 위해서 사건과 사건 사이의 인과적 관련을 파악하는 데 심혈을 기울이는 역사가도 있다. 이 밖에도 세종대왕의 한글 창제와 같은 과거의 사건이 그 시대에 또는 우리 역사의 전개 과정에 어떤 의의를 지니는지를 밝히는 데 관심이 있는 역사가도 있을 수 있고, 그 사건이 오늘날의 우리가 겪고 있는 문제를 해결하는 데에 어떤 시사를 주는지를 찾아내는 데에 관심이 있는 역사가가 있을 수도 있으며, 그 사건이 주는 교훈을 찾아서 실천적인 방안을 모색하는 데 관심이 있는 역사가가 있을 수도 있다. 이처럼 역사학은 과거의 사건과 관련하여 무엇에 더 관심이 있는가에 따라서 그 성격이 달라진다. 그 점은 역사를 학습하는 일 역시 마찬가지다.

일반적으로 역사학은 역사학자가 하는 일이고, 역사 학습은 학생이 하는 일이라고 여겨진다. 그 말은 역사 학습은 역사학자가 역사를 탐구한 결과를 학습하는 일이라는 것을 함축하기도 하고, 역사 학습은 역사를 탐구하는 일이 아니라는 것을 함축하기도 한다. 그 말대로라면 역사학자의 탐구 결과는 진리이므로 학생들은 그 탐구 결과를 진리로서 믿고 받아들여야 한다는 것을 함축하기도 한다. 그렇다면 이것은 학생들에게 상식으로서의 역사관을 가지도록 요구하는 것이기도 하다.

그런데 역사학자의 탐구 결과는 역사학자의 관심에 따라서 그 성격이 다양하며, 동일한 성격의 역사학이라고 해도 탐구의 결과는 역사학자마다 다를 수 있다. 그러므로 역사학의 탐구 결과를 확정된 불변의 진리로서 가정하고 그것을 학생들에게 정답으로서 기억하도록 요구하는 것은 학생들에게 역사를 제한적으로 학습하도록 하는 일이 될 수밖에 없다.

이런 한계를 벗어나는 길은 학생들의 역사 학습이 역사학자의 역사 탐구와 다르지 않도록 하는 것이다. 즉 학생들 역시 역사학자와 마찬가지로 과거의 사건과 관련하여 다양한 관심을 가지고 그 관심과 관련된 문제를 해결하기 위해서 스스로 탐구하도록 하는 것이다. 그 탐구를 위해서 과거 사건의 기록이나 기존 역사학자의 탐구 결과를 전거(典據, authority)나 사료(史料, source)가 아니라 단서(端緖, evidence)로서 검토함으로써 그 사건과 관련된 자신의 의견을 구성하도록 하는 것이다. 교원은 학생들이 이 일을 할 수 있도록 안내하고 지도하는 것이다.

3) 탐구와 토론

학생들의 역사 학습이 역사학자의 역사 탐구와 동일해야 한다고 해서 탐구의 수준이나 결과까지도 동일해야 하는 것은 아니다. 같은 역사학자라고 해도 초보 역사학자의 역사 탐구와 원로 역사학자의 역사 탐구 사이에는 하늘과 땅만큼의 수준 차이가 있듯이, 역사를 학습하는 학생의 역사 탐구와 역사학자의 역사 탐구 사이에는 그보다 더 큰 수준 차이가 있다. 그럼에도 불구하고 양자는 다음 두 가지 점에서 성격상 동일할 수 있다.

첫째는 역사학자나 학생 모두 역사를 탐구함으로써 역사를 학습한다는 점에서 그렇다. 역사학자는 역사의 새로운 면을 탐구한다. 그 새로움은 새로운 사료를 발굴함으로써 발생할 수도 있고, 이미 알려진 사료를 새로운 관점에서 탐구함으로써 발생할 수도 있다. 어느 경우건 역사학자는 역사의 새로운 면을 탐구함으로써 역사를 새롭게 알게 된다. 즉 역사를 새롭게 학습한다. 그 점에서 역사의 탐구는 역사의 학습이다.

다만 역사학자의 역사 탐구는 학생의 역사 탐구에 비해서 훨씬 더 엄격하고 폭넓게 이루어진다. 학생들은 주변에서 쉽게 구할 수 있는 정돈된 역사서를 단서로서 삼지만, 역사학자는 쉽게 구할 수 없거나 파편적이거나 방대한 역사의 기록들을 단서로 삼아서 탐구한다. 학생들은 단서를 현재의 주관적인 관점에서 표층적으로 또는 단편적으로 분석하거나 해석하거나 추론하지만, 역사학자는 이론의 관점에서 심층적이고 종합적으로 분석하거나 해석하거나 추론한다. 또한 학생의 역사 탐구의 결과는 단편적이고 개별적이지만 역사학자의 역사 탐구의 결과는 종합적이고 체계적이다.

이러한 차이에도 불구하고 역사학자나 학생 모두 과거의 사건에 관한 기록을 탐구의 대상으로서 삼는 것으로부터 역사의 탐구를 시작한다. 이어서 그 기록을 각자의 관심에 따라서 분석하거나 추론하거나 해석함으로써 그 사건과 관련된 질서나 규칙을 발견하기도 하고, 인과적 관련을 찾아 내기도 하고, 의미를 해석해 내기도 하고, 의의를 밝히기도 하고, 시사점이나 교훈을 도출해 내기도 한다. 그리고 이러한 탐구의 결과를 다른 사람이 이해하거나 동의할 수 있도록 설득력 있게 정리하여 제시한다.

둘째는 역사학자나 학생 모두 역사 탐구의 결과를 타인에게 제시하고 검토 받음으로써 그 타당성을 인정받는다는 점에서 그렇다. 역사학자는 탐구를 통해서 역사의 새로운 면을 이해하게 되지만 그렇다고 해서 탐구의 결과가 타당한지는 아직 알 수 없다. 그것이 타당한지의 여부는 역사를 탐구하는 다른 역사학자들의 검토에 의해서 확인된다. 그 점을 확인하는 과정이 바로 토론이다. 한 역사학자의 탐구 결과에 대해서 다른 역사학자는 단서가 믿을만한 것인지, 단서에 대한 분석이나 추론 또는 해석의 과정이 적절한지, 이론을 적절히 적용했는지, 기존의 탐구 결과와 어떤 관련을 지니는지 등을 검토한다. 이런 검토의 과정은 대면으로 이루어질 수도 있고 서면으로 이루어질 수도 있다. 어느 경우건 이런 토론의 과정을 거친 뒤에서야 비로소 역사학자의 탐구 결과는 타당한 역사의 이해로서 인정된다. 그렇게 함으로써 탐구자뿐만 아니라 토론자도 역사의 새로운 면을 이해할 수 있게 된다.

역사를 학습하는 학생들 역시 이러한 토론의 과정을 통해서 탐구의 결과가 타당한지 여부를 확인받는다. 학생들은 역사학자보다는 낮은 수준에서 미숙하게 역사를 탐구한다. 그런 점에서 학생의 역사 탐구 결과는 역사학자의 탐구 결과에 비해서 허술할 가능성이 크다. 그렇지만 학생들 역시 낮은 수준에서나마 탐구의 결과를 다른 학생이 이해할 수 있도록 설득력 있게 정리하여 제시한다. 다른 학생들은 그 탐구의 결과와 탐구의 과정과 탐구의 근거가 타당한지를 검토하여 탐구자에게 제시한다. 탐구자는 그 검토 결과를 반영하여 탐구 결과나 탐구 과정의 오류를 수정하거나 보완한다. 그렇게 함으로써 탐구한 학생뿐만 아니라 검토한 학생 역시 역사를 새롭게 이해할 수 있게 된다.

이처럼 역사의 탐구는 탐구만으로 끝나는 것이 아니라 탐구의 결과를 발표하고 토론을 통해서 탐구 결과의 타당성을 확인하는 것까지를 포함한다. 그 점에서 역사학자들의 발표나 학생들의 발표나 동일한 의미를 지닌다. 그렇지만 역사학자의 탐구는 엄격하고 심층적이고 체계적이므로 탐구의 결과 역시 엄밀한 논문의 형식으로 발표된다. 그에 따라서 그 논문의 타당성을 검토하는 일 역시 엄밀한 토론(討論) 형식을 띤다. 이에 비해서 학생들의 탐구는 허술하고 표층적이며 단편적이기 때문에 탐구의 결과 역시 주관적인 의견의 형식으로 발표될 수밖에 없다. 그에 따라서 의견의 타당성을 검토하는 일 역시 느슨한 토의(討議)의 형식을 띤다. 그렇지만 양자 모두 탐구의 과정과 결과의 타당성을 따져서 검토하는 일이라는 점에서는 동일하다. 단지 그 검토의 수준과 깊이 그리고 엄밀성의 차이만 있을 뿐이다.

4. 정부의 과제

1) 국가 교육과정의 모순

지금으로서는 태산초등학교 교원들이 이상적인 토의식 수업을 실현하는 것은 불가능하다. 그것은 앞서 살펴본 바와 같이 학생들이 아직 역사를 탐구하고 토론하는 방식으로 학습할 수 있는 준비가 되어 있지 않고, 교원들 역시 학생들이 그처럼 학습할 수 있도록 지도할 수 있는 준비가 되어 있지 않기 때문이기도 하다. 그런데 그 외에도 현재의 학교 교육 체제가 교원들로 하여금 토의식 수업을 할 수 없도록 중요한 영향을 미친다.

학생들이 탐구하고 토론하는 방식으로 역사를 학습하기 위해서 갖추어야 하는 중요한 요건 가운데 하나는 시간이다. 학생들이 과거의 사건을 사실로서 기억하는 데 머무르지 않고 그것의 배경, 원인, 영향, 의미, 의의, 시사 등을 탐구하여 파악하려면 많은 시간이 필요하다. 또 그것을 의견으로 정리하고 토론이나 토의를 통하여 타당성을 검토하고 수정하거나 보완하여 종합하는 데는 또 다른 시간이 필요하다. 이뿐만 아니다. 학생들이 과거의 사건을 탐구하고, 탐구의 결과를 의견으로 정리하고, 자신의 의견을 다른 학생들에게 설득력 있게 발표하고, 다른 학생의 의견을 검토하는 방법을 익히는 데 또한 많은 시간이 소요된다. 거기에다 학생들의 탐구와 토론은 예측 불가능한 속도와 방향으로 전개되기 일쑤이므로 거기에 필요한 시간을 예상하는 것도 쉽지 않다.

그러나 현재의 국가 교육과정은 여기에 필요한 시간은 별도로 할애하지 않는다. 국가 교육과정은 각 교과별로 또는 교과군별로 학생들이 이수해야 하는 시간과 그 시간 동안 도달해야 하는 성취 기준을 규정하고 있다. 그리고 교과서에서 각 성취 기준을 도달하기 위해서 학습해야 하는 내용을 제시하고 있다. 특히 교과서는 학생들로 하여금 교육과정에 배정된 시간의 범위 내에서 성취 기준을 도달하도록 하기 위해서 학생들이 학습해야 하는 내용과 시간을 균등하게 배분한다. 그리고 학교는 교과서에서 제시하는 내용과 시간의 차례에 따라서 수업을 진행한다. 그 결과 수업에서 학생들에게는 과거의 사건을 사실로서 확인하고 기억하는 데 필요한 시간만 허용된다. 그 제한된 시간 동안 토의까지 한다면 그것은 흉내내기일 뿐이다. 그러므로 현재 학교 교육 체제 속에서 태산초등학교 교원들은 토의식 수업을 하고자 해도 짬뽕과 같은 조사 발표 수업을 할 수밖에 없으며, 학생들의 역사 학습은 과거 사건의 기억이 될 수밖에 없다.

그럼에도 불구하고 국가 교육과정은 교원들에게 학생들이 탐구하고 토론하는 활동을 많이 할 수 있는 방식으로 수업을 하도록 요구하고 있다. 그 점은 1997년의 제7차 교육과정이나 지금의 2022 개정 교육과정이나 다르지 않다.

> 교과 수업은 탐구적인 활동을 통하여 개념 및 원리를 이해하고, 이를 새로운 사태에 적용하는 기회를 많이 가지게 한다. 특히 여러 가지 자료를 활용한 정보 처리 능력을 가지도록 하는 데 힘쓴다.
>
> 각 교과 활동에서는 학습의 개별화가 이루어지도록 하고, 발표 · 토의 활동과 실험, 관찰, 조사, 실측, 수집, 노작, 견학 등의 직접 체험 활동이 충분히 이루어지도록 유의한다.
>
> (교육부, 1997: 21)

> 학습 주제에서 다루는 탐구 질문에 관심과 호기심을 가지고 스스로 문제를 해결하는 학생 참여형 수업을 활성화하며, 토의 · 토론 학습을 통해 자신의 생각을 표현하는 기회를 가질 수 있도록 한다.
>
> (교육부, 2022b: 11)

위에서 국가 교육과정은 교원들에게 사회과뿐만 아니라 모든 교과에서 학생들이 탐구를 통해서 스스로 개념이나 원리를 이해하고, 그것을 새로운 문제 상황에 적용하여 스스로 문제를 해결할 수 있는 능력을 형성할 수 있도록 수업할 것을 요구한다. 이와 함께 학생들이 토의나 토론을 통해서 자신의 생각을 표현하는 기회를 제공하도록 요구한다.

이와 함께 국가 교육과정의 이러한 요구는 사회과 역사 관련 단원의 목표나 성취 기준에 구체적으로 제시된다. 제7차 교육과정과 2022 개정 교육과정은 사회과 지도와 관련해서 그 점을 다음과 같이 진술하고 있다.

> - 역사적 주요 사건, 제도, 현상들이 현재의 사회 발전에 미친 영향을 인식하도록 한다.
> - 각 시대의 정치적, 경제적, 사회적, 문화적 측면을 지리적 환경과 밀접히 관련시켜 학습하도록 한다.
> - 역사의 흐름 속에서 우리 민족의 발전 과정 및 미래의 과제를 파악할 수 있도록 한다.
>
> (교육부, 1997: 128)

> - 시대별 생활 모습에 대한 역사적 질문 생성하기
> - 역사 증거를 토대로 분석, 해석 및 판단하기
> - 역사적 서사를 구성하여 다양한 방식으로 표현하기
> - 사회 문제들의 역사적 연원을 파악하는 질문 생성 및 해결 방안 탐색하기
>
> (교육부, 2022a: 18)

위에서 국가 교육과정의 진술에 따르면 교원들은 학생들로 하여금 역사적인 증거 자료들을 분석하고 해석하고 판단함으로써, 과거의 사건이 그 시대의 정치, 경제, 사회, 문화 등의 배경과 어떻게 연관되어 있는지, 그것이 현재 우리 사회에 어떤 영향을 미치는지, 현재 우리 사회의 문제를 해결하거나 미래로 나아가는 데 어떤 시사를 제공하는지 등을 탐구하고, 그것을 다양한 방식으로 표현하도록 해야 한다.

국가 교육과정 내용 안의 이러한 요구는 국가 교육과정 운영 체제와 모순된다. 국가 교육과정의 운영 체제는 교원으로 하여금 교과서를 주요한 자료로 삼아서 학생들로 하여금 정해진 시간 내에 정해진 성취 기준에 도달하도록 하기를 요구한다. 이와 달리 국가 교육과정의 내용은 학생들로 하여금 스스로 탐구하고 토론하는 방식으로 학습하도록 지도하기를 요구한다. 글자만 두고 보면 양자 사이에는 아무런 문제도 없어 보이지만, 그 요구를 실제로 이행하고자 하면 모순이 발생할 수밖에 없다. 그것은 마치 수영장에 모래를 잔뜩 채워두고 그 안에서 수영하도록 요구하는 것과 마찬가지다. 이런 모순으로 인해서 교원들이 국가 교육과정의 요구대로 사회과 역사 수업을 하는 것은 거의 불가능하다.

그러므로 태산초등학교 교원들이 탐구와 토론의 방식으로 역사를 학습하기를 바란다면 이러한 모순을 해결해야 한다. 그 해결은 방향은 물론 학교의 교육과정 운영 체제를 전환하는 것이다. 국가 교육과정이 규정한 성취 기준이나 교과서에 제시된 학습 내용에 따라서 시간을 배분하는 것이 아니라, 학생의 학습 수준과 속도에 따라서 시간을 충분히 유연하게 제공해야 한다. 그렇게 함으로써 학생이 여유롭게 과거의 사건과 관련하여 자료를 찾아보고, 그 자료들을 분석하고 추론하고 해석함으로써 그 사건과 관련하여 배경, 원인, 영향, 의미, 시사 등을 파악하고, 그것을 정리하여 발표하고 토론할 수 있도록 해야 한다. 모든 학생이 교과서가 제시한 내용을 동일하게 학습함으로써 국가 교육과정이 규정한 동일한 성취 기준에 동시에 도달하도록 하는 것이 아니라 학생들이 각자의 관심과 수준과 속도에 따라서 탐구하고 토론함으로써 서로 경로와 속도는 다르지만 같은 방향으로 성장해 갈 수 있도록 허용해야 한다. 한마디로 말하면 학생들의 질적인 학습을 가능하도록 교육과정 운영 체제를 전환해야 한다. 그럴 때 태산초등학교 교원들이 추구하는 이상적인 토의식 수업을 할 수 있으며, 국가 교육과정이 요구하는 수업을 실현할 수 있다.

2) 교원의 성장 지원

그런데 학교의 교육과정 운영 체제가 이와 같이 변화된다고 해서 태산초등학교 교원들이 이상적인 토의식 수업을 당장 실현할 수 있는 것은 아니다. 그것은 수영장에 물을 채웠다고 해서 누구나 수영을 할 수 있는 것이 아닌 것과 마찬가지다. 물이 채워진 수영장에서 수영할 수 있으려면 수영하는 법을 알아야 한다. 그와 마찬가지로 학교의 교육과정 운영 체제의 변화와는 별도로 교원들이 학생들로 하여금 탐구하고 토론하는 방식으로 역사를 학습하도록 지도할 수 있어야 이상적인 토의식 수업을 할 수 있다.

그럼에도 불구하고 정부 등은 교원들이 학생들을 탐구와 토론의 방식으로 학습하도록 지도하는 데 필요한 실력을 기르도록 지원하는 일은 소홀히 해왔다. 교육과정 문서상으로는 교원들에게 학생들이 탐구와 토론의 방식으로 학습하도록 지도할 것을 일관되게 요구하면서도 실질적인 교육 정책은 거기에 일관되지 못했다. 오히려 기존의 교육과정 운영 체제는 그대로 유지한 채 교원들로 하여금 교육과정의 편성이나 수업의 외적인 형태에만 관심을 기울이도록 했다. 1992년의 제6차 교육과정에서 추진한 학교 교육과정 정책, 1997년의 제7차 교육과정에서 추진한 수준별 교육과정, 2007 개정 교육과정에서 추진한 수준별 수업, 2015 개정 교육과정에서 추진한 맞춤형 수업, 2022 개정 교육과정에서 추진하는 학교 자율 시간 등이 그 예다.

이처럼 정부는 새로운 제도와 정책을 만들어서 학교 현장에 제시하고 교원들로 하여금 그 제도나 정책에 따라서 학생들을 지도하도록 요구한다. 그러면 교원들은 매번 기존의 교육과정 운영 체제 속에서 새로운 제도나 정책에 적응하고 이행하느라고 허덕이는 일이 되풀이된다. 특히 국가 교육과정의 정책이 교육과정의 편성이나 수업의 형태에 치중함으로써 교원들은 정부의 정책에 따라서 새로운 교육과정을 편성하거나 새로운 형태로 수업을 운영하는 데에 시간과 노력을 기울이지 않을 수 없다. 그러는 동안 교원들은 자신의 탐구와 토론의 실력을 기르는 데뿐만 아니라 학생들이 탐구와 토론의 방법으로 학습하도록 지도하는 데 필요한 전문적인 실력을 기르는 데는 시간과 노력을 할애할 수도 관심을 기울일 수도 없다.

이것은 결국 교원들을 소모적으로 살아가게 만든다. 교원들은 교원으로서 근무하는 동안 정부의 새로운 제도나 정책을 매번 충실하게 이행하고자 애쓰지만 그 과정에서 탐구하고 토론하는 실력을 형성하지도, 학생들이 탐구와 토론의 방식으로 학습하도록 지도하는 전문적인 실력을 갖추지도 못한다. 물론 학생들 역시 탐구와 토론의 방식으로 학습하는 실력을 기르지 못한다. 교원들은 교직에 입문한 이래 이와 같은 일을 반복하다가 정년을 맞이하고 학교를 떠난다. 그리고 새로운 교육과정 제도와 정책이 되풀이되고 새로운 교원들이 떠난 교원들의 뒤를 잇는다. 이것은 모두에게 불행한 결과다. 이러한 결과는 정부가 교육과정이나 수업의 형태와 같이 제도만을 변경하면 수업이 개선될 것으로 기대하기 때문에 발생하는 문제이다. 제도는 사람이 운영하므로 제도를 운영하는 사람의 변화 없이는 제도가 기대하는 결과를 얻을 수 없다.

그러므로 정부는 교육과정 문서에서 요구하는 바대로 학생들이 수업의 과정에서 탐구와 토론의 방법으로 학습할 수 있기를 바란다면, 먼저 교원들이 탐구와 토론의 방법을 익힐 수 있도록 지원해야 한다. 교원들이 먼저 탐구와 토론의 방법으로 역사를 학습할 수 있어야 학생들도 같은 방법으로 역사를 학습할 수 있도록 지도할 수 있기 때문이다. 그와 함께 학생들을 탐구와 토론의 방법으로 학습하도록 지도할 수 있는 실력을 기르도록 지원해야 한다. 교원들이 적어도 이 두 가지를 익히고 있어야 수업의 과정에서 학생들이 탐구와 토론의 방법으로 학습할 수 있도록 적절히 지도할 수 있다. 또한 이것은 교원들이 전문가로서 성장하도록 하는 일이다. 교원들이 전문가로서 성장하고 일상 속에서 탐구와 토론의 방법으로 학생들을 지도할 수 있게 되면 교육과정의 편성이나 운영과 관련된 새로운 제도나 정책이 필요하지 않게 된다.

3) 워크숍 운영

아직 탐구와 토론의 방법을 모르는 학생들이 탐구와 토론의 방법으로 역사를 학습하도록 하기 위해서는 교원이 여러 가지 역할을 수행해야 한다. 먼저 학생들로 하여금 과거의 사건에 관심과 의문을 가지도록 해야 한다. 그리고 그 의문에 대한 해답을 찾는 데 적합하면서 학생들의 수준에 적합한 기록을 안내해야 한다. 그리고 그 기록의 내용을 분석하거나 추론하거나 해석해서 자신의 관심이나 의문에 대한 해답을 도출해 낼 수 있도록 안내하거나 지도해야 한다. 그리고 탐구의 결과를 다른 학생도 이해할 수 있게 근거와 함께 논리적으로 발표할 수 있도록 지도해야 한다. 그리고 다른 학생의 발표 내용을 주의 깊게 듣고 탐구 과정이나 결과가 타당한지 검토할 수 있도록 지도해야 한다. 그리고 다른 학생의 발표 내용에 대한 검토 결과를 정리하여 상대에게 설득력 있게 말할 수 있도록 지도해야 한다. 끝으로 이런 토론의 과정을 통하여 탐구의 결과를 수정하거나 보완할 수 있도록 지도해야 한다.

이런 과정에서 교원은 학생에게 자료를 제공하기도 하고, 설명하기도 하고, 시범을 보이기도 하고, 질문하기도 하고, 지적하기도 하고, 방향을 안내하기도 하고, 칭찬하기도 하고, 격려하기도 하는 등 상황에 따라서 다양한 행위를 함으로써 학생들이 스스로 탐구하고 토론하는 방법을 익혀가면서 역사를 탐구와 토론의 방법으로 학습하도록 해야 한다. 교원이 역사학자의 탐구 결과를 학생들에게 전달하는 것이 아니라 학생들이 스스로 역사를 탐구할 수 있도록 매개자로서의 역할을 수행하는 것이다. 교원이 매개자로서의 역할을 적절히 수행할 때 학생들은 탐구하고 토론하는 방법을 익히고 역사를 스스로 탐구하여 학습할 수 있게 된다.

교원이 수업 중에 이러한 매개자로서의 역할을 적절히 수행하려면 그 방법을 알아야 한다. 그런데 그것은 언어로 설명하여 전달될 수 없다. 교원이 그 방법을 알 수 있게 되려면 학생들이 역사의 탐구와 토론의 방법을 배우려면 직접 역사를 탐구하고 토론해 보아야 하는 것처럼 매개자로서의 역할을 직접 수행해 보아야 한다. 즉 매개자로서의 역할을 수행해 봄으로써 매개자로서의 역할을 수행하는 방법을 터득하고 익혀야 한다. 그것을 가능하게 하는 것이 워크숍이다.

그런데 교원이 워크숍을 통해서 매개자로서의 역할을 수행하는 방법을 익히는 일은 학생이 탐구와 토론의 방법을 익히는 일에 비해서 훨씬 더 복잡하다. 학생이 역사를 탐구하고 토론하는 방법을 익히기 위해서는 학생이 직접 과거의 사건을 탐구하고 토론하면 된다. 그 과정에서 오류를 범하고 오류를 수정함으로써 점점 탐구와 토론의 방법을 익혀간다. 이 과정에서 학생은 한편으로는 역사를 탐구하고 토론하지만 다른 한편으로는 자신을 성찰하고 수정한다. 교원이 매개자로서의 역할을 한다는 것은 학생이 이러한 역사의 탐구와 토론, 그리고 자기 성찰과 수정을 원활하게 할 수 있도록 돕는다는 것을 뜻한다.

그 일을 하기 위해서 교원은 학생이 역사를 어떻게 탐구하고 토론하는지, 어떻게 자기를 성찰하고 수정하는지를 탐구해야 한다. 학생의 탐구와 토론을 탐구해야 하는 것이다. 그리고 그 탐구의 결과를 바탕으로 학생의 탐구나 토론이 원활하게 이루어지도록 적절하게 매개하는 역할을 해야 한다. 그런데 그런 역할을 처음 해보는 교원은 오류를 범할 수밖에 없다. 따라서 교원은 학생에 대한 자신의 탐구와 매개 역할을 성찰하고 수정해야 한다. 학생의 탐구와 토론을 매개하는 자신의 행위를 성찰하고 수정해야 하는 것이다.

그런데 이런 역할을 처음 해보는 교원은 학생에 대한 자신의 탐구나 매개 역할에 어떤 오류가 있는지 알지 못한다. 따라서 그것을 적절히 수정할 수도 없다. 그러므로 학생에 대한 교원의 탐구와 매개 역할을 검토하고 수정하도록 도와줄 수 있는 다른 누군가가 필요하다. 결국 교원이 매개자로서의 역할을 수행하는 방법을 익히기 위한 워크숍은 탐구와 토론에 의해서 역사를 학습하는 학생을 교원이 탐구하고 매개할 수 있도록 다른 누군가가 다시 교원을 탐구하고 매개하는 삼층 구조로 이루어질 수밖에 없다.

이러한 워크숍의 과정에서 교원은 역사를 탐구하는 방법, 탐구의 과정과 결과를 설득력 있게 발표하는 방법, 다른 사람의 발표를 이해하고 검토하는 방법, 다른 사람의 발표에 대해서 자신의 의견을 설득력 있게 제시하는 방법, 다른 사람의 의견을 반영하여 자신의 탐구 과정이나 결과를 수정하는 방법 등을 익히게 된다. 또한 학생의 탐구와 토론의 과정을 이해하고, 학생의 상황에 따라서 서로 다르게 매개자로서의 역할을 수행하는 방법을 익히게 된다.

이와 같은 워크숍을 통해서 교원들이 이러한 방법들을 고루 익힐 수 있을 때 교원들이 추구하는 이상적인 토의식 수업을 할 수 있으며, 교육과정에서 요구하는 탐구와 토론 중심의 수업을 실현할 수 있다. 그럼에도 불구하고 지금까지 정부 등은 교원들에게 이러한 실력을 기르는 일은 거의 관심을 두지 않았다. 그로 인해서 교원들은 항상 짬뽕과 같은 수업을 할 수밖에 없었다, 교원들이 더 이상 짬뽕과 같은 수업을 하지 않고 이상적인 토의식 수업을 하기를 바란다면 이러한 워크숍의 과정을 통해서 교원들이 매개자로서의 역할을 수행하는 방법을 익히도록 할 필요가 있다.

제3장

수업 변화의 실마리

1. 학교 수업의 공정형 체제
2. 매개적 실천
3. 실천탐구 방법의 수련

한 교실의 수업을 변화하게 하는 것은 단순히 교원에게 새로운 교수법을 제공하는 것만으로 가능하지 않다. 교실의 수업은 국가나 교육청의 정책, 국가 교육과정, 교원 양성 기관의 교육과정, 기존의 교육학 등 다양한 요소들이 유기적으로 결합되어서 구성된 공정형 교육 체제의 일부이다. 그러므로 교실의 수업이 변화하기 위해서는 이러한 체제가 변화해야 하고, 그러기 위해서는 체제를 구성하는 요소들이 함께 변화해야 한다. 그렇지만 그것은 현실적으로 가능하지 않으며, 가능하다고 해도 교원이 새로운 수업을 실현하는 데 요구되는 실력을 갖추고 있지 못하면 무의미하다.

그러므로 수업의 변화를 위해서는 교원이 새로운 수업에 요구되는 실력을 형성하도록 해야 하며, 그 일을 위해서는 누군가가 교원의 성장을 매개하는 실천적인 노력을 해야 한다. 한편으로는 교원을 교원의 관점에서 이해하고, 다른 한편으로는 그 이해를 바탕으로 적절한 역설적 문제 상황을 제시하고 문제 해결 과정을 이해하고 조력함으로써 교원의 성장을 매개해야 한다.

이러한 매개적인 실천을 하기 위해서는 문화기술적 실천탐구 방법을 익혀야 한다. 그리고 이 방법은 행정, 경영, 복지, 정치, 산업 등과 같이 우리 사회의 다양한 장면에서 이루어지는 활동을 개선하거나 문제를 해결하는 데도 유용하게 쓰일 수 있을 것이다. 한편 이러한 실천탐구 방법을 익히는 일은 최근 기존의 질적 연구가 안고 있는 한계를 극복하기 위한 하나의 대안으로서 적합할 수 있다.

1. 학교 수업의 공정형 체제

현재 한국 학교의 수업은 공장의 공정과 같은 방식으로 이루어지고 있다. 교원은 수업을 하기에 앞서 국가 교육과정에서 고시한 교과 목표와 성취 기준과 교과목별 시간 배당 기준에 따라서 학생들이 일 년 동안 또는 한 학기 동안 매 수업 시간마다 배워야 하는 내용의 양과 방법을 미리 결정하여 계획한다. 교원들은 그 계획에 따라서 수업을 진행하고, 학생들은 각자의 수준이나 관심과 무관하게 그 계획에 따라서 동일한 내용을 동일한 시간 동안 동일한 방법으로 배워야 한다. 이 과정에서 일부 학생들은 교원이 계획한 대로 수업에 참여하고 학습하기도 하지만 나머지 학생들은 그렇지 못하다.

교원들은 이런 사실을 알고 있으며, 수업에 참여하지 않거나 수업에 참여한다고 해도 학습하지 못 하는 학생들로 인해서 수업을 계획대로 진행하는 데 어려움을 겪는다. 이런 문제를 해결하기 위해서 교원은 모든 학생들이 수업에 관심을 가지고 적극적으로 참여하고, 국가 교육과정에서 요구하는 교과의 목표나 성취 기준에 도달하도록 하기 위해서 다양한 방법을 모색한다. 그 가운데 하나가 태산초등학교 6학년 교원들의 경우에서 볼 수 있는 것처럼 수업의 방법을 변화하는 것이다. 그렇게 함으로써 일부 학생들은 수업에 적극 참여하고 역사 학습에 흥미를 느끼기도 한다. 그렇지만 학생들은 변화된 수업 속에서 교과의 안목을 형성하고 탐구의 방법을 익히기보다는 단순한 정보 수준의 지식을 조사하고 기억하는 수준의 학습에 머무른다. 또한 일부 학생들은 수업에 참여하지 않거나 소극적으로 참여하며, 교과의 목표나 성취 기준에 도달하지 못한다.

이러한 결과가 발생할 수밖에 없는 요인 가운데 하나는 국가 교육과정에서 제시하는 교과목별로 배당된 시간 기준과 학생들이 수업을 통해서 도달해야 하는 목표 또는 성취 기준이다. 예를 들면 1992년에 고시한 제6차 교육과정에 따르면 초등학교 6학년을 담당한 교원은 1년 동안 136시간 안에 사회과의 교과 내용을 학생들에게 가르쳐서 정해진 목표에 도달하게 해야 한다. 이런 상황에서 교원들은 마치 열차 기관사가 정해진 시간표대로 정해진 기차역을 통과하면서 열차를 운행하듯이 수업을 진행할 수밖에 없다. 그러한 조건 속에서 교원이 아무리 수업의 방법을 변화한다고 해도 학생들이 역사를 탐구하는 방법을 터득하고 역사의 안목을 형성하는 것은 불가능하다. 그렇게 하기 위해서는 학생들이 생각하고 토론할 수 있는 시간을 충분히 제공하거나 학생들이 학습해야 하는 내용의 양을 크게 줄여야 하지만 교원들이 그 일을 자의적으로 할 수 있는 것은 아니다.

이런 문제를 해결하기 위해서 정부는 2009 개정 교육과정부터 각 학교로 하여금 학년별 학기별로 시수를 자율적으로 편성하여 운영할 수 있도록 하고, 학교의 특성이나 학생과 교원과 학부모의 요구와 필요에 따라서 각 교과목별로 배당된 시간 가운데 20%의 범위 내에서 시간을 증대하거나 감축하여 운영할 수 있도록 허용했다. 그에 따라서 초등학교 6학년은 사회과를 1년 동안 102시간 이수해야 하지만 필요에 따라서 최대 122시간을 이수할 수도 있다.[1] 이렇게 함으로써 학생들이 수업 중에 사고하고 탐구하고 토론할 수 있는 시간과 학습의 수준이나 속도가 낮은 학생들에게도 필요한 시간을 충분히 제공할 수 있도록 했다.

그러나 이러한 일은 두 가지 점에서 현실적으로 이루어지기 어렵다. 하나는 이렇게 할 경우에 교원의 수업 시간이 늘어나게 되고, 그것은 편해야 한다는 교원의 수업 이상을 위배하는 일이 된다는 점이다. 다른 하나는 설령 수업 시간을 증대한다고 해도 증대된 시간이 학생들로 하여금 사고하고 탐구하고 토론하는 데 쓰이기 어렵다는 점이다. 그 경우에도 교원들은 여전히 국가 교육과정에서 고시한 교과 목표와 성취 기준과 시간 배당 기준에 따라서 수업을 미리 계획하고 그 계획에 따라서 수업을 진행할 가능성이 크다. 학생들의 특성, 수준, 관심, 상황 등에 따라서 수업의 방향과 방안을 설정하고, 학생들로 하여금 시간이나 성취 기준에 구애받지 않은 가운데 자유롭게 탐구하고 토론하도록 허용하거나 조장하기를 기대하기 어렵다. 단지 수업 시간의 양만 늘릴 뿐이다.

그렇게 예상할 수 있는 까닭은 교육대학이나 사범대학의 교원 양성을 위한 교육과정은 예비 교원들에게 그렇게 할 수 있는 능력을 길러주지 않기 때문이다. 현재 교육대학이나 사범대학은 예비 교원들에게 현재의 학교 체제 속에서 국가 교육과정이 고시한 시간 기준과 성취 기준에 따라서 공정으로서의 수업을 계획하고 그 계획에 따라서 다수의 학생들

1) 초등학교 6학년의 사회과 수업 시수는 제7차 교육과정 시기인 1997년부터 기존의 136시간에서 102시간으로 축소되었다. 또한 2009 개정 교육과정 시기부터는 사회과의 102시간과 도덕과의 34시간을 병합하고, 5학년과 6학년을 병합하여 2년 동안 272시간을 이수하도록 고시했다.

을 효율적으로 가르치는 방법을 주로 가르친다. 교원을 선발하는 위치에 있는 교육청은 현재의 학교 체제를 운영하고 유지하는 기관이므로 임용 시험에서 지원자가 기존의 학교 체제 속에서 수업을 효율적으로 설계하고 운영할 수 있는지를 중심으로 평가한다. 각 대학은 졸업생의 임용률에 따라서 평가를 받기 때문에 교육청의 요구를 따르지 않을 수 없다. 또한 지금까지의 주류 교육학은 학교에서 이루어지는 공정과 같은 수업을 토대로 하여 수립되고 발전되어 왔기 때문에 예비 교원들에게 수업의 시간뿐만 아니라 학습의 내용과 수준, 학습 방법 등을 유연하게 함으로써 학생들이 각자의 특성, 수준, 관심, 상황 등에 따라서 자유롭게 탐구하고 토론할 수 있도록 허용하거나 조장하는 일과 관련된 구체적인 내용이나 방법을 가르칠 수 없다.

이처럼 현재 학교의 수업은 단순히 교실에서 교원과 학생 사이에 이루어지는 일에만 머무르지 않는다. 국가와 교육청, 교원 양성 기관, 그리고 기존의 교육학 등과 서로 유기적으로 연결되어서 견고한 체제를 이루고 있다. 이러한 체제 속에서 수업이 나무의 잎이나 열매에 해당한다면 국가와 교육청, 교원 양성 기관, 기존의 교육학 등은 줄기와 뿌리와 토양에 해당한다고 볼 수 있다. 그러므로 나무의 줄기와 뿌리와 토양을 그대로 둔 채 나뭇잎이나 열매의 모양만 바꾸어 매달 수 없는 것처럼, 국가와 교육청의 교육 정책, 교원 양성기관의 교육과정, 기존의 교육학 등은 변화하지 않은 채 수업의 방법만 변화함으로써 수업이 변화하는 것을 기대하는 것은 상상 속에서나 가능하다. 수업을 통해서 개별 학생이 각자의 특성, 수준, 관심, 상황 등에 따라서 자유롭게 탐구하고 토론함으로써 교과의 안목을 형성하고 탐구의 방법을 터득할 수 있도록 하려면 수업과 유기적으로 관련된 이상의 것들이 함께 총체적으로 변화해야 한다.

2. 매개적 실천

그럼에도 불구하고 지금까지 정부의 교육 정책 당국자나 교육학자 등은 공장의 공정을 닮은 학교 교육의 체제는 그대로 유지하는 가운데 교육과정을 개정하거나 새로운 교수법을 학교에 도입함으로써 수업의 변화를 도모하고자 해왔다. 국가 교육과정은 1954년의 제1차 교육과정 이래로 10번 넘게 개정되었으며, 그동안 탐구수업, 열린교육, 배움의 공동체 수업, 거꾸로 수업, 아이비교육 등 다양한 수업의 방법이 도입되고 사라지기를 되풀이했다. 이러한 교육과정의 개정이나 새로운 수업 방법의 도입을 통해서 공통적으로 실현하고자 하는 것은 학생들이 창의적으로 사고하고 탐구하도록 하는 것이다. 그렇지만 국가 교육과정의 교과목별 시간 배당 기준과 성취 기준, 교원 양성 기관의 교육과정, 기존의 교육학, 그리고 그것을 토대로 이루어지는 국가와 교육청의 교육 정책이 그에 알맞게 변화하지 않는 상태에서 그러한 시도는 단단하게 굳은 땅의 표층을 잠시 적시는 소나기와 같은 것이 되지 않을 수 없다.

그렇다면 수업에서 학생이 각자의 특성, 수준, 관심, 상황 등에 따라서 자유롭게 탐구하고 토론함으로써 교과의 안목을 형성하고 탐구의 방법을 터득할 수 있게 되려면 기존의 수업과 유기적으로 관련된 국가 교육과정, 교원 양성 기관의 교육과정, 기존의 교육학, 그리고 그것을 토대로 이루어지는 국가와 교육청의 교육 정책 등이 함께 변화되어야 한다고 생각해 볼 수 있다. 그런데 그것들을 동시에 함께 변화하도록 하는 것은 사실상 가능하지 않다. 국가 교육과정, 교원 양성 기관의 교육과정, 국가와 교육청의 교육 정책 등은 권력에 의해서 문서상으로 비교적 쉽게 변화되도록 할 수 있지만 그 문서가 변화했다고 해서 학교의 수업이 함께 변화하는 것은 아니다. 문서에서 지시하는 바가 학교의 교실에서 구체적인 수업의 모습으로 구현되기 위해서는 여러 가지 실제적인 문제들을 먼저 해결해야 한다.

그 가운데 가장 중요한 것은 교원이 새로운 수업을 실현하는 데 필요한 실력을 갖추도록 하는 것이다. 그 실력 가운데 하나는 학생과 교육과 교과와 학습에 대한 교원의 인식을 새롭게 형성하는 것이다. 학생은 외부의 정보를 수동적으로 받아들이고 저장하는 빈 용기가 아니라 해석과 실천의 주체이고, 교육은 빈 용기에 지식을 저장하도록 하는 일이 아니라 학생이 문제를 스스로 해결하는 과정에서 성장해 가도록 지원하고 조력하는 일이며, 교과는 단순한 정보가 아니라 세상을 이해하고 실천하는 하나의 안목이라는 점을 교원이 깨달아 알아야 한다. 다른 하나는 학생의 서로 다른 특성을 고려하는 가운데 수업을 유연하게 구안하고 운영함으로써 학생이 교과의 안목을 형성하고 탐구의 방법을 터득할 수 있도록 하는 것이다. 그러기 위해서 개별 학생의 특성, 수준, 관심, 상황 등을 파악할 수 있어야 하고, 그것을 바탕으로 학생들이 자유롭게 사고하고 탐구하고 토론할 수 있도록 안내하거나 지원할 수 있어야 한다.

그런데 현재의 학교 체제 속에서 살아온 교원은 아직 그 두 가지 일을 할 수 없다. 교원들은 그 일을 할 수 있도록 준비되어 있지 않을 뿐만 아니라, 그렇게 할 필요를 느끼지도 않고 있다. 교원들은 교원 양성 기관에 재학하는 동안에는 국가 교육과정의 규정에 따라서 공정과 같은 수업을 설계하고 운영하는 방법을 중심으로 학습했으며, 교원으로서 임용된 후에는 그 일을 일상적으로 수행해 왔다. 현재의 학교 체제가 교원들에게 하도록 요구하는 일이 그것이기 때문이다. 이런 상황에서 교원이 스스로 개별 학생의 특성을 이해하고, 그것을 바탕으로 학생이 자유롭게 사고하고 탐구하고 토론할 수 있도록 수업을 유연하게 구안하고 운영할 수 있기를 기대하는 것은 무리이다.

그러므로 학교의 수업이 변화하기를 기대한다면 누군가가 교원으로 하여금 학생과 교육과 교과와 학습에 대한 인식을 새롭게 형성하고, 학생의 특성을 이해하고 그에 적합한 수업을 구안하고 구현할 수 있는 실력을 형성할 수 있도록 매개적인 역할을 수행해야 한다. 즉 누군가가 교원의 성장을 매개해야 한다. 그리고 그 매개적인 역할을 적절히 수행하기 위해서는 무엇보다도 먼저 교원을 이해해야 한다. 교원이 수업을 비롯하여 교과와 학습과 학생 등과 관련하여 어떤 사고를 지니고 있는지, 현재 자신의 주변 환경을 어떤 것으로 인식하고 대처하는지, 수업의 과정에서 어떤 어려움을 겪고 어떻게 대처하는지 등을 교원의 관점에서 바라볼 수 있어야 한다. 교원을 이와 같이 이해할 수 있을 때 교원이 새로운 수업을 실현하는 데 요구되는 실력을 형성하도록 하기 위해서 무엇을 어떻게 매개해야 하는지를 구체적으로 알 수 있다.

요컨대, 현재의 공정형 학교 교육 체제에서 수업의 변화를 도모하고자 한다면 누군가가 먼저 현재 이루어지고 있는 수업을 교원의 관점에서 이해해야 한다. 그리고 그것을 바탕으로 교원의 성장을 매개하는 데 적절한 방안을 모색하고 실천해야 한다. 그렇게 함으로써 교원이 새로운 수업을 실현하는 데 요구되는 실력을 스스로 형성해 가도록 지원하고 조력해야 한다. 이러한 매개적 실천의 과정을 통해서 교원은 새로운 수업을 실현하고자 할 때 자신이 어떤 역할을 어떻게 수행해야 하는지를 간접적으로 깨닫게 된다. 매개적 실천가가 교원의 성장을 위해서 교원을 이해하고 교원의 성장을 위한 적절한 방안을 모색하고 실천하듯이, 수업에서 교원이 해야 하는 일은 매개적 실천가로서 학생을 이해하고 학생의 성장을 위한 적절한 방안을 모색하고 실천하는 일이라는 것을 알게 된다. 교원의 성장을 위해서 매개적 실천가가 하는 일은 교원이 학생의 성장을 위해서 하는 일과 동일하기 때문이다.

3. 실천탐구 방법의 수련

이와 같은 매개적 실천을 하기 위해서는 거기에 알맞은 탐구 방법이 필요하다. 그것이 문화기술적 실천탐구 방법이다. 태산초등학교 6학년 교원들의 경우에서 알 수 있는 것처럼 문화기술적 실천탐구 방법은 당사자가 현재 겪고 있는 문제를 당사자의 관점에서 이해하고, 그것을 바탕으로 당사자의 성장을 매개할 수 있는 방안을 모색하고 실천한다. 그렇게 함으로써 당사자가 스스로 문제를 해결해 갈 수 있는 실력을 형성하도록 한다. 그러므로 누군가가 교원의 성장을 매개하는 역할을 수행하고자 한다면 문화기술적 실천탐구 방법을 익혀야 한다. 이러한 문화기술적 실천탐구 방법은 크게 두 가지로 구성된다.

하나는 당사자를 이해하는 방법이다. 사람은 살아가는 동안 크고 작은 다양한 문제에 당면한다. 의식주와 관련된 문제, 사람들 사이의 관계와 관련된 문제, 직업이나 생산과 관련된 문제, 놀이나 여가와 관련된 문제 등이 그것이다. 사람은 이러한 다양한 문제 상황을 각자 자신의 관점에서 파악하고, 자신의 방식으로 해결하면서 살아간다. 그 점에서 당사자를 이해한다는 것은 당사자가 처해 있는 문제 상황과 문제를 해결하는 방식을 당사자의 관점에서 바라보는 것이다.

그 일을 하기 위해서 관찰자는 당사자의 문제 상황에 대한 인식과 문제 해결의 방식을 관찰자의 관점에서 해석하거나 판단하지 않아야 한다. 즉 연구(research)하지 않아야 한다. 그 대신 관찰자는 당사자가 놓여있는 문제 상황이 무엇인지, 당사자는 어떤 관점에 의해서 문제 상황을 바라보는지, 문제 상황을 어떻게 해결하는지, 왜 그렇게 해결하는지, 그 문제 해결 방식은 당사자에게 어떤 의미인지 등을 파악해야 한다. 즉 탐구(inquiry)해야 한다. 그 점을 파악하기 위해서 당사자가 살아가고 있는 환경과 그 환경 속에서 이루어지는 당사자의 언행을 관찰하거나 면담하여 기록한다. 그리고 그 자료를 분석하고 추론하고 종합하여 해석함으로써 당사자의 관점과 당사자의 문제 해결 방식과 당사자의 문제 해결 방식의 의미를 당사자의 관점에서 파악한다.

다른 하나는 당사자의 성장을 매개하는 방법이다. 사람은 살아가는 동안 크고 작은 다양한 문제를 해결하는 과정에서 성장해 간다. 사람이 성장한다는 것은 그동안 해결하지 못했던 문제를 해결할 수 있게 되거나 기존의 문제를 새로운 방식으로 해결할 수 있게 된다는 것을 뜻한다. 이 과정에서 사람은 문제를 새로운 관점에서 바라보고 문제와 연관된 대상과 새로운 관계를 형성하게 된다. 그 점에서 당사자의 성장을 매개한다는 것은 당사자로 하여금 문제를 바라보는 관점을 새롭게 형성하고 그 관점에 의해서 문제와 연관된 대상을 새롭게 인식하고 대처할 수 있도록 지원하거나 조력하는 것이다.

그 일을 하기 위해서 매개자는 자신이 문제 상황을 인식하는 관점이나 문제를 해결하는 방식을 직접 알려주지 않아야 한다. 즉 가르치지 않아야 한다. 그 대신 당사자로 하여금 자신이 문제를 인식하는 관점과 문제를 해결하는 방식에 한계가 있다는 점을 스스로 인식하고, 그 한계를 넘어서서 새로운 관점과 문제 해결의 방식을 형성할 수 있도록 지원하거나 조력해야 한다. 즉 깨우쳐야 한다.

그것을 가능하도록 하는 것이 역설적 문제 상황이다. 역설적 문제 상황이란 당사자가 현재 관점과 문제 해결의 방식으로는 해결할 수 없는 문제 상황을 뜻한다. 이런 역설적 문제 상황에서 당사자는 기존의 관점과 방식으로 문제를 해결하려고 시도하지만 그것으로는 문제를 해결하지 못한다. 당사자는 이런 시행착오의 과정을 통해서 기존의 관점과 문제 해결의 방식의 한계를 자각하고 새로운 관점과 문제 해결의 방식을 모색하고 형성하게 된다.

이 과정에서 매개자는 한편으로는 당사자가 성장하도록 하는 데 적절한 수준의 역설적 문제 상황을 제시하거나 안내하고, 다른 한편으로는 당사자의 자각과 형성의 과정을 당사자의 관점에서 이해하는 가운데 지원하거나 조력해야 한다. 매개자가 이 일을 적절히 수행하기 위해서는 당사자의 기존 관점과 문제 해결 방식을 충분히 이해하고 있어야 한다.

이처럼 문화기술적 실천탐구 방법은 당사자를 이해하는 방법과 당사자의 성장을 매개하는 방법으로 이루어진다. 그러므로 현재의 공정형 학교 체제에서 수업의 변화를 도모하고자 한다면 현재 학교에서 이루어지는 수업을 교원의 관점에서 이해하는 방법과 수업과 관련하여 교원을 성장을 매개하는 방법을 익혀야 한다. 그리고 그런 방법에 의해서 교원을 이해하고 교원의 성장을 매개하는 실천을 수행해야 한다.

그런데 이러한 문화기술적 실천탐구 방법은 언어로 설명할 수는 있지만 언어로 전달되지는 않는다. 방법은 본래 실천적 활동이기 때문에 그렇다. 그것은 마치 피아노 연주법을 언어로 설명할 수는 있지만 언어로 전달할 수는 없는 것과 마찬가지다. 이러한 실천적 활동으로서의 방법은 반복적인 수련에 의해서만 터득할 수 있다.

당사자를 이해하기 위해서는 먼저 당사자를 이해하는 데 필요한 자료를 수집해야 한다. 그러기 위해서 탐구자는 당사자의 언행과 당사자의 주변 환경을 관찰하거나 면담하고 그것을 기록으로 남겨야 한다. 이때 탐구자가 어디에 주목하고 어떤 어휘를 사용하여 어떤 문장으로 기록하는가에 따라서 자료가 다르게 수집된다. 그러므로 탐구자는 당사자와 주변 환경을 바라보는 시선뿐만 아니라 그것을 기록하는 방법을 익혀야 한다. 그리고 탐구자는 그 수집된 자료를 분석하고 추론하고 종합하여 해석한다. 이때 자료를 분석하고 추론하고 종합하여 해석하는 일은 탐구자가 어디에 주목하고 어떤 기준이나 관점으로 자료를 바라보는가에 따라서 그 결과가 달라진다. 그러므로 탐구자는 적절한 기준과 관점을 선정하고 적용하는 방법을 익혀야 한다.

특히 실천탐구는 당사자의 관점에서 당사자의 언행과 주변 환경을 바라보고자 하므로 당사자의 관점을 찾고 이해하는 방법을 익혀야 한다. 또한 실천탐구자는 당사자를 이해한 결과를 바탕으로 당사자의 성장을 매개하기 위해서 역설적 문제 상황을 구안하거나 당사자의 문제 해결 과정을 지원하거나 조력하는 일을 해야 한다. 이 일 역시 탐구자의 배경 지식의 폭과 깊이와 수준 등에 따라서 달라진다. 그러므로 탐구자가 당사자의 성장을 위한 매개적 실천을 적절히 수행할 수 있으려면 그와 관련된 배경 지식과 경험을 축적해야 한다.

요컨대 현재의 공정형 학교 교육 체제 속에서 이루어지는 수업의 변화를 도모하고자 한다면 문화기술적 실천탐구 방법에 의해서 교원을 이해하고 교원의 성장을 매개해야 한다. 그리고 그 일을 위해서 먼저 문화기술적 실천탐구의 방법을 익혀야 한다. 그것을 익히는 일은 언어적 설명을 통해서가 아니라 문화기술적 실천탐구를 직접 수행해 봄으로써만 가능하다. 그것은 마치 피아노를 연주할 줄 모르는 아이가 피아노 연주하는 방법을 터득하기 위해서는 피아노를 자주 연주해 보아야만 하는 것과 마찬가지다. 물론 피아노를 자주 연주함으로써 연주하는 방법을 터득하기 위해서는 누군가의 지도가 필요한 것과 마찬가지로 문화기술적 실천

탐구를 직접 수행해 봄으로써 방법을 터득하기 위해서는 누군가의 지도가 필요하다. 그렇지 않으면 오류를 범하고 있다는 사실조차 모른 채 오류 안에 갇히게 된다.

이러한 문화기술적 실천탐구 방법을 익히는 것은 행정, 경영, 복지, 정치, 산업 등과 같이 우리 사회의 다양한 장면에서 이루어지는 활동을 개선하거나 문제를 해결하는 데도 유용하게 쓰일 수 있을 것이다. 현재 우리 사회의 각 분야에서 발생하는 많은 문제들은 그 문제와 연관된 다양한 요소들이 유기적으로 결합되어서 하나의 전체를 구성하고 있다. 그러므로 그 문제를 해결하기 위해서는 관련되는 요소들이 함께 변화해야 하지만, 그 변화가 실효를 거두기 위해서는 당사자의 성장을 통하여 당사자의 문제 인식과 문제 해결의 방식이 변화해야 한다. 그 일을 위해서는 당사자를 이해하고, 그것을 바탕으로 당사자의 성장을 위한 방안을 모색하고 실천해야 한다. 여기에 문화기술적 실천탐구 방법이 유용하게 사용될 수 있다.

한편 이러한 문화기술적 실천탐구 방법을 익히는 것은 기존의 질적 연구가 지니는 한계를 극복하는 길이 되기도 한다. 최근 들어서 일부 연구자들이 기존의 질적 연구 방법이 우리가 살아가고 있는 세계를 이해하거나 실천하는 데 한계가 있음을 지적하고, 그 대안으로서 포스트휴머니즘이나 비판적 실재론에 근거하여 대안적인 질적 연구 방법을 제시하고 있다. 이들은 기존의 질적 연구가 인간을 중심으로 세계를 바라봄으로써 실제로는 인간의 삶과 연관되어 있는 사물과 동물과 기술과 환경 등을 누락하고 그 결과 인간이 살아가고 있는 세계를 그릇되게 이해하고 있다고 지적한다. 특히 기존의 질적 연구가 세계를 인간에 의해서 해석적으로 구성된 것으로 봄으로써 질적 연구의 결과가 연구자들만의 공허한 언어적 유희에 머무르고 현실의 문제를 해결하는 데 한계가 있다고 지적한다. 이런 한계를 극복하기 위해선 그들은 포스트휴먼 질적 연구 방법, 포스트 질적 탐구 등과 같은 대안적인 방법을 제시한다.

기존의 질적 연구에 대한 이러한 지적은 타당하고 기존의 질적 연구가 가지는 한계를 극복하는 데 도움이 될 수도 있다. 그러나 기존의 질적 연구가 이론적 토대로 삼고 있는 인간 중심주의나 해석주의나 구성주의를 포스트휴머니즘이나 비판적 실재론으로 변경하고 새로운 질적 연구 방법을 제시한다고 해서 기존의 질적 연구가 가지는 한계가 극복되는 것은 아니다. 그것은 마치 국가 교육과정을 변경하고 새로운 교수법을 교원들에게 안내한다고 해서 교실의 수업이 변화하는 것이 아닌 것과 마찬가지다.

질적 연구자가 포스트휴머니즘이나 비판적 실재론을 토대로 한 가운데 새로운 질적 연구 방법으로 연구를 수행한다고 해도 관찰이나 면담에 의해서 자료를 수집하고, 수집된 자료를 분석하고 추론하고 종합하고 해석하는 과정을 충실하게 이행하지 못한다면 기존의 질적 연구와 크게 다를 바가 없게 된다. 특히 대안적 질적 연구 방법은 기존의 질적 연구 방법에 비해서 대상을 더욱 넓고 다층적으로 바라보도록 요구함으로써 연구자가 그 일을 수행하는 것이 더욱 어려워진다. 따라서 기존의 질적 연구를 적절히 수행하지 못하던 연구자가 대안적인 질적 연구를 수행함으로써 기존의 질적 연구의 한계를 극복하기를 기대하는 것은 모순이다.

결국 기존의 질적 연구가 지니는 한계를 극복하는 것은 새로운 이론이 아니라 질적 연구자의 새로운 실천이다. 질적 연구의 과정에서 연구자가 수행하는 관찰과 면담의 기록, 자료의 분석과 추론과 종합과 해석 등의 과정을 충실하게 수행할 수 있도록 차근차근 수련하는 것이다. 이상에서 예시하고 소개한 문화기술적 실천탐구 방법을 익히는 것은 그러한 수련을 위한 한 가지 길이 될 수 있을 것이다.

참고 문헌

고창규(1986). 학급 수업의 갈등 과정에 관한 연구: 교사와 아동의 언어적 상호작용과정을 중심으로. 서울대학교 대학원 석사 학위 논문.

교양국사연구회(1984). 이야기 한국사. 서울: 청아출판사.

교육법전편찬회(1996). 교육법선. 서울: 교학사.

교육부(1992a). 국민학교 교사용 지도서 사회 6-1.

교육부(1992b). 교육 개혁 이렇게 추진되고 있습니다.

교육부(1995). 교육 개혁 문답으로 알아본다.

교육부(1996). 사회 6-1.

교육부(1996). 사회과 탐구.

교육부(1997). 초등학교 교육과정.

교육부(2022a). 사회과 교육과정.

교육부(2022b). 초 · 중등학교 교육과정 총론.

교육부교육 개혁추진 기획단(1995). 열린 사회 열린 교육 우리 학교, 달라져야 합니다.

김기석(1988). 행동과학: 과학철학적 반성의 여지는 있는가?. 한국행동과학연구소 편. 인간 이해의 새 지평. 서울: 교육과학사.

김영찬(1980). 생활 · 문화 · 교육. 서울: 교육과학사.

김영찬(1995). 학교문화의 개념과 연구과제. 교육이론, 9(1). 서울대학교 교육학과.

김용호(1992). 공업계 고등학교 수업과 그 의미에 관한 문화기술적 연구. 한양대학교 대학원 박사 학위 논문.

김정원(1997). 초등학교 수업에 관한 참여관찰 연구. 서울대학교 대학원 박사 학위 논문.

대통령자문교육개혁위원회(1995). 세계화 · 정보화 시대를 주도하는 신교육 체제 수립을 위한 교육 개혁 방안.

대통령자문교육개혁위원회(1996. 2). 세계화 · 정보화 시대를 주도하는 신교육 체제 수립을 위한 교육 개혁 방안(II).

대통령자문교육개혁위원회(1996. 8). 세계화 · 정보화 시대를 주도하는 신교육 체제 수립을 위한 교육 개혁 방안(III).

문교부(1987). 국민학교 교육과정.

문교부(1988). 국민학교 교육과정 해설.

문보은(2022). 우리나라 학생들의 학업 성취 수준 및 교육 결손 현황. 교육개발, 2022년 겨울호(통권 225호). 서울: 한국교육개발원.

서근원(1997). 초등학교 토의식 수업의 문화기술적 연구. 서울대학교 대학원 석사 학위 논문.

신혜숙(1987). 학급 수업 과정의 문화기술적 분석. 서울대학교 대학원 석사 학위 논문.

엄기형(1983). 학교 교육과정에서의 사회적 교섭에 관한 참여관찰 연구. 연세대학교 대학원 석사 학위 논문.

이미나(1987). 학교는 저항이론의 이상을 현실화할 수 있는가?: 학교 문화 기술 연구물의 비판적 검토. 교육이론, 2(1). 서울대학교 교육학과.

이인효(1990). 인문계 고등학교 교직 문화 연구. 서울대학교 대학원 박사 학위 논문.

이종각(1988). 학교 수업 방법의 사회-문화적 맥락. 학교학습탐구. 서울: 교육과학사.

이종각(1995). 교육인류학의 탐색. 서울: 하우.

이홍우 외(1988). 한국적 사고의 원형. 서울: 고려원.

조문현(1987). 학급에서의 언어적 표현과 아동 지위의 분화. 이화여자대학교 대학원 박사 학위 논문.

조용환(1995). 교육학에서의 문화 연구. 문화에 대한 다학문적 접근(비교문화연구소 제4회 학술 심포지움 자료집). 서울대학교 사회과학대학 비교문화연구소.

한상복 · 이문웅 · 김광억(1995). 문화인류학 개론. 서울: 서울대학교출판부.

Anyon, J. (1981). Social Class and Hidden Curriculum of Work. H. A. Giroux, A. N. Penna, W. F. Penna, & W. F. Pinar Eds.. *Curriculum & Instruction*. Berkeley: McCutchan.

Benedict, R. (1946). *The Chrysanthemum and the Sword: Patterns of Japanese Culture*. Boston, Massachusetts: Houghton Mifflin Company. 박규태 역(2008). 국화와 칼: 일본 문화의 유형. 서울: 문예출판사.

Collingwood, R. G. (1946). *The Idea of History*. Oxford: Oxford Univ. Press. 소광희, 손동현 공역(1979). 역사의 인식. 서울: 경문사.

Hanson, F. Allan (1973). *Meaning in Culture*. London: RKP.

McNeil, L. (1983). Defensive teaching and classroom control. M. Apple & L. Weis Eds. *Ideology and Practice in Schooling*. Temple Univ. Press. 이인효 외 편역(1991). 방어적 수업과 학급 통제. 교육과 사회. 서울: 교육과학사.

Mehan, H. (1979). *Learning Lesson: Social Organization in the Classroom*. Harvard Univ. Press.

Oakeshott, M. (1967). Learning and Teaching. R. S. Peters Ed.. *The Concept of Education*. London: RKP.

Spradley, J. P. (1980). *Participant Observation*. New York: Holt, Rinehart and Winston. 이희봉 역(1988). 문화탐구를 위한 참여관찰 방법. 서울: 대한교과서주식회사.

Wilcox, F. (1982). Differential Socialization in the Classroom: Implication for Equal Opportunity. G. Spindler Ed.. *Doing Ethnography of Schooling*. New York: Holt, Rinehart and Winston.

부록 1

한솔반의 토의식 역사 수업 과정

(1996년 5월 31일 2교시)

〈10시 20분〉[1)]

교원: (교탁 앞에 서서) 조선 말기 세계의 사정은 어떠했습니까?

영린: 청나라, 일본, 러시아와 같이 힘이 센 나라가 약한 나라를 서로 빼앗아서 자기 나라의 힘을 더 강하게 하려고 하였습니다.

지운: 나라의 힘이 약하면 나라의 안전이 위험해집니다. (학생들 웃음)

미진: 이지운의 의견에 반대 의견 있습니다. 이지운은 질문에 맞지 않는 대답을 하였습니다.

교원: 강대국들이 세력을 넓히려고 약한 나라를 넘보았지요. 그 당시에 우리나라의 형편은 어떠했습니까? (학생들 손을 든다) 김명구.

명구: 흥선대원군이 문호를 개방하지 않고 당파 싸움에 열중하였습니다.

교원: 이때 어떤 나라들이 우리나라를 넘보았습니까? (학생들 손을 든다) 나명호.

명호: 러시아, 일본.

교원: (학생들을 향해) 어느 나라였지?

학생들: 청나라, 러시아, 일본.

교원: 러시아는 왜 우리나라를 넘보려고 하였지? (학생들 손을 든다) 윤석이.

---

1) 본 수업은 평소보다 10분 늦게 시작했다.

윤석: 얼지 않는 항구를 구하기 위해서 우리나라를 넘보았습니다.

교원: 청나라는(왜 우리나라를 넘보려고 하였지요)?

중한: 일본의 세력을 견제하고 우리나라를 혼자 독점하기 위해서입니다.

교원: 일본은? (학생들 손을 든다) 은실이.

은실: 우리나라를 상품시장으로 만들고 자원공급지를 확보하기 위해서입니다.

교원: 이때 일본이 우리나라에서 일으킨 사건은?

학생들: (함께 큰 소리로) 을미사변.

교원: 누구(를 해쳤지)?

학생들: 민비, 명성왕후.

교원: 우리나라는 열강에 대해서 어떻게 대처하였지? 조선의 힘은 어떠했지?

정훈: 약했습니다.

학생들: (웃음. 김정훈의 대답이 적절하지 않다고 생각한다)

미진: 당시에 우리나라의 힘도 약했지만 대원군과 민비의 다툼으로 백성이 따르지 않았습니다.

교원: 바로 여기까지가 지금까지 배운 것입니다. 배경을 알아보았으니까 오늘은 독립협회에 대해서 알아봅시다. 오늘 학습 문제가 뭐지?

학생들: (학습 문제를 큰 소리로 함께 읽는다)

(1) 독립협회의 조직 목적과 활동 내용 알아보기

(2) 대한제국의 탄생과 한 일

(3) 조선 말기 자주 독립 운동의 의의와 교훈 알기

(4) 교과서 99쪽 연구 문제[2)] 해결

교원: 토의를 시작합니다. (자신의 책상에 가서 앉는다)

〈10시 25분〉

5조 학생들: 토의를 시작합시다. (박수를 세 번 친다)

중한:[3)] 일, 독립협회의 조직 목적과 활동 내용 알아보기.

명희: (자신이 공책에 조사해 온 내용을 보고 읽는다) 개화 운동에 앞장섰던 서재필을 중심으로 조직하였다. 목적, 자주 독립 국가를 이룩하기 위하여 국민의 계몽을 목적으로 두었다. 활동 내용. 일, 독립신문을 발간함. 이, 독립문을 세움. 삼, 독립협회 만민공동회를 열어 나라를 세우는 일이 필요함을 내세웠다.

미진: (손을 들고) 보충.

중한: 정미진, 보충(하세요).

미진: (공책에 조사해 온 내용을 보고 읽는다) 독립협회의 조직 목적. 백성들을 깨우치기 위해서이다. 나라의 힘을 길러 외국의 침략을 물리쳐야겠다고 생각했기 때문이다. 활동 내용. 백성들을 가르치고 국민 계몽 운동에 힘썼다.

중한: 보충할 분.

정희: (공책에 조사해 온 내용을 보고 읽는다) 왕비의 살해 사건. 고종이 러시

---

2) 교과서 99쪽의 연구 문제는 "자주 독립을 지키기 위해 국민들은 또 어떠한 일을 하였는지 조사해 보자"이다.

3) 정중한은 5조의 조장이다.

아 공사관으로 옮김. 열강들의 이권 다툼 등으로 나라의 힘이 약해지자 나라의 힘을 키워 외국의 침략을 물리쳐야겠다는 뜻에서 서재필이 뜻을 같이하는 동지들과 함께 자주 독립 국가를 세우기 위해 독립협회를 조직하였다.

……

중한: 99쪽 연구 문제.

명희: 일, 애국 계몽 운동을 펼침. 이, 학교를 세워 새로운 학문을 가르쳐 애국심을 기름.

정희: 자주 독립을 기르기 위해 국민들이 노력. 헌정연구회, 대한자강회 등 단체 조직. 황성신문, 대한매일신보 등의 신문 발간. 그리고 학교 설립. 국학 연구. 천도교, 대종교, 원불교 등의 종교를 설립하였다.

주완: 토의를 마치겠습니다.

5조 학생들: 토의를 마치겠습니다. (박수를 세 번 친다)

〈10시 31분〉

미진: (사회를 보기 위해 앞으로 나간다. OHP 위에 자신이 준비해 온 자료[4)]를 올려놓고 OHP를 켠다) 토의를 시작하겠습니다.

중한: (자신의 자리에 앉아서 정미진이 조사해 온 내용을 가리키며 작은 소리로) 저거 전과에 나와 있는 거다.

학생들: (박수를 세 번 친다)

---

4) 정미진이 조사하여 발표한 내용은 〈부록 2〉에 제시되어 있다.

미진: 일 번, 독립협회의 조직 목적과 활동 내용 알아보기. 일, 조직 목적. 민중의 계몽, 순 한글로 독립신문을 발간, 민중의 정치 활동 참여, 만민공동회 개최. 이, 활동 내용. 일, 독립신문 발간. 서재필이 중심이 되어 순 한글과 영문으로 발간됨, 나라 안팎에서 일어나는 일들을 백성에게 알림, 백성이 나라의 주인이라는 생각을 일깨우는 데 힘씀. 이, 독립문의 건립. 영흥문 자리에 민중의 성금을 모아 건립, 자주 독립의 의지를 널리 알림. 삼, 국민 계몽 운동. 자주 독립을 위해서는 백성들이 힘을 합치고 배워야 한다고 주장. 사, 만민공동회 개최. 관리, 시민, 상인, 교원, 학생 등 각계각층이 모임, 나라의 일에 대한 자기의 생각 발표, 독립 정신을 심어줌. 보충하실 분. (학생들 손을 든다) 최영린.

영린: (공책을 보지 않고 발표한다) 서재필은 나라의 힘을 키워 외국의 힘을 물리쳐야 자주 독립이 가능하다는 것을 알고, 백성들을 깨우치기 위해 독립협회를 조직하고, 독립신문을 펴냈습니다. 독립협회에서는 백성들의 자주 독립 정신을 키워주는 계몽 운동을 널리 폈습니다. (학생들 손을 든다)

미진: 강명구.

명구: 예, 독립협회의 목적에 대해서 보충하겠습니다. 독립협회는 도탄에 빠진 나라를 구하고자 국민들이 한 데 모여서 좀 더 …

미진: 다음 문제로 넘어가겠습니다. 2번, 대한제국의 탄생과 한 일. 일, 대한제국의 탄생. 자주 독립 국가로 새롭게 출발하라는 뜻에서 고종황제가 나라 이름을 대한제국으로 고침. 1887년에 있었던 일입니다. 이, 한 일. 여러 가지 개혁 정치 실시, 공장 건립, 국가 산업 발전을 위해 노력. 더

보충하실 분. (학생들 손을 든다) 채병규.

병규: 예. 지금 1887년에 했다고 하는데 1897년이 아닙니까?

미진: 1887년 아닙니까?

학생들: (자리에 앉은 채 여기저기서 큰 소리로) 잠깐만, 1897년이야. 97년이야-. 누가 그래.

미진: 죄송합니다. 제가 잘못 알고 1887년으로 인쇄했습니다. 보충하실 분. 장주현, 필통 덮어. 주현아 필통 만지지 마. (학생들 손을 든다) 김명구.

명구: 예. 대한제국에서는 민주주의를 실현시키고자 민주주의 제도를 내놓았습니다. 그것은 잘 실행되지 않았다고 합니다.

미진: 삼, 조선 말기 자주 독립 운동의 의의와 교훈 알기. 일, 독립 운동의 의의. 자주 독립을 주장하는 민족 운동. 국민의 권리를 늘리기 위한 민권 운동. 사회 각층까지 파고들고자 한 대중 운동. 이, 교훈. 적극적인 독립 운동 의식, 한민족의 단합. 이에 보충하실 분. (학생들 손을 든다) 김효선.

효선: 예. 사회적으로 애국 계몽 운동이 전개되었습니다.

미진: 다음 문제로 넘어가도 되겠습니까? 사. 교과서 99쪽 연구 문제. 문, 자주 독립을 지키기 위해 국민들은 또 어떠한 일을 하였는지 조사하여 보자. 일, 안중근은 침략자의 이토오히로부미를 사살. 이, 일본에 진 빚을 갚기 위해 국채보상운동을 전개. 삼, 국학 연구, 의병 활동, 군인들의 항거 운동 등을 전개하였습니다. 보충하실 분. (학생들 손을 든다) 김민희.

민희: 천도교, 대종교, 원불교 등의 종교 설립을 하였습니다.

병규: 단체도 설립하고 신문도 발간하며 학교도 설립하였습니다.

명구: 민주주의 정신을 실현하기 위해서 많은 노력을 했습니다.

미진: 이에 더 보충하실 분. 안 계시면 문제 내는 것으로 넘어가겠습니다. 제가 문제를 준비해 오지 못했기 때문에 문제를 받겠습니다. 문제 내실 분.

〈10시 41분〉

명희: (문제집을 오려서 공책 뒤에 감추어 들고 읽는다) 자주 독립을 위해 사람들이 많은 종로 거리에서 열렸던 것으로, 오늘날의 강연회, 공개 토론회와 비슷한 것을 무엇이라고 합니까? (학생들 손을 든다)

미신: 이선민.

선민: 만민공동회의입니다.

명희: 맞았습니다. 자주 독립을 위해 사람들이 많은 종로 거리에서 열렸던 것으로, 오늘날의 강연회, 공개 토론회와 비슷한 것은 무엇인가? 답, 만민공동회입니다. (자신이 보았던 쪽지를 같은 5조의 최정희에게 넘긴다)

명구: 질문 있습니다. 제가 알기로는요, 만민중앙공동회라고 알고 있는데요. 만민공동회하고 만민중앙공동회랑 똑같은 겁니까 다른 겁니까?

학생들: (손을 든다. 한 학생이 자리에 앉아서 큰 소리로) 똑같은 거야-.

미진: 그거에 대해서 제가 발표하겠습니다. 만민중앙공동회하고 만민공동회는 똑같은 거라고 생각합니다. 문제내실 분. (학생들 손을 든다) 이지운.

지운: 예. 대한제국이 성립되고 제도의 개혁이 일어났는데 무엇, 무엇, 무엇, 무엇을 추진하였나?

학생들: (도대체 무슨 질문인지 모르겠다는 듯) 어-?, 뭐야-?.

미진: (이지운에게) 잠깐만 줘봐. 내가 읽어줄게.

지운: (정미진에게 노트를 넘겨준다)

미진: 대한제국이 성립하고 제도의 개혁이 일어났는데 무엇무엇을 추진하였는가?

학생들: (아무도 손을 안 든다)

미진: 힌트. 무슨 개혁, 무슨 진흥, 무슨 측량, 무슨 정책.

학생들: (난처하다는 듯이) 아이-. 몰라.

정훈: 개혁?

미진: 응. 무슨 개혁, 무슨 진흥, 무슨 측량, 무슨 정책. 하나만 해도 되니까 발표하실 분.

정하: 농업진흥청.

미진: 아닙니다.

정훈: 틀려도 돼?

미진: 응, 틀려도 돼.

정훈: 실학.

미진: 아닙니다.

정식: 토지 진흥.

지운: 토지 진흥 아냐.

미진: 토지 측량.

지운: 토지 측량이야.

미진: 나머지 세 개.

자연: 군제 개혁.

미진: 예, 군제 개혁과 토지 측량. 그리고 나머지 두 개가 남았습니다.

지운: 하나는 내가 할게.

미진: 답이 안 나왔으니까 이지운은 처음부터 다시 발표하십시오.

지운: 대한제국이 성립되고 제도의 개혁이 일어났는데 무엇, 무엇, 무엇, 무엇을 실시하였나. 군제의 개혁, 교육의 개혁, 토지 측량, 상공업 진흥 정책.

미진: 문제 내실 분. (학생들 손을 든다) 이원술.

원술: 독립협회를 조직하고 독립신문을 펴낸 사람은 누구인가? (학생들 손을 든다)

미진: 은실이.

은실: 예, 서재필입니다.

미진: 다른 문제 내실 분. (학생들 손을 든다) 최영린.

영린: 예. 계몽 운동은 주로 무엇이 중심이 되었습니까? (학생들 손을 든다)

미진: 지영이.

지영: 교육 운동.

영린: 맞았습니다. 계몽 운동은 주로 교육 운동이 중심이 되었습니다.

미진: 다른 문제 내실 분. (학생들 손을 든다) 최정희.

정희: (유명희에게서 받은 쪽지를 공책 뒤에 감추고 문제를 읽는다) 순 한글로 발간된 신문으로 나라 안팎에서 일어나는 일들을 백성들에게 알려 주고, 나라의 주인이 백성이라는 생각을 일깨워 주기 위하여 서재필에 의하여 발간된 신문은 무엇입니까? (학생들 손을 든다)

미진: 유한.

유한: 예. 독립신문입니다.

정희: 순 한글로 발간된 신문으로 나라 안팎에서 일어나는 일들을 백성들에게 알려 주고, 나라의 주인이 백성이라는 생각을 일깨워 주기 위하여 서재필에 의하여 발간된 신문은 무엇입니까? 독립신문입니다. (작은 소리로 5조의 학생들에게 자랑하듯이) 오늘 사회 시간에 두 번 발표했다. 자연 시간에 또 해야지. (그 쪽지를 같은 조의 김진영에게 넘긴다)

미진: 문제(내실 분).

진영: (최정희로부터 넘겨받은 쪽지를 한 손에 감춰 들고 열심히 손을 든다)

정희: (작은 소리로) 김진영, 그 문제는 아까 다른 애가 냈어.

진영: (쪽지를 책상 위에 내던진다)

자연: 나라의 힘을 키워 외국의 침략을 물리쳐야 자주 독립이 가능하다고 생각하고 백성들을 깨우치기 위해 서재필 등이 중심이 되어 조직된 것이 무엇인가? (오자연은 1조이다. 그런데 이 문제는 유명희가 가지고 있던 쪽지에 나와있던 문제 중의 하나이다. 이들은 결국 같은 문제집을 보고 문제를 내는 것이다) (학생들 손을 든다)

지운: (자리에 앉아서) 독립협회.

미진: 하서란.

서란: 독립협회.

자연: 맞았습니다. 나라의 힘을 키워 외국의 침략을 물리쳐야 자주 독립이 가능하다고 생각하고 백성들을 깨우치기 위해 서재필 등이 중심이 되어 조직된 것은 독립협회입니다.

경선: 독립협회의 성립 배경은 무엇입니까?

학생들: (대답이 없다. 모르겠다는 듯이 서로 얼굴만 바라본다)

교원: (자신의 자리에 앉아서 학생들의 토의 과정을 지켜보고 있다가, 학생들이 질문의 뜻을 잘 모른다고 생각해서) 왜 독립협회가 생기게 되었는가. (학생들 손을 든다) 강명구.

명구: 예. 우리나라의 독립을 실현시키고자 만든 것이 독립신문입니다.

병규: 우리나라가 독립국이 되어 세계 만방과 어깨를 더불어 나란히 하게 된 것을 기념하기 위해서인 것 같습니다.

미진: 아닌데. 독립협회의 성립 배경. (교원을 향하여) 제가 발표할게요. (학생들을 향하여) 제가 발표해 보겠습니다. 나라를 구하고자 하는 마음에 서재필, 윤치호, 이승만 등이 리더 같은 것이 되어서 성립하였으며, 나라의 자주 독립을 위해서 성립한 것이 독립협회입니다.

경선: 맞았습니다. 독립협회의 성립 배경은 열강의 침략으로 우리나라의 자주권이 위협받고 있는 상황에서 자주 독립을 위한 노력으로…….

미진: 시간이 없는 관계상 토의를 모두 마치겠습니다.

학생들: (박수를 세 번 친다)

〈10시 53분〉

교원: 선생님이 정리하는 질문을 하겠습니다. 독립협회가 성립되는 배경은 이야기했었지요?

학생들: 예.

교원: 자주 독립을 위해서, 독립 운동을 하기 위해서 만들어졌다고 했었죠. 그러면은 독립협회가 한 활동이 여러 가지가 있었을 텐데 대체적으로 어떤 활동을 했을까? 자주 독립 국가를 수립하기 위해서 계몽을 하기

위해서 만들어졌다고 했어요. 그래서 어떤 활동을 했을까? (학생들 손을 든다) 동만이.

동만: 독립신문 발간, 강연회 개최, 독립문 건립, 일본에 빼앗기지 않으려고 노력했습니다.

교원: 그러니까 독립신문을 발행하고, 민중을 계몽하기 위해서 어떤 활동을 했지? 만민공동회 같은 거를 개최했지요. 독립협회가 설립하게 된 목적은, 목적이 뭐예요. 독립협회가 생기세 된 목적. 무엇을 하기 위해서 독립협회가 설립되었지? (학생들 손을 든다) 유연이.

유연: 예. 자주 독립을 이루기 위해 국민 계몽에 목적을 두었습니다.

교원: 예. 국민 계몽을 통해서 자주 독립을 이루기 위해서 전국적으로 설립되었습니다. 이 독립협회가 나중에는 항일 운동을 하는 데 기반이 되었습니다. 이거는 중요하니까 꼭 알아두세요. 이상 수업을 마치겠습니다.

〈5조 학생들끼리의 대화〉

학생들: (좌석을 처음 상태로 다시 배치한다)

진영: (공책을 책상에 던지며) 아-, 씨발, 나 다섯 번 들은 거 알어?

다섯 번 들었는데 세 번밖에 안 시켜주고.

정희: 많이 시켜줬잖아. 유명희 너 세 번 했어?

명희: 응.

정희: 너 문제 오늘 한 번밖에 안 냈잖아.

명희: 두 문제 냈어.

정희: 한 문제하고 또 뭐야. 안 했잖아. 산수 시간에 안 했잖아.

명희: 산수 시간에 했어.

정희: 자연 시간에 또 해야지. 오늘은 다섯 번 기록해야겠어.

지운: (2조에 있다가 5조의 정미진에게로 와서 자랑스럽다는 듯이) 너 아까 그 문제 답 몰랐지?[5)]

미진: (대답을 안 한다)

〈10시 56분〉

5) 이지운은 2, 3일 전부터 다른 학생들에게 사회 시간이 빨리 왔으면 좋겠다고 말하고, 사회 시간에 대한제국의 제도 개혁에 관한 문제를 내겠다고 했다.

부록 2

한솔반의 역사 수업 중 정미진 학생이 발표한 자료

과제 학습

1. 독립협회의 조직 목적과 활동 내용 알아보기

1) 조직 목적

〈1〉 민중의 계몽-순 한글로 독립신문 발간

〈2〉 민중의 정치 활동 참여-만민공동회 개최

2) 활동내용

〈1〉 독립신문 발간

@. 서재필이 중심이 되어 순 한글과 영문으로 발간됨

@. 나라 안팎에서 일어나는 일들을 백성에게 알림

@. 백성이 나라의 주인이라는 생각을 일깨우는 데 힘씀.

〈2〉 독립문의 건립

@. 영홍문 자리에 민중의 성금을 모아 건립

@. 자주 독립의 의지를 널리 알림

〈3〉 국민 계몽 운동

@. 자주 독립을 위해서는 백성들이 힘을 합치고 배워야 한다고 주장

〈4〉 만민공동회 개최

@. 관리, 시민, 상인, 교원, 학생 등 각계각층이 모임

@. 나라의 일에 대한 자기의 생각 발표

@. 독립 정신을 심어줌

2. 대한 제국의 탄생과 한일

1) 대한 제국의 탄생

자주 독립 국가로 새롭게 출발하려는 뜻에서 고종황제가 나라 이름을 대한 제국으로 고침. (1987년)

2) 한 일

〈1〉 여러 가지 개혁 정치 실시

〈2〉 공장 건립

〈3〉 국가 산업 발전을 위해 노력

3. 조선 말기 자주 독립 운동의 의의와 교훈 알기

1) 자주 독립 운동의 의의

〈1〉 자주 독립을 주장하는 민족 운동

〈2〉 국민의 권리를 늘리기 위한 민권 운동

〈3〉 사회 각층에까지 파고들고자 한 대중 운동

2) 교훈

〈1〉 적극적인 독립 운동 의식

〈2〉 한민족의 단합

4. 교과서 99쪽 연구 문제

〈문〉 자주 독립을 지키기 위해 국민들은 또 어떠한 일을 하였는지 조사해 보자.

1) 안중근은 침략자의 우두머리 이토 히로부미를 사살

2) 일본에 진 빚을 갚기 위해 국채 보상 운동을 전개

3) 국학 연구, 의병 활동, 군인들의 항거 운동 등을 전개

부록 3

관찰 · 면담 자료 목록

1. 관찰 자료

1995. 12. 11: 태산초등학교 6학년 한샘반 사회과 수업 장면

1995. 12. 12: 태산초등학교 6학년 한샘반 사회과 수업 장면

1995. 12. 13: 태산초등학교 6학년 한샘반 사회과 수업 장면(비디오 테이프)

1995. 12. 14: 태산초등학교 6학년 한샘반 사회과 수업 장면

1995. 12. 18: 태산초등학교 6학년 한샘반 사회과 수업 장면

1996. 4. 18: 태산초등학교 6학년 한솔반 사회과 수업 장면

1996. 4. 25: 태산초등학교 6학년 한솔반 사회과 수업 장면

1996. 5. 2: 태산초등학교 6학년 한솔반 사회과 수업 장면

1996. 5. 9: 태산초등학교 6학년 한솔반 사회과 수업 장면

1996. 5. 31: 태산초등학교 6학년 한솔반 사회과 수업 장면(녹음 전사)

1996. 5. 29: 태산초등학교 4학년 자람반 사회과 수업 장면(녹음 전사)

1996. 6. 12: 태산초등학교 6학년 한솔반 사회과 수업 장면(비디오 테이프)

1996. 10. 30: 태산초등학교 5학년 새롬반 사회과 수업 장면(녹음 전사; 비디오 테이프)

1993. 12. 18: 태산초등학교 6학년 자연과 수업 장면(비디오 테이프)

1996. 4. 15: 태산초등학교 6학년 한솔반 자연과 수업 장면

1996. 4. 26: 태산초등학교 6학년 한솔반 자연과 수업 장면(녹음 전사)

1996. 4. 29: 태산초등학교 6학년 한솔반 자연과 수업 장면

1996. 5. 13: 태산초등학교 6학년 한솔반 자연과 수업 장면

1996. 5. 29: 태산초등학교 6학년 한솔반 자연과 수업 장면
1996. 6. 12: 태산초등학교 6학년 사랑반 자연과 수업 장면(녹음 전사)
1996. 4. 18: 태산초등학교 6학년 한솔반 산수과 수업 장면
1996. 4. 25: 태산초등학교 6학년 한솔반 산수과 수업 장면
1996. 4. 26: 태산초등학교 6학년 한솔반 산수과 수업 장면(녹음 전사)
1996. 5. 2: 태산초등학교 6학년 한솔반 산수과 수업 장면
1996. 5. 29: 태산초등학교 6학년 한솔반 산수과 수업 장면
1996. 5. 31: 태산초등학교 6학년 한솔반 산수과 수업 장면
1996. 4. 29: 태산초등학교 6학년 한솔반 국어과 수업 장면
1996. 5. 29: 태산초등학교 6학년 한솔반 국어과 수업 장면(녹음 전사)
1995. 12. 11: 태산초등학교 6학년 한샘반 도덕과 수업 장면
1995. 12. 18: 태산초등학교 6학년 한샘반 도덕과 수업 장면
1996. 4. 16: 태산초등학교 6학년 한솔반 도덕과 수업 장면
1996. 5. 14: 태산초등학교 6학년 한솔반 도덕과 수업 장면
1996. 4. 16: 태산초등학교 6학년 한솔반 실과 수업 장면
1995. 12. 16: 태산초등학교 6학년 한샘반 어린이 회의 장면
1996. 4. 13: 태산초등학교 6학년 한솔반 어린이 회의 장면

2. 면담 자료

1994. 10. 31: 김수민 교감(서울거산초등학교 교감)
1996. 5. 29: 하미선, 송혜선, 신수경, 배진호 교원; 배선희, 한정자 교원
1996. 7. 10: 하미선 교원
1996. 7. 11: 하미선, 송혜선 교원
1996. 10. 22: 김지선 교원
1996. 10. 28: 하미선 교원

1996. 11. 19: 김인순 교원

1996. 11. 22: 김성순 교원

1996. 6. 12: 태산초등학교 6학년 교원(수업 공개 협의회 녹음 전사)

1996. 10. 30: 태산초등학교 5학년 교원(수업 공개 협의회 녹음 전사)

1995. 12. 11: 태산초등학교 6학년 한샘반 학생 2명씩 3차례

1995. 12. 13: 태산초등학교 6학년 한샘반 학생 전체

1995. 12. 14: 태산초등학교 6학년 한샘반 학생 4명

1995. 12. 16: 태산초등학교 6학년 한샘반 학생 4명

1995. 12. 20: 태산초등학교 6학년 한샘반 학생 6명

1995. 12. 21: 태산초등학교 6학년 한샘반 학생 6명

1996. 5. 28: 태산초등학교 6학년 한솔반 학생 2명

1996. 7. 17: 태산초등학교 6학년 한솔반 학생 7명; 한강반 학생 2명

1996. 10. 18: 태산초등학교 6학년 한솔반 학생 2명; 한강반 학생 2명

부록 4

문서 자료 목록

교육부(2022). 제1차 기초 학력 보장 종합 계획(2023~2027). 2022년 10월.

서울태산초등학교(1994). 1교 1교과 연구 운영 계획서.

서울태산초등학교(1994). 1994학년도 학교 교육 계획.

서울태산초등학교(1994). 교내 자율장학 운영 계획.

서울태산초등학교(1994. 3. 17). 1교 1교과 수업 연구 교원 추천서.

서울태산초등학교(1994. 9. 6; 태산81131-438). 제6차 교육과정 교내 전달 연수 실시.

서울태산초등학교(1995). 1교원 1교과 연구 조직표.

서울태산초등학교(1995). '95 하늘 교육 특색 과제 추진 현황.

서울태산초등학교(1995. 7; 태산81840-445). 제6차 교육과정 학교 전달 요원 연수 대상자 명단.

서울태산초등학교(1995. 9. 15; 내부 결재). 교육과정 교내 전달 연수 실시.

서울태산초등학교(1996). 1996학년도 푸른 꿈을 심어주는 태산 교육(학교 교육 계획서).

서울태산초등학교(1996. 3월-1997. 2월). 월중 행사 계획표.

서울태산초등학교(1997). 1997학년도 푸른 꿈을 심어주는 태산 교육(학교 교육 계획서).

서울태산초등학교(1997). 알뜰매장 개장 추진 계획.

서울태산초등학교(1997. 4. 29). (상설 특활반 수요 조사를 위한) 가정 통신문.

서울태산초등학교(1997. 6. 4). 1997학년도 국어과 교수-학습 지도안(1학년 열린 수업 지도안).

서울태산초등학교 1학년(1996). 학년 운영 계획.

서울태산초등학교 4학년(1996). 학년 운영 계획.

서울태산초등학교 4학년 6반(1996). 사회과 교수-학습 지도안.

서울태산초등학교 5학년(1996). 학년 운영 계획.

서울태산초등학교 5학년 2반(1996). 사회과 교수-학습 지도안.

서울태산초등학교 5학년 한별반(1996). 김인순 교원이 한별반 학생을 대상으로 실시한 설문에 학생이 응답 자료.

서울태산초등학교 6학년(1996). 학년 운영 계획.

서울태산초등학교 6학년 사랑반(1996). 꿈이 많은 아이들 III(학급 문집).

서울태산초등학교 6학년 사랑반(1996). 자연과 교수-학습 지도안(순환 학습 모형).

서울태산초등학교 6학년 한솔반(1996). 과제 학습 목록.

서울태산초등학교 6학년 한솔반(1996). 사회과 교수-학습 지도안.

서울태산초등학교 6학년 한솔반(1996). 시간표.

서울태산초등학교 6학년 한솔반(1996). 하미선 교원이 한솔반 학생과 상담하기 위하여 실시한 설문에 학생이 응답한 자료.

서울특별시 교원연수원(1995). '95-2기 국민학교 1 · 2정 자격 연수 교과목 및 교수 요목.

서울특별시교육감(1995. 1. 1). 새해 인사.

서울특별시교육연구원(1994). '94학년도 서울시교육청 주요 업무 계획 안내. 서울교육 '94 봄호.

서울특별시교육연구원(1995). '96년도 서울특별시교육청 주요 업무 계획. 서울교육 '95 봄호.

서울특별시교육연구원(1996). '96년도 서울특별시교육청 시책 방향 및 주요 업무 계획. 서울교육 '96 봄호.

서울특별시교육연구원(1997). '97학년도 서울특별시교육청 교육 시책 및 장학 계획. 서울교육 '97 봄호.

서울특별시교육청(1994). 1994년도 주요업무 계획.

서울특별시교육청(1995). 교육 개혁의 추진 방향.

서울특별시교육청(1995. 4. 10). 교육 정책의 방향.

서울특별시교육청(1996). 서울교육통계연보.

서울특별시교육청(1996. 12). 교육 개혁 과제 추진 상황.

서울특별시교육청(1997). 초등 교육 새물결 운동.

서울특별시교육청 초등장학과(1994. 6. 3). 인간 교육 강화를 위한 어린이 바른 심성 기르기 10가지 지도 자료.

서울특별시하늘교육구청(1994). '94 장학 계획.

서울특별시하늘교육구청(1994. 1. 26; 관리01004-144). '94 주요 업무 계획 통보.

서울특별시하늘교육구청(1994. 10; 초등81131-1162). 창의력 계발 교육 실천 강화.

서울특별시하늘교육구청(1994. 11. 10; 초등81132-1826). '94 서울시 국민학교 논설문 쓰기 대회 실시.

서울특별시하늘교육구청(1994. 11. 28; 초등81161-1890). 서울특별시 국민학교 교육과정 편성 · 운영 지침 배부.

서울특별시하늘교육구청(1994. 2. 16). 94 장학 계획: 국민학교.

서울특별시하늘교육구청(1994. 2. 16; 관리06065-273). 대통령 서울 지역 순방시 당부 사항 알림.

서울특별시하늘교육구청(1994. 6. 14; 초등81132-723). '94 서울시 국민학교 논설문 쓰기 대회 추진 기본 계획 통보.

서울특별시하늘교육구청(1994. 6. 27; 초등81131-782). 국민학교 제6차 교육과정 연수 계획 통보.

서울특별시하늘교육구청(1994. 7. 4; 초등81840-871). 제6차 교육과정 개정에 따른 학교 전달 요원 연수 실시.

서울특별시하늘교육구청(1994. 7. 6; 초등81131-829). 1학교 1과제 연구 추진 및 제6차 교육과정 개정에 따른 학교 전달 요원 연수 실시.

서울특별시하늘교육구청(1995). 제6차 교육과정 학교 전달 요원 연수 자료.

서울특별시하늘교육구청(1995. 1. 16; 관리81060-85). '94 주요 업무 계획 보냄.

서울특별시하늘교육구청(1995. 12. 1). '96 주요 업무 계획 수립 자료.

서울특별시하늘교육구청(1995. 12. 12; 초등81903-2053). 교육 전문직 및 교원 특별 연수 실시 계획 통보.

서울특별시하늘교육구청(1995. 2. 10). '95 장학 자료: 국민학교.

서울특별시하늘교육구청(1995. 3. 30; 초등81131-457). 인간 교육 실현을 위한 책가방 없는 날 운영 방안 송부.

서울특별시하늘교육구청(1995. 3. 3; 사체81700-371). '95 학교 시설을 이용한 평생 교육 활성화 방안 송부.

서울특별시하늘교육구청(1995. 6. 28; 사체81700-1172). '95 학교 시설을 이용한 평생 교육 실태 보고.

서울특별시하늘교육구청(1995. 6. 7; 초등81030-). 교육 개혁 방안 홍보를 위한 연수회 개최.

서울특별시하늘교육구청(1995. 7. 10; 초등81140-893). 창의성 계발 교육에 대한 교원 자율 연수 참가 협조.

서울특별시하늘교육구청(1995. 7. 4; 초등81811-872). 국민학교 교과교육연구회 자율 연수 참가 협조 및 자율 연수 강좌 안내서 배부.

서울특별시하늘교육구청(1995. 9. 11; 관리81030-1494). 교육 개혁 추진 과제 홍보.

서울특별시하늘교육구청(1996. 12. 23; 초등81905-1346). 초등 교육 새물결 운동 배부.

서울특별시하늘교육구청(1997). 교실 수업 개선을 위한 열린교육 확산 계획.

서울특별시하늘교육구청(1997). 사회과 수행 평가의 예시.

서울특별시하늘교육구청(1997. 2. 26; 초등81121-248). 우리 경제 살리기 교육 추진 계획 실천 사례 예시 자료 송부.

서울특별시하늘교육구청(1997. 2. 26; 초등81140-222). '97학년도 초등 생활 지도 기본 계획 송부.

서울특별시하늘교육구청(1997. 2. 28; 중등81320-324). 학교 환경 교육 추진 방안 송부.

서울특별시하늘교육구청(1997. 3). 교실 수업 개선을 위한 열린교육 확산 계획.

서울특별시하늘교육구청 관리과(1994. 6. 27, 업무 연락). 5 · 31 교육 개혁 방안 홍보 영상 자료 방영 결과 보고.

서울특별시하늘교육구청 관리과(1995. 12. 19, 업무 연락). 교육 개혁 각급 학교 교원 자체 연수시 외부 강사 초빙 대상자 명단 통보.

서울특별시하늘교육구청 초등 교육과(1997). 1997학년도 초등 장학 계획.

부록 5

석사 학위 논문 목차

초등학교 토의식 수업의 문화기술적 연구

I. 서론

1. 연구의 필요성과 목저
2. 선행 연구 검토
3. 연구 문제
4. 연구 방법과 절차
    1) 연구 방법
    2) 연구 절차
5. 연구의 범위와 한계

II. “토의식 수업”의 이해 (1): 변형된 암기식 수업

1. 토의식 수업의 절차
    1) 태산초등학교 6학년 한솔반의 사회과 수업
    2) 토의식 수업의 일반적인 절차
2. 사회과 수업의 전형
3. 암기식 수업의 변형

III. “토의식 수업”의 이해 (2): 교원의 생존 전략

1. 수업 방식 선택의 원리
    1) 편해야 한다
    2) 재미있어야 한다

3) 가르쳐야 한다
2. 교원이 처한 상황
1) 국가의 요구
2) 학생의 요구
3) 교과의 요구
4) 사회적 여건
3. 교원의 적응
1) 퇴직
2) 생존 전략

IV. "토의식 수업"의 이해 (3): 대안적 접근
1. 교원의 노력
1) 직무 수행
2) 자기 연찬
3) 학생 독려
2. 학생의 학습
1) 재미: "역사가 재미있어요"
2) 교과관: "역사는 발자취예요"
3. 토의식 수업의 의미
1) 교수 전략
2) 교과관의 전수
3) 교과로의 입문

V. 논의

1. 수업의 의미 이해
2. 수업 방식 변화의 의미
3. 교원 문화의 이해

VI. 요약과 결론

1. 요약
2. 결론

찾아보기

/저/자/소/개/

서근원(coist@naver.com)

서울교육대학교 초등 교육과(교육학 심화 과정) 졸업
서울 무학, 구암, 대림초등학교 교사
서울대학교 대학원 교육학과 석사 졸업(교육인류학 전공)
서울대학교 대학원 교육학과 박사 졸업(교육인류학 전공)
서울교육대학교 박사 후 연수
서울대학교, 성균관대학교, 중앙대학교, 건국대학교, 세종대학교, 가톨릭대학교, 한국방송통신대학교, 서울교육대학교, 인천교육대학교, 청주교육대학교 강사
대통령자문교육혁신위원회 자문위원
서울대학교 교육연구소 연구원
한국교육개발원 부연구위원(대우)
청주교육대학교 연구교수
한국교육과정평가원 부연구위원
대구가톨릭대학교 교직부 조교수
대구가톨릭대학교 교육학과 교수(현재)

〈주요 저서〉
수업을 왜 하지?(2003, 우리교육)
수업에서의 소외와 실존(2009, 교육과학사)
학교 혁신의 길: 교육인류학의 관점에서(2012, 강현출판사)
학교 혁신의 패러독스: 교민(敎民)에서 회인(誨人)으로(2012, 강현출판사)
해석주의 교육사회학 탐구 (1): 상식 밖의 교육학(2012, 강현출판사)
나를 비운 그 자리에 아이들을(2012, 교육과학사) (편저)
공동체는 어디에 있을까?: 우리 시대의 삶과 문화와 교육, 그리고 질적 연구 (2013, 교육과학사)
수업, 어떻게 볼까?: 아이의 눈을 찾아서(2013, 교육과학사)
풀뿌리 교육론: 교육과정과 수업, 그리고(2016, 교육과학사)

수업 이해하기: 교육과정과 교사의 딜레마(2018, 교육과학사)
칼날처럼 읽고, 봄바람처럼 말하라: 교육학자의 토론과 토론문(2020, 교육과학사)
학교 혁신의 선구자들: 슬픈 희망의 교육 생애사(2020, 교육과학사)
학교 혁신 다르게 보기: 오류와 대안(2020, 교육과학사)
학교 혁신의 성찰적 실천: 달공성과 탈문화식민주의(2021, 교육과학사)
문화와 교육(2021, 한국방송통신대학교출판문화원) (공저)
질적 연구 전통별 접근(2022, 학지사) (공저)
아이의 눈으로 회인탐구: 그랭이 수업과 맞춤형 교육(2022, 교육과학사) (공저)

〈주요 활동〉

기존 교육학과 질적 연구 방법의 한계를 타계할 수 있는 대안적인 교육학과 질적 탐구 방법을 모색해왔다.

문화기술적 실천탐구("아이의 눈으로 회인탐구") 방법을 교원들에게 안내함으로써 대안적인 교육의 실천 가능성을 모색해왔다.

대안적인 질적 탐구 방법과 실천탐구 방법에 관심을 가진 사람들을 위한 워크숍 과정을 운영하고 있다.

뿌리샘의 수업 이해 탐구 (4)

"짬뽕이죠, 뭐.":
수업의 문화기술적 이해와 실천탐구

2025년 8월 25일 1판 1쇄 인쇄
2025년 8월 30일 1판 1쇄 발행

저 자 • 서근원
발행자 • 한정주
발행처 • 교육과학사

경기도 파주시 광인사길 71
전화 • 031)955-6956~8 / 팩스 031)955-6037
Home-page • http://www.kyoyookbook.co.kr
E-mail • kyoyookbook@daum.net
등록 • 1970년 5월 18일 제2-73호

정가 25,000원

ISBN 978-89-254-1253-5
ISBN 978-89-254-1249-8 세트

낙장 · 파본은 교환해 드립니다.
Printed in Korea.
저자와의 협의하에 인지를 생략합니다.